JOSEF GIGER-BÜTLER

»Jetzt geht es um mich«

D1750577

JOSEF GIGER-BÜTLER

»Jetzt geht es um mich«

Die Depression besiegen – Anleitung zur Selbsthilfe

BELTZ

Dieses Buch ist auch als E-Book erhältlich:
ISBN 978-3-407-22271-8

Die im Buch veröffentlichten Hinweise wurden mit größter Sorgfalt und nach bestem Wissen vom Autor erarbeitet und geprüft. Eine Garantie kann jedoch weder vom Verlag noch vom Verfasser übernommen werden. Die Haftung des Autors bzw. des Verlages und seiner Beauftragten für Personen-, Sach- oder Vermögensschäden ist ausgeschlossen.
Das Werk und seine Teile sind urheberrechtlich geschützt. Jede Nutzung in anderen als den gesetzlich zugelassenen Fällen bedarf der vorherigen schriftlichen Einwilligung des Verlages. Hinweis zu § 52 a UrhG: Weder das Werk noch seine Teile dürfen ohne eine solche Einwilligung eingescannt und in ein Netzwerk eingestellt werden. Dies gilt auch für Intranets von Schulen und sonstigen Bildungseinrichtungen.

www.beltz.de

© 2010 Beltz Verlag • Weinheim und Basel
Umschlaggestaltung: www.anjagrimmgestaltung.de,
Stephan Engelke (Beratung)
Gesamtherstellung: Beltz Bad Langensalza GmbH, Bad Langensalza
Printed in Germany

ISBN: 978-3-407-85845-0
1 2 3 4 5 18 17 16 15 14

Inhaltsverzeichnis

2. Teil
Verändern-Lernen *141*

1
Die Hauptthemen und Voraussetzungen des Ausstiegs

I
Einführung in dieses Buch

Idealerweise und auch vernünftigerweise wäre es richtig, wenn ein Ausstieg aus der Depression begleitet stattfinden würde, nicht zuletzt deswegen, weil ein begleiteter Ausstieg einfacher und freier von Enttäuschungen, Zweifeln und Misserfolgen ist. Begleitet heißt zuerst einmal ganz einfach: nicht allein. Nicht allein alles durchdenken, nicht allein die ersten und ungewohnten Schritte gehen, nicht allein Freude und Zufriedenheit empfinden, aber auch Enttäuschungen, Frust und Unsicherheiten ertragen. Begleitet von jemandem zu sein heißt auch, sich nicht allein immer wieder aufbauen und neu motivieren zu müssen, sich nicht allein immer wieder auf die eigenen Beine zu stellen. Allein den Ausstieg zu versuchen verstärkt die Einsamkeit, die Sprachlosigkeit und kostet enorme Kraft bei jemandem, der sich bereits am Rande der Erschöpfung befindet.

Es gibt wahrscheinlich keinen depressiven Menschen, der nicht versucht hat, anders, besser und unbelasteter zu leben. Immer wieder. Sie oder er hat Niederlagen eingesteckt, hat sich wieder aufgerappelt, es wieder versucht, bis sie oder er nicht mehr konnte, nicht mehr die Kraft hatte, eine weitere Enttäuschung zu ertragen und ein x-tes Mal wieder von vorne zu beginnen. Immer wieder haben depressive Menschen erfahren, dass sie es nicht schaffen, haben sie sich die Bestätigung geholt, dass Hopfen und Malz verloren sind, dass ihre Grundhaltung eben doch stimmt, obwohl etwas in ihnen sich innerlich dagegen wehrte und sie die Erkenntnis: »Was immer du machst, es genügt nicht. Wie oft du auch etwas versuchst, du schaffst es nicht«, immer trauriger und hoffnungsloser stimmte. Sie haben es ja unendlich viele Male versucht, bis sie enttäuscht und ratlos aufgegeben haben. Sicherlich wäre es einfacher gewesen, sich damit abzufinden, wenn sie sich nicht doch immer wieder gesagt hätten: »Wenn du es nicht versuchst, kann auch nichts daraus werden, vielleicht hast du deine Chance noch.«

Dieses Buch ist dafür gedacht, dass sich der depressive Mensch aus dem Teufelskreis, es »allein zu versuchen« und dann zu versagen, noch einmal damit anzufangen und dann wieder stecken zu bleiben im gleichen trostlosen Leben, befreien kann. Wenn der depressive Mensch den Ausstieg allein versucht – und sie oder er versucht ihn, auch wenn alle ihr oder ihm raten, es doch mit professioneller Begleitung zu tun –, dann soll sie oder er etwas zur Hand haben, das den Weg erleichtert, sie oder ihn führt und begleitet. In der Regel weiß sie oder er sehr genau, was sie oder er nicht mehr will, aber hat keine Ahnung, wie man das erreicht. Sie oder er weiß, so wie bisher will sie oder er nicht mehr leben. Wie aber der Weg verläuft, um zu einem andern Leben zu gelangen, kann sie oder er nicht wissen. Dieses Buch soll ihm und ihr diese Hilfe geben. Allein aus der Depression und doch nicht allein, das ist das Motto.[1]

Im nächsten wie in den meisten Kursivtexten des Buches stehen Gedanken, Vorsätze und Überlegungen, wie sie depressive Menschen für sich selbst formulieren könnten. Sie sind gedacht als Vorschlag, als Hilfe und Aufforderung, für sich eigene Sätze zu finden oder

1 Der Lesbarkeit halber verzichte ich im weiteren Text weitgehend auf das umständliche und leseunfreundliche »sie oder er«, wenn vom depressiven Menschen die Rede ist. Wenn ich hier von »ihm« spreche, sind selbstverständlich beide, Frauen *und* Männer, gemeint.

diese zu übernehmen, wenn sie einem entsprechen. Häufig sind es auch Kernsätze und Leitideen, die wegen ihrer Bedeutung für die Selbsttherapie so hervorgehoben werden.

Ich will ein besseres Leben und bin bereit, einen Weg zu gehen. Aber ich will ihn anders, besser vorbereitet und besser ausgerüstet angehen als bei all den bisherigen Versuchen. Ich will nicht immer die gleichen Fehler machen, ich will nicht mehr alles ganz allein machen, sondern mich begleiten und führen lassen.

Wie viele Ausflüchte nimmt der depressive Mensch zu Hilfe, um nicht fremde Hilfe in Anspruch nehmen zu müssen. Er windet sich wie ein Fisch an der Angel. Aufstehen und weitergehen, so ist sein Leben. Ein Aufgeben gibt es für den depressiven Menschen nicht. Über lange Zeit sind ein Arztbesuch oder eine Therapie kein Thema. »Eher gehe ich kaputt, als dass ich zu einem gehe und sage, dass ich spinne.« Es ist ja alles normal, es läuft, wie es immer lief, nur hat sich im Laufe der Jahre eine Müdigkeit eingeschlichen, ein Gefühl von »Ich mag jetzt nicht mehr, das kann es doch nicht sein, ich ertrag es nicht mehr, ich will es nicht mehr so, das ist doch kein Leben, lieber ...«. Es dauert lange, bis der depressive Mensch zu ahnen beginnt, dass jeder gescheiterte Versuch, anders zu leben, nur die Erschöpfung steigert, und die Zuversicht mindert. Der Glaube, es noch einmal zu schaffen und unbelasteter leben zu können, verschwindet langsam und der Wille weiterzuleben wird immer schwächer. Entweder wagt er den Schritt zu einem Therapeuten oder er gibt auf, weil er irgendwann einmal einfach nicht mehr kann. Dieses Buch bietet ihm nun eine weitere Möglichkeit, wenn er so nicht mehr weiterleben will, müde ist von den Versuchen, aber dennoch nicht bereit, einfach aufzugeben und sich seinem Schicksal zu fügen.

Alles hat seine Zeit und jeder Mensch hat seine Zeit. Für jeden Schritt, den er macht, ist es wichtig, dass der Zeitpunkt und der Weg für ihn stimmen. Einer muss hundertmal probieren, bis er ganz aufgibt, ein anderer hat nach wenigen Anläufen genug. Sicher aber ist, dass der depressive Mensch nicht so schnell aufgibt. Er ist es gewohnt, sich durchzubeißen und immer wieder neu aufzuraffen. Er hat eine Beharrlichkeit und Zähigkeit, ein Durchhaltevermögen und eine Belastbarkeit wie kaum ein anderer Mensch. Er ist es gewohnt, einzustecken, sich nichts anmerken zu lassen und weiter zu funktionieren, als wäre nichts. Sonst würde er ja das Leiden gar nicht so lange aushalten, würde er viel schneller alle viere von sich strecken und resignieren. Aber diese Anstrengungen und Mühen haben ihren Preis. Wann immer er wieder einen Ausstieg versucht, zeichnet ihn das und macht ihn schwächer. Die Ausgangsbedingungen werden so immer schlechter. Das gilt es auf dem Weg des Ausstieges zu berücksichtigen.

Deshalb ist es so wichtig, dass der depressive Mensch Rücksicht nimmt auf seinen körperlichen Zustand, schonend mit sich umgeht und immer nur so viel macht, wie ihm möglich ist. Das heißt zu Beginn, dass er mehr auslässt, als dass er macht, dass seine Hauptaufgabe darin besteht, wenig zu tun, Nein zu sagen oder auch einmal auf halbem Weg umzukehren. Nichts oder nur sehr wenig zu machen bedeutet für den depressiven Menschen nicht nichts machen, sondern eine Riesenarbeit zu leisten.

Der Ausstieg ist ein Lernprozess und ein Weg der langsamen Änderung von Einstellungen. Er erfolgt über Sensibilisierung und Selbstwahrnehmung, über neue Erfahrungen, Experimentieren, ganz viel Üben und Verändern von Denk- und Handlungsmustern. Wichtig ist daher, dass der depressive Mensch seine Veränderungsprozesse mit den Themen anfängt, die er sich zutraut und die nicht allzu viel Aufwand erfordern, und dass er sich zunehmend bewusst wird, dass ihn all das, was er macht, aus der Depression führt, wenn er es unter das neue Lebens- oder Leitmotiv stellt:

Nimm dich wichtig, kümmere dich um dich selbst und geh sorgfältig und behutsam mit dir um. Mach, was du willst und kannst. Sich das zu erlauben, daran zu glauben und es im Alltag umzusetzen ist Aufgabe und Weg.

Dazu gehört auch, dass er seine Lernschritte so auswählt, dass ein mögliches Gelingen absehbar ist, und nicht zuletzt, dass auch Entwicklungs- und Steigerungsmöglichkeiten gegeben sind. Das wird dann möglich, wenn der depressive Mensch die Themen seines Lernens selbst bestimmt, und zwar entsprechend seiner aktuellen Lebenssituation und seiner individuellen Möglichkeiten. Er wählt aus und entscheidet. Den Schlüssel für das Gelingen des Ausstieges und den Grundsatz bei allem, was er macht, kann er sich nicht häufig genug einprägen:

»Jetzt geht es um mich.« Jetzt will und darf ich mich ernst nehmen und zu mir schauen. Jetzt bin ich Thema. Ich muss gar nichts. Ich kann und darf, wenn ich will und wenn es mir entspricht. Es ist meine Entscheidung und mein freier Wille. Ich bestimme über meinen Ausstieg, indem ich von dem ausgehe, was ich spüre und was ich will.

Dieses Generalthema des Ausstiegs umzusetzen und zu verwirklichen schafft gleichzeitig das Fundament des neuen Lebens. Der depressive Mensch ist maßgebend, er bestimmt. Wenn er nach diesem Grundsatz handelt, sind seine konkreten Schritte der Veränderung auch Schritte zu ihm hin. Dann ist er auf dem richtigen Weg. Das ist der Weg zum Ausstieg, wenn er macht, was er machen will. Darum geht es und nicht um eine bestimmte hochkomplexe Strategie. Das ist die Arbeit, die der depressive Mensch zu leisten hat. Das ist ganz, ganz schwierig. Aber das ist die Arbeit, die auf ihn wartet, wenn er den Weg gehen will.

Jedes Mal, wenn ich mich in meinem Denken und Handeln berücksichtige, wenn ich etwas für mich tue, wenn ich mich schone und rücksichtsvoll und nachsichtig mit mir umgehe, ist es ein Schritt in Richtung Veränderung und ein Schritt aus der Depression. Ich muss aufpassen, dass ich mir nicht unrecht tue und meine, dass das so einfach ist. Das Gegenteil ist der Fall, etwas so Einfaches machen, das sich einzig und allein um mich dreht, ist etwas vom Schwierigsten für mich. Das habe ich nie gemacht, mir nie zugetraut und mir auch nie erlaubt. Und jetzt geht der Weg da durch, furchtbar.

Wenn er sich an diese neuen Prinzipien hält, kann er sicher sein, nichts Falsches zu machen. Und vor allem kann er sich auf sich verlassen. Er spürt sehr genau, was für ihn stimmt, was ihm entspricht, wenn er auf sich hört und sich ernst nimmt. Er hat ein sehr genaues und untrügliches Gespür für sich, wenn er es zulässt oder besser gesagt, wenn er es sich erlaubt und lernt, es zuzulassen. Jeder wählt zuerst die Themen, die für ihn in seinem Leben wichtig sind. Für den einen ist es etwa:

Ich will nicht immer so streng zu mir sein. Ich will mir vornehmen, immer auch etwas Gutes zu mir zu sagen. Ein anderer nimmt sich vor: *Ich will immer nur eine Sache machen und nicht mehrere gleichzeitig,* oder: *Diese Woche beantworte ich maximal 5 Mails am Tag und ich bestimme, wann ich sie schreibe. Ich will mich nicht mehr unter Druck setzen und meinen, jede Mail sofort beantworten zu müssen.* Oder: *Ich will mir vornehmen, langsam etwas anzugehen und mich immer wieder zu fragen, ob es so stimmt, ob ich mich gut fühle dabei. Wenn ich meine, etwas tun zu müssen, dann will ich mir erlauben, das zu hinterfragen und mich zu fragen, ob ich das wirklich machen will. Ich will mehr Nein sagen und mich durchsetzen. Es passt mir nicht mehr, wie ich zu allem nicke und mich füge. Ich will nicht mehr so ein Schaf sein.*

»Es geht um mich, ich will mich wichtig nehmen und sorgfältig mit mir umgehen.« Dieses umfassende Grundthema soll dem depressiven Menschen stets als Hilfs- und Orientierungspunkt dienen. Wann immer er sich an diese Maximen hält, setzt er das um, worum es beim Ausstieg geht:

Alles, was ich mache, ist gut und richtig, wenn ich es machen will und es mir guttut. Ich muss nichts Bestimmtes. Ich mache nur so viel, wie im Moment möglich ist, ich mir zutraue und wofür ich die nötige Kraft dazu habe. Im Zweifelsfall lasse ich es sein und warte, bis ich mich wieder sicherer und stärker fühle. Ich verpasse nichts und nichts geht verloren. Ich erlaube mir, so zu denken und dieses Denken beim Ausstieg in konkrete Übungsschritte umzusetzen.

Diese häufig sich wiederholenden und zum Teil nur unmerklich veränderten Lern- und Merksätze finden sich an den verschiedensten Stellen im Buch. Der depressive Mensch soll sich immer wieder damit konfrontieren. Es ist sinnvoll, wenn er sie von Zeit zu Zeit vor sich hersagt, und es ist auch hilfreich, wenn er sie immer wieder liest. Diese Sätze, die neue Einstellungen und mögliche Lernschritte zum Inhalt haben, sind für ihn so neu und so fremd, dass er sie nicht genug hören und lesen kann. Nur durch ständiges Wiederholen werden sie mit der Zeit in seinem Bewusstsein gespeichert und automatisch in sein Denken und Handeln einfließen und Grundlage seiner Entscheidungen werden. Bis es so weit ist, sagen sie ihm immer wieder von Neuem:

Du musst nichts. Es kommt auch nicht darauf an, möglichst viel zu lernen und zu verändern. Alles, was du tust, genügt, wenn es für dich stimmt. Und du allein weißt, was für dich stimmt. Erlaube dir, so zu denken und danach zu handeln. Es geht um dich, du bist gefragt und auf dich kommt es an. Das ist Thema des Ausstieges und Thema deines neuen Lebens. Mache, was du gerne machst, was du dir zutraust und was dich freut. Es ist dein Weg und dein Leben. Du entscheidest, wo es langgeht.

Die Merk- und Lebenssätze machen dem depressiven Menschen deutlich, worum es beim Ausstieg aus der Depression geht. Das Lesen und Einprägen der kursiv geschriebenen Abschnitte sollen ihm die Möglichkeit geben, sich immer wieder neu zu finden, sich neu zu motivieren, mögliche Lernschritte oder Einstellungsänderungen zu überprüfen und sich zu versöhnen mit der eigenen Fehlerhaftigkeit, Ängstlichkeit und Empfindlichkeit. In diesen Sätzen hört er, wie er mit sich umgehen und sprechen, was ihn betreffen und ihm weiterhelfen kann. Sätze, die bei ihm auf keine Resonanz stoßen und von denen er sich nicht angesprochen fühlt, kann er getrost auf der Seite lassen. Er nimmt nur auf, was ihm wichtig erscheint, ihm hilft und ihm den jeweils nächsten Schritt erleichtert.

Wenn der depressive Mensch immer wieder versucht hat, sein Leben zu verändern, und mit der Zeit resigniert und nicht mehr daran glaubt, dass es überhaupt eine Verbesserung seines Zustandes gibt oder gar ein ganz neues Leben möglich ist, möchte ich mit diesem Buch ein klares Zeichen setzen. Niemand ist der Depression ausgeliefert, und ein anderes Leben ist möglich! »Du kannst es schaffen, wenn du dich auf den Weg begibst.« Der Weg aus der Depression ist ein Weg mit sich und ein Weg zu sich, ein schrittweises Kennenlernen der und Umgehenlernen mit den eigenen Möglichkeiten und Grenzen. Hilfreich ist für den depressiven Menschen, wenn er sich immer wieder besinnt, worauf es beim Ausstieg ankommt:

Es geht zuerst um mich und dann um den Weg. Zuerst komme ich. Ich will mich nicht vergessen, mich nicht übergehen und mich auch nicht überfordern.

Ich muss nicht etwas Bestimmtes lernen und eine neue Strategie anwenden, sondern im Moment ganz einfach versuchen, das zu machen, was mir möglich ist und mir hilft. Das zu lernen und irgendwann einmal auch zu leben ist meine Aufgabe. Das sind die Schritte aus der Depression, anders geht es nicht.

Für Menschen, die es satt haben, weiter so zu leben wie bisher, die rauswollen aus der Depression und noch nicht bereit sind oder auch wahrscheinlich nie bereit sein werden für eine professionelle Begleitung, für sie ist dieses Buch. Es verhindert ein kräfte- und zeitraubendes Umherirren und Verzweifeln. Es bietet ihnen auch die Möglichkeit, gemachte Fehler anderer nicht zu wiederholen. Den Weg gehen müssen sie allein. Aber es sind Leitplanken da und es werden mögliche Schritte vorgeschlagen, die sehr viel Spielraum lassen für eigene Varianten und Versuche. Enttäuschungen und Zweifel können auch so nicht verhindert werden. Aber die nie endenden Selbstbeschuldigungen und Selbstvorwürfe werden erschwert und dadurch auch ein vorzeitiges Aussteigen. Das Buch soll zu einem Begleiter werden, auf den man nicht mehr verzichten will. Es macht

Vorschläge, zeigt Wege und lässt doch frei. Jeder kann das und so viel machen, wie er will und wie es ihm entspricht, getreu den Merksätzen:

»*Jetzt geht es um mich.*« *Ich muss nicht irgendwelchen Anforderungen genügen und auch nicht bestimmte Kriterien erfüllen. Alles, was ich mache, wenn ich es machen will und es mir guttut, ist gut und richtig.*

Es gibt sie, die Wege, die hinausführen aus der Depression. Genau die gleichen Wege kann jemand gehen, der verhindern will, in ein depressionsähnliches Erleben hineinzugeraten. Damit sind die Menschen angesprochen, die ihr Leben nur als Druck und Krampf empfinden, die es schwerhaben oder sich schwertun im Leben. Auch für diejenigen ist das Buch gedacht, die spüren, dass sie in Verhaltensweisen gefangen sind, die sie hindern, frei und unabhängig zu leben.

Depression ist kein Schicksal, keine Schuld oder Strafe. Depression ist auch nichts Geheimnisvolles, Mystisches oder Verborgenes. Depression kann man verstehen und man muss nicht in alle Ewigkeit in sie verstrickt bleiben. Der Weg geht über die kleinen Schritte, die der depressive Mensch selber bestimmt und auswählt. Über sie verändert sich Grundlegendes: Der depressive Mensch gibt sich eine Bedeutung und bekommt zunehmend mehr an Gewicht und Wichtigkeit. Es geht bei den kleinen Schritten um einen andern Umgang mit sich, um eine neue Sprache und ein Ernstnehmen der eigenen individuellen Persönlichkeit. Die einfachen und kleinen Schritte sind aktive und konkrete Umsetzungen einer neuen und grundlegend anderen Einstellung zu sich:

»*Jetzt geht es um mich.*« *Es geht darum, dass ich mir mit Respekt und Achtung begegne und sorgfältig mit mir umgehe. Es ist mein Leben und ich will es so leben, dass es für mich stimmt und ich die Verantwortung dafür übernehmen kann. Ich habe nur dieses eine Leben und das will ich auf eine gute Weise leben.*

Daran zu glauben, dass es diese kleinen Schritte sind, die die großen Veränderungen bewirken, bereitet dem depressiven Menschen immer wieder Mühe. Dass diese klitzekleinen Schritte ihn aus der Depression führen sollen, kommt ihm in Momenten der Verzweiflung und der Zweifel so absurd und unmöglich vor, dass er nicht nur am Weg, sondern auch noch an seinem Verstand zu zweifeln beginnt. Aber es ist so, über die kleinen Schritte kommt er zu einem für ihn lebenswerten Leben. Dass es darum geht, dass der depressive Mensch beim Ausstieg aus der Depression lernt, sich wichtig zu nehmen, sich eine Bedeutung zu geben und in einer verständnisvollen Weise mit sich umzugehen, leitet sich ab vom Umstand, dass sich der depressive Mensch, indem er sich übergangen, überfordert und vernachlässigt hat und in einer lieblosen und strengen Art mit sich umgegangen ist, in die Erschöpfung und Depression manövriert hat.

Mit diesem Buch möchte ich deutlich machen, dass es einen Ausstieg geben kann, wie tief eine Depression auch sein mag, wie lange sie schon dauert, wie viele Hochs und Tiefs der depressive Mensch durchgemacht hat und wie viele Male er wieder aufgestanden ist. Es gibt Wege, jeder kann sie gehen, wie alt er auch ist, wie häufig er in der Klinik gewesen ist. Entscheidend ist, dass er so nicht mehr leben will, dass er aussteigen will aus dem leidvollen und freudlosen Leben und tief in sich spürt, dass er den Weg Richtung Leben einschlagen möchte.

Wir Menschen haben es meist in der Hand, so zu leben, dass die guten Momente überwiegen und es mehr Phasen gibt als andere, die nicht geprägt sind von Krampf und Kampf. Natürlich gibt es Menschen, die aufgrund ihrer Lebensgeschichte und ihrer Persönlichkeit vermehrt auf sich schauen müssen, die es schwerer haben, zuversichtlich zu sein, und die ihr Leben nicht so leichtnehmen können – was übrigens nichts mit einer Depression zu tun haben muss. Auch sie können besser leben, auch für sie ist es möglich, dem Leben mehr Freude abzugewinnen. Auch für sie ist es hilfreich und bereichernd, wenn sie sich mit den verschiedenen Wegen auseinandersetzen, die zum Ziel haben, zufriedener, leichter und zuversichtlicher leben zu können. Dieses Buch soll auffordern, das Leben nicht einfach als gegeben anzunehmen, sondern es selbst zu gestalten. Es wendet sich auch an all diejenigen, die sich vom Leben mehr versprechen, als einfach so über die Runden zu kommen.

Es gibt keinen Ausstieg ohne Brüche, ohne Unterbrechungen und Pausen und es gibt vor allem keinen Schritt ohne Rückschritt. Deshalb ist dieses Buch für den depressiven Menschen so wichtig, um den Weg und das Ziel nicht aus den Augen zu verlieren. Der depressive Mensch findet keinen Ausstieg aus der Depression, wenn er gar nicht weiß, was eigentlich mit ihm los ist. Da sind Leitplanken, Orientierungspunkte und Merksätze notwendig und die findet er im Buch. An sie kann er sich halten, sich an ihnen aufrichten und sich neu sammeln. Wenn er gar nichts mehr sieht, keinen Ausweg mehr weiß, dann bringt ihn das weiter, was ihm möglich und machbar erscheint und ihn nicht überfordert. Wenn er sich an dem ausrichtet, was ihn stärkt, ihm Angst nimmt und ein gutes Gefühl vermittelt. Das ist alles, was zählt und wichtig ist: Nur so viel machen, wie im Moment geht. Es gibt kein Müssen und keinen Zwang. Wenn er sich erlaubt, sich daran zu halten, dann ist er auf dem richtigen Weg. Denn das ist das eigentliche Geheimnis jedes erfolgreichen Ausstieges: sich ernst nehmen, auf sich hören und das tun, was für einen stimmt. Von sich ausgehen und nicht einem Programm folgen wollen. Der depressive Mensch bestimmt seinen Weg selbst und er erlaubt sich auch, ihn immer wieder zu ändern und von dem auszugehen, was er im Moment spürt. Er kann den Weg jederzeit abbrechen, eine Pause einlegen und sich neu orientieren. Es ist immer er, der entscheidet, ob und wie er beginnt, wo er anpackt, in welcher Reihenfolge er was ändern und neu lernen will. Auf ihn kommt es an, um ihn geht es. Ich kann diesen Grundsatz nicht oft genug betonen. Der depressive Mensch bestimmt seinen Weg ganz allein. Und seine Schritte sind Konkretisierungen und Folgerungen eines einzigen Themas: Er hat sich verloren und es geht darum, wieder zu sich zu finden, darum, er selbst zu sein. Deshalb gilt immer:

»Jetzt geht es um mich.« Jetzt will und darf ich mich wichtig nehmen und auf mich schauen. Deshalb will ich achtsam und verlässlich mit mir umgehen und mir all das erlauben, was mir guttut, mich stärkt und bestätigt. Es geht darum, dass ich mich nie mehr aus den Augen verliere und mich in meinen Gedanken und Handlungen einbeziehe.

Diese zentralen Punkte sind für den depressiven Menschen so neu und fremd, dass er sich kaum traut, sie in seinem Leben wirklich umzusetzen. Es sind Sätze, die diametral dem entgegenstehen, was er bisher gelebt hat, und fundamental anders sind als das, was er gewohnt war zu denken. Wie soll er, der sich immer übergangen und nicht wichtig genommen hat, plötzlich so eine Kehrtwende vollziehen und sich von sich aus ins Zentrum stellen können? Wo soll er, der sich in dieses Elend hineinmanövriert hat, das Bewusstsein und die Sicherheit hernehmen, dass ausgerechnet er es ist, der weiß, wie er da wieder rauskommt? Wie soll er aufgrund seiner bisherigen Erfahrungen annehmen können, dass er es ist, der die Kraft besitzt, seinem Leben eine Wende und einen neuen Inhalt zu geben? Wie soll er jetzt selber entscheiden können, wo der Weg langgeht, er, der sich nichts zutraut, sich nicht kennt und nie für sich selbst gesorgt hat? Es ist schlicht nicht möglich, da braucht er eine Unterstützung und Begleitung. Die kann ihm dieses Buch geben. Es sagt dem depressiven Menschen, dass er seinen Weg gehen kann, dass er das darf. Es sagt ihm, weshalb das so ist, warum das so am besten läuft und richtig ist. Er kann nachlesen, dass er sich die Erlaubnis geben darf, an sich zu denken, dass er das Recht hat, für sich zu sorgen, und dass er für sich selbst am besten wissen und spüren kann, was drinliegt und was nicht. Wenn er im Buch die Bestätigung findet, dass er so einen Weg gehen darf und sogar gehen muss, stellt er die Weichen so, dass er selbst anfängt, sich die Erlaubnis zu geben, Entscheidungen für sich zu treffen und das zu machen, was er will. Er macht die Erfahrung, dass er sich immer mehr das Recht zugesteht, auf eine verständnisvolle Art mit sich umzugehen. Er merkt auch, dass es ihm immer weniger passt, wenn er sich vergisst oder übergeht, und er spürt ein immer stärkeres Bedürfnis, sich wichtig zu nehmen. Er erfährt immer deutlicher, dass er vermehrt sich fragen und von sich ausgehen will.

Das Buch macht den depressiven Menschen unabhängiger, freier und selbstbewusster. Es verhilft ihm, sein Leben so zu leben, wie er es will und wie es ihm entspricht. Es ist wie eine Art Geburtshelfer und übernimmt die Funktion eines Anschiebers und Initiators. Es soll sein wie ein Fremdenführer in einer fremden Stadt. Alles dreht sich um diese Stadt und der Führer gibt die Möglichkeit, sie nach eigenen Vorlieben und entsprechend den eigenen Bedürfnissen und Interessen zu erkunden. So geht jeder auf seine Weise an eine neue Stadt heran, sehr zielgerichtet und bestimmt die einen, die sich sofort zu den Museen und Sehenswürdigkeiten aufmachen, während andere die Stadt erst einmal auf sich wirken lassen wollen. Sie schlendern umher, trinken einen Kaffee, schauen den Menschen zu, nehmen die Gerüche auf und wollen die einzigartige Atmosphäre der Stadt erspüren. Jeder hat seine Art, und je mehr er sich auf seine Art besinnt, umso näher kommt er der Stadt und umso persönlicher und vertrauter wird diese für ihn. Es ist ein Sichnähern auf eine je individuelle Weise. Der Führer gibt den Rahmen, zeigt Möglichkeiten und lässt die Freiheit, daraus eine ganz persönliche Reise zusammenzustellen.

Mit dem Buch ist der depressive Mensch nicht allein. Er hat etwas in den Händen. Es ersetzt zwar keinen menschlichen Begleiter, ist aber doch etwas oder jemand, bei dem man Verständnis, Trost und Orientierung holen kann. Einen wichtigen Beitrag dazu liefert sicher die spezielle Form, in der das Buch geschrieben ist. Es hat viele Wiederholungen und Hervorhebungen, die auf die Wichtigkeit des Gesagten hinweisen. Sehr viel ist in Ichform und in direkter Rede geschrieben, damit der Leser sich direkter und unmittelbarer angesprochen und erfahren kann. Bei diesen persönlich formulierten Äußerungen handelt es sich nicht um Zitate von depressiven Menschen. Mit dieser Form soll der depressive Mensch persönlich einbezogen und zum Mitdenken aufgefordert werden.

Stimmt diese Formulierung, passt sie zu mir, bringt sie etwas in mir zum Erklingen, kann ich etwas mit ihr anfangen? Bin ich jetzt sicherer, trittfester auf dem Weg und auch ruhiger? Und: *Verstehe ich damit besser, was mit dem Geschriebenen gemeint ist, macht es mir den Weg und die einzelnen Schritte verständlicher und machbarer? Verstehe ich mich besser, werde ich sorgfältiger und aufmerksamer zu mir, geduldiger und zuversichtlicher für den Weg und die zu machenden Schritte?*

Damit soll der Abstand zwischen dem Geschriebenen des Buches und dem Erleben des Lesers verkürzt und auch eine Eindringlichkeit geschaffen werden, die es ihm leichter macht, das Gelesene auf sich und seinen Weg des Ausstieges zu übertragen. Es geht um den depressiven Menschen selbst. Er ist gefragt und angesprochen und das soll auf eine unmittelbare und wirksame Weise passieren: Deshalb die Wiederholungen, die Umschreibungen und die vielen Formulierungen in der Ichform. Und genauso entscheidend sind die schon beschriebenen Merksätze. Sie sind das Fundament des späteren Lebens und die Leitplanken des Ausstieges. Sie geben den Rahmen und die Richtung. Sie sind als Kernanliegen und Hauptthemen wie Leuchttürme und Orientierungspunkte.

Wen ich sehr bei diesem Buch im Auge habe, und darum komme ich noch einmal darauf zurück, ist das Heer der latent depressiven Menschen. Für sie bedeutet es die Möglichkeit, jetzt den Ausstieg zu wagen, die Notbremse zu ziehen und zu verhindern, dass sie manifest depressiv werden. Sie sehen sich meist nicht als depressiv, denn es funktioniert ja alles noch. Sie sind nicht wie die, die depressiv sind, trösten sie sich insgeheim. Aber sie sind die Gefährdeten, ohne es zu ahnen. Sie sind das Heer der Abertausenden, die ohne Hilfe und Unterstützung durchs Leben gehen, die ohne Ende leiden und leben, ohne zu leben. Sie sind es, die immer noch gerade so viel Energie haben, um den Ausstieg allein zu schaffen. Aber jetzt leben sie ohne Lebensqualität, immer am Abgrund. Sie laufen auf Eis, ohne zu wissen, wann es einbricht. Und wenn sie versuchen, allein den Weg zu gehen, verstricken sie sich häufig umso mehr. Bei den manifest depressiven Menschen ist die Luft draußen. Sie haben zu lange gewartet, sich zu sehr verausgabt, als dass die Kraft für einen solchen Alleingang reichen würde. Auch sie schaffen den Ausstieg aus der Depression, auch sie können ein anderes Leben leben, nur brauchen sie in jedem Fall eine professionelle Begleitung. Für alle aber gilt, ob sie den Weg nun allein oder mit fremder Hilfe gehen:

Mache, was du willst und kannst. Sich das zu erlauben, daran zu glauben und im Alltag umzusetzen ist die schwierige Aufgabe, die der depressive Mensch für den Ausstieg zu leisten hat und die mit Sicherheit zum Ziel führt.

Merkmale, Verlauf und Ausprägungen der Depression

Meine Vorstellungen über das Wesen und die Entstehung einer depressiven Entwicklung sind in meinen ersten Büchern »Sie haben es doch gut gemeint. Depression und Familie« und »Endlich frei. Schritte aus der Depression« beschrieben. Da ich beide Bücher für die Lektüre dieses Buches nicht voraussetzen möchte, gibt mir das an dieser Stelle die Gelegenheit, mit einem kurzen Abriss darauf hinzuweisen, was mit einer Depression nichts zu tun hat, denn der Begriff »depressiv« muss heute, ähnlich wie der Begriff »traumatisch« für viel zu viel herhalten. Dadurch aber wird das Leiden derer, die wirklich depressiv sind, bagatellisiert, verharmlost und verkannt.

Wir sind Menschen und keine Maschinen, wir haben Stimmungsschwankungen, leiden, sind traurig und fühlen uns schlecht und verzweifelt. Auch Zweifel und Unsicherheiten gehören zu unserem Leben. Es gibt keine Gefühlsnuancen, die zu empfinden wir nicht in der Lage sind. Es gibt keine Höhen und Tiefen der Empfindungen, keine gefühlsmäßige Intensität, die uns fremd ist. Wir reagieren auf Dunkelheit, auf schlechtes Wetter, wir trauern und weinen, verzehren uns vor Sehnsucht und sind abgrundtief enttäuscht und deprimiert. All das gehört zu unserem Leben und hat mit Depression nichts zu tun. Der Mensch ist seiner Natur nach verletzlich, er ist in vielem gebrechlich, empfindsam und seine Haut ist nicht immer die dickste. Wer viel allein und häufig traurig ist, ist noch nicht depressiv. Wer unglücklich in der Liebe ist oder unzufrieden im Beruf und wer vor schwierigen Entscheidungen steht, dreht sich häufig im Kreis, ist gefangen, bedrückt und mag sich an nichts freuen; deswegen ist er aber noch nicht depressiv. Wen eine wichtige Entscheidung belastet, ist nicht frei für anderes, weder für Schönes noch für andere Probleme. Er ist »zu«, nicht ansprechbar, nicht berührbar und auch nicht wirklich präsent. Diese Zustände nenne ich emotionale Verstimmung und auch diese können tief und lang anhaltend sein. Depression ist etwas anderes. Hier gilt es, eine klare Grenze zu ziehen.

Wenn man vor allem die emotionalen Ausdrucksformen betrachtet und sie als Hauptsymptome, als *die* Indikatoren einer Depression ansieht, dann erfasst man die Depression nicht wirklich. Lustlosigkeit, Interesselosigkeit, Fehlen von Freude und Begeisterung sind nicht spezifisch für eine Depression, obwohl das meist so verstanden wird. Die meisten depressiven Menschen kennen diese Symptome, aber bei ihnen sind es Reaktionen auf einen ganz anderen Zustand. Auch die Länge einer depressiv anmutenden Verstimmung sagt nichts darüber aus, ob jemand depressiv ist oder nicht. Es geht sehr vielen Menschen häufig über sehr lange Zeit sehr schlecht. Sie sind unglücklich, unzufrieden, Geld- und Beziehungsprobleme belasten, der Arbeitspatz ist unsicher, die Arbeitsbedingungen sind stressig und die heutige Zeit bereitet ihnen Sorge und verhindert, dass sie sich wohl und zufrieden fühlen. Auch hier spreche ich von emotionalen Verstimmungen, es würde aber auch genügen, nur von Niedergeschlagenheit, längerer Unlust oder Traurigkeit zu sprechen. Diffuse Gefühle der Trauer oder der Niedergeschlagenheit sind ebenfalls keine Anzeichen der Depression, sondern sie sind das, als was sie daherkommen, nämlich Trauer, Niedergeschlagenheit, ob man die Ursachen nun benennen kann oder nicht. Wir haben sehr viel mehr Begriffe, die negative Gefühlsinhalte präzise bezeichnen, als dass man zu einem in diesem Zusammenhang noch falschen Überbegriff greifen muss. Wenn jemand sagt, er sei schon über längere Zeit traurig, dann sagt das doch schon sehr viel aus und braucht nicht noch ein diagnostisches Etikett. Dem möchte ich aus meiner langjährigen therapeutischen Erfahrung meine Auffassung von dem voranstellen, was eine Depression eigentlich ist:

Menschen sind depressiv,
die ihr Leben lang geleitet sind, das zu machen, was andere von ihnen erwarten, die immer auf die andern ausgerichtet sind,
die sich zurückstellen, sich übergehen, sich nicht spüren und nicht ernst nehmen,
die ständig im Gefühl leben, etwas zu müssen, und sich deshalb ständig verpflichtet fühlen.

Sie geraten in einen Zustand ständiger Überforderung und zunehmender Erschöpfung, den man als Depression bezeichnet.

Entscheidend für die Depression sind daher die Gefühle, sich immer nur verpflichtet zu fühlen, nie frei zu sein, immer fremdgesteuert und nie selber entscheiden können. Zum Sich-ständig-gestresst-Fühlen gehört ebenso die Erfahrung, nie ausruhen oder mal nichts machen zu dürfen, und schlimmer noch ist das Gefühl, diesem Zustand ausgeliefert zu sein. Deshalb ist es beim Ausstieg für die depressiven Menschen so wichtig, zu verstehen, was sie weshalb machen und dass sie etwas unternehmen können, um aktiv ihren Zustand zu verändern. Alles tun die depressiven Menschen ohne Selbstsicherheit, ohne Selbstvertrauen und immer haben sie Angst, zu versagen. Es fehlt ihnen das Grundvertrauen in sich und das Leben, ebenso der feste Boden und der sichere Halt in dieser Welt. Sie fühlen sich heimatlos, überfordert und permanent erschöpft, ihnen fehlt die Bindung ans Leben. Ständig unter Druck und in Stress leben zu müssen macht müde, erschöpft und bestimmt das ganze Leben der depressiven Menschen. Immer nur müssen, nicht gefragt sein, immer unter diesem Joch, das ist nicht lebensfreundlich, führt nicht dazu, dass sie dem Leben positiv zugetan sind. Dieses ständige Müssen erleben viele als Unfreiheit. Es fällt ihnen nicht weiter auf, weil sie nichts anderes kennen. Andere wiederum reiben sich ständig daran, tun sich schwer mit diesem Sich-verpflichtet-Fühlen und vor allem mit der Erfahrung, dass es ihnen bei allem Bemühen nicht gelingt, es zu verändern.

Die depressiven Menschen bewegen sich ständig am physischen und psychischen Limit, leben im Gefühl, diesem Leben nicht gewachsen und ihm ausgeliefert zu sein – ohne es sich selbst ausgesucht zu haben. Ihren Alltag erleben sie als mühsam, anstrengend, beschwerlich, ohne Freude und Befriedigung, und sich selbst als energielos und unsicher, immer unter Druck, zu leisten, ohne einmal nachlassen zu dürfen. Nichts ist selbstverständlich, nichts geht leicht von der Hand, nichts schaffen sie ohne Anspannung und Angst. Ihr Leiden an sich und am Leben ist riesig. Sie sind erschöpft, fühlen sich überfordert und können sich ihre Müdigkeit wie ihren gesamten Zustand meist nicht erklären. Und dieses Nichtwissen, was mit ihnen los ist, weshalb sie sich ständig so müde und schlecht fühlen, macht einen großen Teil ihres Leidens aus. Leiden, ohne dafür eine Erklärung und einen Namen zu haben, macht alles noch schwieriger. Sie kommen sich noch fremder und ausgelieferter vor. Sie sind depressiv, meist ohne zu wissen, dass sie depressiv sind. Sie leben ein Leben, in dem sie nicht vorkommen, wo es sie gar nicht gibt, wo es nicht wichtig ist, wie es ihnen geht. Deshalb spielt zum Beispiel das Einüben eines neuen und verantwortungsvollen Umgangs mit dem Körper eine zentrale Rolle.

Ich will meine Müdigkeit ernst nehmen, sie nicht bagatellisieren und gering schätzen. Ich möchte lernen, auf die Signale des Körpers zu hören, und mich bemühen, sie zu verstehen und danach zu handeln. Ich möchte nicht die immer gleichen Fehler und Unterlassungen wiederholen und auch dem Körper nicht mehr die Erholung, die er braucht, vorenthalten. Ich weiß, da habe ich große Fehler gemacht. Ich kann nicht ungestraft den Körper schwächen und gleichzeitig Höchstleistungen von ihm verlangen. In Zukunft will ich mit ihm und nicht gegen ihn arbeiten. Ich will lernen, geduldig mit mir zu sein, mir und dem Körper Zeit geben, ihn nicht immer antreiben und über ihn verfügen. Damit, dass ich lerne, den Körper zu achten und meine Ungeduld und Rastlosigkeit zu zügeln, nehme ich eine wichtige Weichenstellung in Richtung Veränderung und Ausstieg aus der Depression vor.

Depressive Menschen leben kräftemäßig über ihre Verhältnisse. Sie mobilisieren Kräfte, die eigentlich gar nicht mehr da sind. Sie leben, ohne das wirklich zu realisieren, kräftemäßig auf Pump und bezahlen das irgendwann einmal mit Zins und Zinseszinsen. Es ist nicht die Müdigkeit, wie wir sie normalerweise kennen, wie nach einem anstrengenden Tag. Es ist vielmehr eine Müdigkeit wie eine Krankheit. Viele spüren allerdings die körperliche Müdigkeit nicht wirklich, weil sie es gar nicht gewohnt sind, darauf zu achten, weil sie so selbstverständlich zu ihrem Leben gehört und auch, weil sie es sich nicht erlauben können, sie sich einzugestehen. Erst wenn die Erschöpfung so groß ist, dass sie sich mit ihr beschäftigen müssen, merken sie, wie abgrundtief diese Müdigkeit ist und dass man sich von ihr nicht mehr erholen kann. Dabei schleppen sie diese schon jahrelang oder lebenslang mit sich herum. Und es ist erschreckend, wie sie gar nicht mehr wissen, wie sich das anfühlt, ohne diese Müdigkeit zu leben. Eine Müdigkeit, die häufig die letzten Tränen vertrocknen lässt, die vielfach macht, dass sie sich leer und tot fühlen und gar keine Traurigkeit mehr aufkommen kann. Nichts bewegt sich mehr, und mechanisch bewegen sie sich durchs Leben, wenn diese Erschöpfung sich chronifiziert.

Wer so leben muss, kann nicht Rücksicht auf sich nehmen, spürt nicht, wenn er über seine Verhältnisse lebt und sich überfordert. Wer nur auf die andern schaut, nimmt nur das auf, was außerhalb von ihm passiert, spürt nur, wie es dem andern geht, was der braucht und was dem wichtig ist. Sich selber aber kennt er nicht. Wer sich nicht kennt, kann sich auch nicht vertrauen und kein Selbstvertrauen aufbauen. So ein Mensch ist nirgends daheim, weder in sich noch in dieser Welt. Bodenlosigkeit, fehlender Halt, fehlende Bindung ans Leben sind die Folgen davon. Wer nur die andern wichtig nimmt, kann sich selbst nicht wichtig nehmen, nicht auf sich schauen und für sich sorgen. Und wer sich nicht um sich kümmert, überfordert sich ständig und treibt Raubbau an sich und seinem Körper. Wer sich missachtet, sich übergeht, und alle und alles andere wichtiger nimmt als sich selbst, kann kein Selbstbewusstsein aufbauen und keinen Selbstwert bekommen. Wer so leben muss, macht sich kaputt. Sich sehen, sich ernst nehmen können oder gar dürfen, auf sich schauen und verantwortlich sein für sein eigenes Wohlergehen, davon findet sich keine Spur bei den depressiven Menschen. Nie geht es ihnen um sich selbst. Sie leben auch nicht sich selbst, sondern die Erwartungen und Anforderungen, die die anderen an sie stellen. Deshalb fühlen sie sich dauernd verantwortlich für die andern, für alle und alles. Das ist anstrengend und macht sie verletzlich. Diese Verhaltensweisen nenne ich *depressive Muster*, weil sie als Kinder gelernt und eingeübt wurden und später bei den depressiven Menschen fordernd, zwanghaft und automatisch Denken und Verhalten bestimmen. Die depressiven Muster sind starre Fesseln, die das Leben dieser Menschen prägen. Sie werden für sie zu einem »so handeln und denken müssen«, zu einem Zwang. Sie sind so automatisiert und als Müssen in das Leben depressiver Menschen integriert, dass ihnen selbst nicht bewusst ist, dass sie auf diese unfreie Weise handeln. Was sie aber sehr stark und als ihr Leben bestimmend wahrnehmen: Sie fühlen sich bevormundet, eingeengt, fremdbestimmt und unfrei. Sie müssen immer auf dem Sprung sein, alles richtig zu machen, aufpassen, dass ihnen ja keine Fehler passieren, dass ihnen nichts entgeht. Sie sind immer gestresst, immer unter Druck, sind ständig in einer inneren Unruhe und Spannung gefangen, obwohl sie nach außen einen ganz andern Eindruck vermitteln. Nie bei sich und immer nur nach außen gerichtet sein vermittelt keine Sicherheit und damit auch keine Ruhe und Zufriedenheit. Genauso ist ihr Leben, ein einziges freudloses Müssen. Beim Depressiven geht es nie ums Leben, immer nur ums Überleben. »Ich lebe nicht, ich lebe am Leben vorbei, ich bin lebendig tot« ist ihr Lebensgefühl. Wer so in und mit diesen Mustern lebt, überfordert sich ständig und ist depressiv. Jeden Versuch, anders zu handeln, anders mit sich umzugehen, bezahlen sie mit Schuldgefühlen, Angst und Panik. Beim Ausstieg wird es also darum gehen, neues Verhalten zu lernen und die damit aufkommenden belastenden Gefühle auszuhalten.

Ein paar Hinweise nur, wie depressive Menschen erleben, denken und handeln: Positive Erfahrungen, wie zum Beispiel Erfolge, Zuwendungen oder Bestätigungen, gibt es für sie nicht, nehmen sie nicht wahr oder so, dass sie sie gleich auf die Seite schieben und sich anderem zuwenden. Sie haben keine Nachwirkung, keinen Einfluss auf ihr Erleben oder Selbstbild. Sie sind wie Schall und Rauch, sie verpuffen, ohne irgendwelche Spuren zu hinterlassen. Anders die negativen Erfahrungen, wie scheinbar ungenügende Leistungen, Zurechtweisungen oder Kritik. Diese bleiben hängen, bestätigen ihr negatives Selbstbild und verstärken noch den strengen und unnachgiebigen Umgang mit sich. Der depressive Mensch vergleicht sich ständig mit den andern und jeder dieser Vergleiche fällt aus seiner Sicht zu seinen Ungunsten aus. Er kommt bei sich immer schlecht weg. Was er hat oder ist, erscheint ihm ungenügend, durchschnittlich, selbstverständlich und mickrig und kommt nicht an das heran, was andere haben oder sind, oder an das, was ihm noch fehlt und er noch müsste. Er ist sich nichts wert, nichts zählt und nichts zeichnet ihn aus. Er kann nichts und er ist nichts. Auch wenn sich einzelne depressive Menschen wohl bewusst sind, über gewisse

Fähigkeiten zu verfügen, geben ihnen diese kein gutes Gefühl, baut sie das nicht auf und schafft auch kein starkes Selbstbewusstsein. Ein depressiver Mensch würde zum Beispiel sich und sein Leben folgendermaßen beschreiben: »Ich arbeite nur, es geht immer weiter wie bisher, nichts ändert sich. Ich habe keine Ruhe, die Gedanken kreisen fortwährend und landen immer beim »worst case«, dem schlimmstmöglichen Ausgang. Ich muss nur funktionieren und fühle mich nie frei und gelöst. Das Gefühl von Freiheit und Unabhängigkeit, sein eigener Herr und Meister zu sein und selber entscheiden zu können, kenne ich nicht. Ich mache alles ohne Feuer und Begeisterung und muss mich immer wieder von neuem aufraffen, bin ständig mit der Frage beschäftigt, mache ich es richtig, schaffe ich es. Zufriedenheit kenne ich nicht, alles kostet unendlich viel Energie, ohne dass sich das auszahlt oder dass es mir besser geht.« Ein anderer depressiver Mensch könnte seinen Zustand und sein Erleben folgendermaßen schildern: »Nichts ist richtig, alles ist nicht so, wie es für mich richtig wäre. Nichts ist recht, nichts genügt, nie ist etwas genug und gut. Immer gibt es etwas, was ich zu bemängeln habe. Nie ist etwas so, dass ich mit mir zufrieden bin. Mir passt es nicht, wie ich bin, wie ich denke und mein Leben handhabe. Ich gefalle mir nicht. Ich mag nicht mehr, alles ist mir zu viel. Ich mache nur noch das Nötigste und ich habe immer Angst, Angst, nicht zu genügen, nicht fertig zu werden und keine Kraft mehr zu haben. Ständig gehen diese Gedanken in meinem Kopf herum.«

Was das Erleben der depressiven Menschen ebenfalls stark prägt, ist die Tatsache, nicht Nein sagen und sich nicht abgrenzen zu können. Dadurch machen sie viel zu viel, ohne es wirklich zu wollen. Mit ihrer Einstellung: »Jetzt oder nie«, »Alles auf einmal«, und: »Alles oder nichts«, erhöhen sie zusätzlich den Druck auf sich und verstärken ihre innere Anspannung und Unruhe. Sie fordern alles von sich, ohne zu merken, dass sie sich überfordern und Raubbau an sich betreiben. Depressive Menschen sind Gefangene ihrer Überforderungsmuster und sie sind depressiv, weil sie in diesen Überforderungsmustern leben – und zwar lange bevor es für die Mitmenschen sichtbar wird. Depressive Menschen leben jahrzehntelang, vielfach ein ganzes Leben in diesen Mustern, kämpfen ums Überleben und vegetieren, statt zu leben. Sie leiden und leben ständig am Limit, ohne dass die anderen Menschen das merken und auch im Entferntesten auf den Gedanken kommen, sie könnten depressiv sein. Ich spreche von *latenter oder verborgener Depression.*

In der latenten Depression verausgabt der Mensch seine Energie fast vollständig. Er funktioniert nur noch und bewegt sich bezüglich seiner Energiereserven im roten Bereich. In der Phase der latenten Depression zeigen sich depressive Menschen nach außen gut aufgestellt, ausgeglichen und voller Kraft, innerlich aber fühlen sie sich unsicher, schlecht und kraftlos. So geteilt zu leben verbraucht immens Energie. Diese Menschen sind hochgradig depressiv, meist ohne es selbst zu wissen. Sie leiden nicht weniger intensiv und sie sind nicht weniger depressiv als die, die offiziell als depressiv gelten. Die latente Depression ist die häufigste Form der Depression und wird in Zukunft noch massiv zunehmen. Wird die Erschöpfung immer ausgeprägter, das Gefühl vom Müssen immer belastender, dann bricht irgendwann einmal alles zusammen, dann geht nichts mehr. Es ist, wie wenn ihnen der Stecker rausgezogen würde. Dann wird die Depression sichtbar, dann spreche ich von der *manifesten, sichtbaren Depression.* Alles, was sie sich aufgebaut haben, fällt in sich zusammen. Das Banalste kann zum Zusammenbruch und damit zur manifesten Depression führen. »Der letzte Strohhalm lässt das Kamel zusammenbrechen«, lautet ein englisches Sprichwort. Einmal ist einfach alles zu viel, auch für den stärksten Menschen. Eine Zitrone kann man auch nicht unbeschränkt auspressen. Alles, was vorher selbstverständlich war, geht nicht mehr, die kleinsten Verrichtungen kosten unendlich viel Kraft, alles ist Schwerstarbeit und sie sind gelähmt von Angst und geplagt von Schuldgefühlen. Wollen und immer wieder aufstehen, wie sie es gewohnt waren, geht nicht mehr. Sie ertragen sich kaum in diesem Zustand und können ihn trotzdem nicht verändern.

Bei der latenten und manifesten Depression handelt es sich um die gleiche Depression, um die gleichen Überforderungsmuster, die zur Erschöpfung führen – nur die Erscheinungsform ist verschieden: hier verborgen – dort offensichtlich, hier noch Kraft zum Funktionieren – dort leer und kraftlos. Ob eine Depression latent oder manifest ist, ist relevant für den Ausstieg. Es geht nicht um reaktiv oder endogen. Wie umfassend die Depression ist und wie schnell jemand davon loskommt, hängt entscheidend davon ab, wie umfassend und einschneidend die Überforderungen waren, wie sehr er sich übergangen und vernachlässigt hat und wie umfassend seine Verunsicherung und Brüchigkeit sind. Gibt es Bereiche, die nicht betroffen sind? Gab es in der Kindheit Bezugspersonen, die etwas von der Brüchigkeit neutralisieren konnten und damit den Kindern ein Stück Beständigkeit und Bedeutung geben konnten?

Für ein Verständnis der Depression ist es hilfreich, die Gründe für eine depressive Entwicklung zu verstehen. Denn ein solches Verständnis sorgt dafür, die Schritte des Ausstieges nachvollziehen zu können, und hilft verstehen, weshalb es gerade diese Schritte sind, die für einen erfolgreichen Ausstieg stehen, wie etwa, sich ins Zentrum zu stellen, sich ernst zu nehmen, sich um sich zu kümmern. Die Erfahrungen der Überforderung und der Brüchigkeit, die depressive Menschen als Kinder gemacht haben, sind entscheidend für eine depressive Entwicklung: Depressive Menschen haben bei allem Bemühen der Eltern in ihrer Kindheit die Erfahrung der Sicherheit und Geborgenheit nicht machen können, auch nicht die vom Sich-getragen- und Sich-bestätigt-Fühlen, zumindest nicht in dem Maß, wie sie es gebraucht hätten. Fehlende Zuwendung, fehlende Beständigkeit schafften ein Klima ständiger Unsicherheit und einer diffusen Bedrohung. Ihr Leben als Erwachsene steht auf wackligem Boden. Die Erfahrung der Brüchigkeit ist deshalb so einschneidend, weil die Kinder in ihrer Schutzlosigkeit und Bedürftigkeit auf Sicherheit, Verlässlichkeit und Wärme angewiesen sind. Die Erfahrung der Brüchigkeit im Kindesalter macht, dass man sich auch im Erwachsenenalter nicht getragen und damit auch nicht verbunden fühlt mit dieser Welt. Darum ist die Traurigkeit depressiver Menschen so tief, ihre Verbundenheit mit dem Leben so gering und ihre Todessehnsucht so groß.

Eltern, die in ihrem Leben über lange Zeit überfordert sind, können den Kindern nicht das geben, was diese für ihre Entwicklung brauchen. Eltern, die mit anderem besetzt und belastet sind, müssen sich gezwungenermaßen mehr mit sich und ihrer Situation beschäftigen und können nicht die für die Kinder nötige Stabilität und Geborgenheit vermitteln. Die Kinder nehmen das auf und interpretieren es als: »Den Eltern geht es nicht gut, wir sind ihnen eine Belastung. Wir müssen alles tun, damit es ihnen besser geht.« Häufig ziehen sie solche Schlüsse unbewusst und automatisch. Ein solches familiäres Umfeld wird von ihnen als unsicher und unberechenbar erlebt. Und überall, wo etwas unsicher, unklar und unberechenbar ist, kann sich die Angst einnisten, unbemerkt und perfid. Das alles geschieht im Übrigen gar nicht so spektakulär, nicht offensichtlich und in Familien, die als geordnet und intakt dastehen. Mögliche Ursachen dieser elterlichen Überforderung sind eheliche Spannungen, finanzielle Dauersorgen, Arbeitslosigkeit, ein krankes oder behindertes Geschwisterkind, Todesfälle in der Familie, allgemeine Unzufriedenheit mit Leben, Beruf, Wohnsituation, lieblose und kalte Erziehung.

Und einige Kinder reagieren eben auf eine ganz bestimmte Art und stellen damit die Weichen für eine depressive Entwicklung. Sie versuchen selbst, Stabilität und Sicherheit zu schaffen, indem sie instinktiv Verantwortung übernehmen, und zwar so, dass sie sich anpassen, sich zurücknehmen, vermeintliche Erwartungen erfüllen, Rücksicht nehmen, um es den Eltern nicht noch schwerer zu machen. Sie sind nicht fordernd, nicht anstrengend, sondern erwachsen, vernünftig und hilfsbereit. Sie nehmen alle Stimmungen auf und spüren alle Regungen der Eltern, um sie nicht zu belasten, ihnen ja nicht noch mehr Kummer und Sorgen zu bereiten; es könnte für die Eltern ja einmal zu viel sein und dann brechen sie zusammen und damit bricht dann die ganze Familie auseinander. Lieber alles allein tragen, allein mit allem fertig werden und lieber sich selbst überfordern als die Mutter belasten. Auf sie muss man achtgeben, auf sie muss man aufpassen. Die Kinder überfordern sich, indem sie etwas machen, was nicht ihre Aufgabe ist. Sie bemühen sich, machen alles, um die Brüchigkeit der Situation aufzuheben, aber sie schaffen es nicht, weil es ihnen nicht gelingen kann. Und dieses Nichtschaffen setzt sich in ihnen als Grundgefühl fest: »Ich schaffe es nicht, was immer ich tue, es genügt nicht, es ist immer zu wenig, ich genüge nicht.« Gefühle des Ungenügens, der Verunsicherung, Angst und Einsamkeit graben sich tief in ihnen ein. Sich immer zurücknehmen, sich anpassen und sich ausschließlich um die andern kümmern verhindert, dass sie lernen, an sich zu denken, für sich zu sorgen, auf sich und ihren Körper zu achten und sich ernst zu nehmen. Sie lernen nicht, sich für sich einzusetzen und sich durchzusetzen. Sie lernen nicht, zu streiten und sich Konflikten zu stellen. Sich immer mehr zurücknehmen führt zu Selbstentfremdung und am Schluss zum Selbstverlust. Wenn Eltern den Kindern nicht das geben können, was sie brauchen, gewöhnt sich das Kind ab, etwas zu brauchen. Es wird zu einem Selbstversorger, der alles mit sich selber ausmacht. Wenn die Beziehung zu den Eltern bedroht ist, wird das Kind alles tun, um zusätzliche Bedrohung zu vermeiden. Wenn Eltern zusammenzubrechen drohen, versuchen Kinder, die Eltern zu stützen. Wenn der seelische Schmerz zu groß wird, stellt das Kind das Fühlen ein.

Je weniger Verantwortung die depressiven Menschen in ihrer Kindheit glaubten übernehmen zu müssen, je weniger Energie sie für die Ausrichtung auf die Eltern aufbringen mussten und je mehr sie Kind sein konnten, desto weniger tief ist der Ichverlust und desto geringer der Energieabfluss. Ist auch die Überforderung nicht so ausgeprägt, ist die depressive Entwicklung weniger tief und umfassend.

Die depressive Entwicklung ist eine notwendige Anpassungsleistung der Kinder. Es ist eine für sie scheinbar richtige und notwendige Antwort auf die gefährdete und brüchige Familienkonstellation. Sie ist mit enorm viel Stress und Überforderung verbunden und damit auch mit einer permanenten Anspannung und einem nicht sichtbaren Kraftverschleiß, der sich erst viel später auswirken wird. Im Erwachsenenalter fängt er an, sich zu manifestieren. Weshalb so viel Müdigkeit in ihnen steckt, kann von den depressiven Menschen deshalb oft gar nicht verstanden werden. Kinder, die sich auf eine depressive Weise entwickeln, machen in ihrer Kindheit und/oder Jugend etwas, was sie zu ihrer eigenen Sicherheit und Absicherung tun müssen. Sie formen damit aber auch Verhaltensmuster, die sie nicht mehr aus dieser Haltung entlassen. Es waren damals sinnvolle und Sicherheit vermittelnde Verhaltensweisen. Vor allem aber ermöglichten sie den Kindern, etwas zu tun. Sie waren gefühlsmäßig der Situation nicht mehr so ausgeliefert. Die Absicht war richtig, die Folgen aber sind fatal. Etwas tun, nicht einfach nur geschehen lassen, das waren damals schon entscheidende Kriterien ihres Handelns. Der Sog zum Helfen und zum Erfüllen vermeintlicher Erwartungen, dem die depressiven Menschen ausgeliefert sind, ist immer auch ein Tun dahingehend, nicht untätig und ausgeliefert zu sein, was sich dann zu einem permanenten Verpflichtetsein entwickelt hat. Es hat sich von der damaligen Absicherungsaufgabe gelöst und ist zu einem grundsätzlichen Verhalten geworden. Damit hat sich das, was einmal Hilfe sein sollte, jetzt gegen sie selbst gewendet. Es hat sie unfrei gemacht und zu Sklaven der depressiven Muster. Bei den Kindern sind es die gleichen Muster des Denkens und Fühlens, die gleichen Überforderungsstrategien, die wir bei den erwachsenen depressiven Menschen sehen. Nur sind sie dort zementierter, verfeinerter, generalisierter und internalisierter. Sie werden Teil der Persönlichkeit und bestimmen als depressive Lebensstrategie umfassend das Leben dieser Menschen. Depressive sind in allem die Geprellten: Sie werden um eine sorglose Kindheit betrogen und als Erwachsene um ein freies und selbstverantwortliches Leben. Sie leben ein Leben, das sie nicht freiwillig gewählt haben, und bezahlen gleich mehrfach den Preis.

Für eine depressive Entwicklung braucht es die Brüchigkeit des familiären Systems über längere Zeit. Das ist das Entscheidende und es braucht diese besondere konstitutionelle Sensibilität und Verletzlichkeit der Kinder mit dem daraus resultierenden Verhalten. Es ist daher falsch, wenn man sagt, die Depression werde vererbt oder eine Depression könne jeden treffen. Wenn man den Ausstieg aus der Depression wie im Folgenden als etwas betrachtet, das dem depressiven Menschen Freiheit und Lebendigkeit zurückbringt, dann wird ihr oder ihm allerdings auch einiges abverlangt.

2
Der Ausstieg

Erste Orientierungspunkte: Worum es geht

Wer den Ausstieg aus der Depression allein macht, muss wissen, was ihn erwartet, und hat auch ein Anrecht darauf, zu erfahren, was das Besondere eines solchen Ausstieges ausmacht, um sich besser darauf einstellen zu können. Verstehen und Wissen reduzieren Unsicherheiten und schaffen den Boden, auf dem Vertrauen und Zuversicht wachsen können. Der depressive Mensch soll nicht nur wissen, worauf er sich einlässt, sondern es soll ihm auch klar sein, was er selbst zu einem guten Gelingen beitragen kann. Verstehen, wo er steht, was abläuft, nimmt Angst und unterstützt sein Bemühen, dem Leben und Leiden nicht mehr nur ausgeliefert zu sein, sondern aktiv und effektiv etwas zur eigenen Zufriedenheit beizutragen. Verstehen, wie er in seinen depressiven Zustand hineingeraten ist, und wissen, wie er sich auch selbst wieder daraus befreien kann, gibt ein gutes Gefühl und nimmt der Depression den Charakter des Schicksalhaften, Unausweichlichen und Definitiven. Er hat es in seiner Hand, dafür zu sorgen, dass es ihm besser geht. Das gibt schon einmal ein gutes Gefühl. Andererseits lehrt die Erfahrung auch, dass derjenige, der einen solchen Weg allein beschreitet, mit der Zeit gar nicht mehr weiß, welchen Weg er denn eigentlich gehen muss oder will. Er verliert die Orientierung, und wenn es nicht gelingt, sich an einem starken und festen Seil festzuhalten, fällt er und gibt auf. Ich möchte versuchen, auf die wichtigsten Punkte hinzuweisen. Sie sollen wie Wegweiser oder Leitplanken sein, wie Fix- und Orientierungspunkte auf dem Weg aus der Depression.

Aussteigen aus der Depression heißt für den depressiven Menschen:

1. Die Muster des Denkens und Handelns, die belasten, überfordern und ermüden, zu erkennen und zu vermeiden.
2. Verhaltensweisen, die ihm entsprechen, für ihn stimmig sind, sich zu erlauben und einzuüben.
3. Sich eine Haltung und einen Umgang mit sich anzueignen, die geprägt sind von Achtung, Wohlwollen und Verständnis.

Oder anders formuliert geht es beim Ausstieg aus der Depression darum, dass der depressive Mensch einerseits neue und für ihn ungewohnte Verhaltensweisen einübt und anderseits lernt, vertrautes Verhalten auf eine ihm entsprechende und für ihn gute Weise auszuleben, die auch Rücksicht nimmt auf die jeweils aktuelle Situation und seine physische und psychische Verfassung.

Diese Veränderungen des Denkens und des Handelns sind für den depressiven Menschen dann machbar und erfolgreich, wenn er das umsetzt, worum es beim Ausstieg ganz entscheidend geht:

Das, was er macht, immer so zu machen, wie es für ihn in diesem Moment stimmt, und sich nur so viel vorzunehmen, wie er sich zutraut.

Nur darum geht es, nur auf diese Weise gelingen Veränderungen, die zum Ausstieg aus der Depression führen. Darauf, wann und wie er seine eingeschliffenen Verhaltensweisen verändern könnte, kommt er, wenn er sich fragt: »Was will ich jetzt, wonach ist mir zumute, was stimmt im Moment am meisten und was ist für mich überhaupt möglich?« Indem er sich so befragt und sein Handeln danach ausrichtet, macht er schon die ersten und entscheidenden Schritte. Er verhält sich anders als bisher, er geht anders mit sich um und macht damit schon etwas Neues. Um das geht es und um nichts anderes, die Verhaltensweisen, die belasten, überfordern und ihm schaden, zu verändern. Und zuallererst geht es darum, sich zu erlauben, so zu denken, dann entsprechend zu entscheiden und sich zu sagen, dass man sich aus der Verantwortung für sein Leben heraus ein solches Denken und Handeln schuldig ist. Das Neue und Entscheidende auf dem Weg der Veränderung und des Ausstieges kann in einem kurzen Lern- und Leitsatz zusammengefasst werden:

Lernen, sich wichtig zu nehmen, machen, was man will und kann, und sich um sich kümmern.

Telefonieren zum Beispiel ist für den depressiven Menschen etwas Vertrautes und Selbstverständliches. Aber nur dann zu telefonieren, wann er will, und so lange, wie es ihm passt, und zu entscheiden, was und wie viel er sagen will, das ist neu und darum geht es bei den Lernprozessen.

Wenn der depressive Mensch auf dem Weg des Lernens sich an diese Grundsätze hält, geht er nicht fehl mit diesem Verhalten, weil in ihnen das neue Grundthema zum Tragen kommt. Denn alle Verhaltensweisen oder Haltungen, die den depressiven Menschen auf seinem Weg näher zu sich bringen, sind Umsetzungen und Konkretisierungen des neuen Lebensmottos:

»Es geht um dich«, das ist der Dreh- und Angelpunkt des Ausstieges und des zukünftigen Lebens. Um ihn dreht sich alles, bei seinen neuen Einstellungen ebenso wie bei seinen neuen Verhaltensweisen:

Nimmt dich ernst. Erlaube dir, wichtig zu sein und sorge dich um dich. Es gibt nichts, was du machen musst. Du bist derjenige, der entscheidet. Mache, was du gerne machst, was du dir zutraust und was dich freut. Das ist deine Aufgabe beim Ausstieg aus der Depression, das ist dein Weg zu dir selbst und deine Verantwortung für dein weiteres Leben.

Oder auf eine Kurzformel gebracht:

Mache, was du willst, kannst und dir zutraust. Sich das zu erlauben, daran zu glauben und im Alltag umzusetzen ist die schwierige Aufgabe, die der depressive Mensch für den Ausstieg zu leisten hat. Nur darum geht es, nicht um raffinierte Strategien, auch nicht um ausgeklügelte Programme, sondern ganz einfach: Mache, was du kannst und was du willst.

Das ist neu auf dem Weg des Ausstieges, dass der depressive Mensch sich bewusst ist, dass es darum geht, zu versuchen und zu lernen, etwas nur dann zu tun, wenn er dazu bereit ist, und es auch noch auf eine Weise zu tun, die ihm entgegenkommt und auf ihn abgestimmt ist. Das muss er sich langsam angewöhnen und in sein Denken und Handeln aufnehmen. Das klingt so einfach und ist in der konkreten Situation dann doch so schwierig und so anspruchsvoll, auch deshalb, weil es so fremd und neu ist. Sich bei jedem selbst gewählten Schritt zu befragen »Geht es jetzt auch um mich und bin ich dabei?« ist die Aufgabe, die der depressive Mensch zu erfüllen hat, wenn er sich treu bleiben und auf seinem Weg weitergehen will. Die Antworten auf seine Fragen »Was will ich verändern, welche Haltungen und Verhaltensweisen schaden mir und schwächen mich?« bekommt er, wenn er innehält, auf sich hört und in sich hineinhorcht. Dort und auf diesem Weg spürt und erfährt er, was für ihn stimmt, was er will und was ihm entspricht:

»Will ich das? Stimmt das für mich? Will ich es wirklich und hilft es mir und ist es gut für mich? Mache ich das für mich und nicht doch für oder wegen andern? Traue ich es mir zu, fühle ich mich dazu imstande? Gibt mir der Gedanke daran ein gutes Gefühl?«

Es geht um ein neues Bewusstsein und um eine neue Einstellung sich selbst gegenüber. Nicht mehr einfach nur automatisch handeln und sich dabei übergehen, sondern bei allem, was der depressive Mensch macht, sich einzubeziehen ist das Ziel beim Aufbau der neuen Grundhaltung. Das ist neu, dass er angesprochen wird und mitreden soll und darf. Das ist fundamental anders, als er bisher gelebt hat. Sich dessen immer wieder zu vergewissern ist eine wesentliche Aufgabe auf dem Weg zum Ausstieg. Es sind verschiedene Aspekte, die man im Zusammenhang mit dem Ausstieg nennen könnte, es sind verschiedene Themen, aber es gibt ein Grundthema, das in allen Schritten vorkommt:

Der depressive Mensch hat sich im Laufe seiner depressiven Entwicklung verloren. Deshalb geht es für ihn darum, sich wieder zu finden und heimisch zu werden in sich. Alle Veränderungen, die er beim Ausstieg angeht, haben dieses eine Ziel: wieder zu sich zu finden, sich in seinem Denken und Handeln zu erfahren. Und das geschieht, indem er sich bewusst ist, dass es bei allem immer auch um ihn geht, dass er bestimmt und entscheidet, was er macht, was er lernen oder neu machen will, wo er etwas verändern oder mit neuer Einstellung angehen will. Zu sich findet er, wenn er auf sich hört, von sich ausgeht und sich fragt, ob er im Moment etwas machen oder verändern will oder kann.

Das ist das eigentliche Thema jedes erfolgreichen Ausstiegs: sich finden, wichtig werden für sich, auf sich schauen und auf sich aufpassen, sich einbeziehen und bei sich sein. Der depressive Mensch hat sich im Laufe des Lebens so viel Leid angetan, sich geschwächt und geschadet, sich schlecht behandelt und misshandelt, dass es jetzt nur einen Weg geben kann, wie er aus diesem Zustand wieder herauskommt, indem er sich ins Zentrum stellt, für sich Thema wird und sich Bedeutung gibt und nicht zuletzt, indem er anständig und fair mit sich umgeht. Das zu lernen und zu leben ist der Weg und das Ziel des Ausstieges. Deshalb gilt für ihn in jedem Moment:

Nimm dich ernst – Du bist wichtig –
Es geht um dich – Kümmere dich um dich

Auf sich hören, sich treu bleiben und keinem sturen Programm folgen wollen ist das Kernpostulat jeder Veränderung. Ich muss nichts. Ich darf das, was mir möglich ist, mir passt, stimmt und guttut. Nur darum geht es. Jede Entscheidung für ein neues Verhalten folgt dieser Leitlinie. Ich muss nicht etwas Bestimmtes lernen und keine neue Strategie anwenden, sondern ganz einfach versuchen, das zu machen, was mir im Moment möglich ist. Das zu lernen und auch zu leben ist meine Aufgabe. Das sind die Schritte aus der Depression. Um das geht es und um nichts anderes.

Ich bin wichtig und deshalb will ich mich ernst nehmen, für mich sorgen und mir all das erlauben, was mich stärkt und bestätigt. Zuerst geht es um mich und erst dann um den Weg und darum, Neues zu lernen und alte Verhaltensweisen zu verändern. Ich entscheide und ich bestimme die Schritte. Ich spüre, was möglich ist. Das will ich ernst nehmen und meine Entscheidungen darauf bauen. Ich will nie vergessen, worum es geht beim Ausstieg aus der Depression. Ich bin absolut frei: Ich wähle meine Form, mein Tempo und ich bestimme die Schritte. Ich entscheide und niemand sonst. Was ich mir aber besonders vornehmen will: dass ich jeden neuen Lernschritt nicht als Befehl an mich formuliere, sondern als liebevolle Aufforderung.

Für die eine kann das heißen: *Ich traue mir noch nicht viel zu, ich warte noch damit, etwas zu verändern. Was aber möglich ist, dass ich mich immer befrage, wie es mir geht, was ich will und was mir passt. Das will ich üben und dranbleiben.* Für einen andern bedeutet auf sich hören und seinen Weg bestimmen: *Ich will mich nicht immer mit andern vergleichen. Ich will bei allem versuchen, das zu sehen, was ich gemacht habe, und nicht, was ich noch machen muss oder andere schon gemacht hätten.* Oder auch: *Ich will nicht mehr alles auf mich beziehen und auch versuchen, nicht mehr alles gleich als Kritik aufzufassen.* Es kann aber für eine andere auch bedeuten: *Ich bin zu müde, um das noch fertig zu machen. Ich lege mich hin, auch wenn es noch so viel zu tun gibt. Ich nehme mir das, weil ich spüre, dass es mir guttut. Ich versuche auch, mir nicht zu überlegen, was die andern wohl denken, wenn sie mich so sehen.*

So hat jeder aufgrund seiner Lebenssituation und seiner Belastungen, aber auch entsprechend seinen Vorlieben, sein ganz eigenes Programm, seine Abfolge von ausgewählten Lernschritten, seinen eigenen maßgeschneiderten Anzug.

Ich allein weiß, was im Moment möglich ist und was nicht, wie belastbar und wie risikofreudig ich bin. Und das will ich bei meinen Entscheidungen berücksichtigen. Ich will mir helfen, will alles dafür tun, dass es einfacher und klarer wird für mich. Und vor allem will ich mir nicht schaden, mir den Weg nicht noch erschweren und auch keine zusätzlichen Hindernisse aufbauen. Das heißt zum Beispiel, ich nehme mir Zeit, setze mich nicht unter Druck und mache wirklich nur das, was mir im Moment möglich ist. Was ich mir immer und immer wieder vor Augen führen und mir sagen will: Geduld, Geduld und nochmals Geduld – eines nach dem andern.

Entscheidend für den depressiven Menschen, wenn er einen Lernschritt macht, ist die Eingangsformulierung oder Initialzündung, ob es nun um das Einprägen einer neuen Haltung geht, wie etwa »Ich will sorgsam mit mir umgehen«, oder um einen konkreten Lernschritt, wie »Ich mache nur eine Sache auf einmal und nicht wie früher fünf zusammen«. Mögliche Neuformulierungen können sein:

Ich nehme mir jetzt vor – Ich will jetzt probieren – Ich will jetzt versuchen.

Es ist mir wichtig, das zu probieren oder mir jenes einzuprägen. Ich will mir Mühe geben, an das zu denken. Ich möchte versuchen, mir immer wieder zu sagen. Ich erlaube mir oder ich lasse nicht zu. Ich will.

Im Folgenden möchte ich *weitere Ziel- und Wegformulierungen* aufführen, die als Ziele in jedem Schritt enthalten sind und so die konkrete und je einmalige Ausgestaltung des Weges aus der Depression bestimmen, weshalb Zielformulierungen immer auch Themen der konkreten Lern- und Veränderungsschritte sind. Jeder depressive Mensch, der den Weg geht, braucht für sich Formulierungen, die ihm entsprechen, zu denen er Ja sagen kann und die ihm Wegweiser und Hilfe sind, vor allem auch in Zeiten der Desorientierung und Verzweiflung. Es sollen seine persönlichen Formulierungen sein. Bei diesen Weg- und Zielbestimmungen geht es ebenso darum, dass der depressive Mensch anfängt, bewusster zu leben, genauer wahrzunehmen und sich zu sensibilisieren bezüglich dessen, was und wie er etwas macht. Was immer er verändern oder anstreben will, soll unter dem neuen Leitmotiv stehen »*Ich nehme mich wichtig, denke an mich und gehe behutsam mit mir um*«:

Ich will einen Weg gehen, der sich für mich gut anfühlt und der dorthin führt, wo ich spüre, dass er für mich stimmt. Ich will mir bei jedem Schritt und jeder Entscheidung die Bedeutung geben, die mir zusteht. Ich will das Leben leben, das ich als lebenswert betrachte und zwar ansatzweise jeden Moment, den ich lebe. Ich will spüren, wichtig zu sein, und dorthin gehen, wo ich mich frei und unabhängig fühle.

Ich will ein Leben führen, das mir größtmögliche Freiheit und das Bewusstsein von Bedeutung und Wertschätzung gibt. Und dieser Freiheit und Bedeutung möchte ich mich jeden Augenblick vergewissern.

Ich will so leben, dass es mit meinen Bildern und Wünschen von einem selbstbestimmten und frei gewählten Leben übereinstimmt. Ich möchte einen Weg gehen, der mich zufrieden macht. Zufriedenheit kann mir jeder Schritt geben, wenn ich ihn meinen Bedürfnissen und Möglichkeiten anpasse, wenn ich mir gerecht werde und mir nicht zu viel zumute.

Ich möchte mich einmal gut fühlen können und stolz sagen können: »Ja, das bin ich und es ist gut so, wie ich bin.« Ich will ein Leben führen, in dem ich auch vorkomme, wo es auch um mich geht, ein Leben auch, dem ich mich gewachsen fühle und das mir Bestätigung und Zufriedenheit gibt. Ich möchte mein Leben und nicht das der andern führen, mich ins Zentrum stellen und nicht immer nur mei-

nen, die Erwartungen der anderen erfüllen zu müssen. Mein Ziel ist es, selber über mich selbst zu bestimmen.

Worum es beim Ausstieg aus der Depression geht, an welchen Zielen der Einzelne sich ausrichtet, was ihm besonders wichtig ist bei seinen Neuorientierungen und was ihm besonders am Herzen liegt, könnte man auch negativ formulieren:

Ich möchte so leben, dass ich mich nicht nur verpflichtet, bevormundet und ausgeliefert fühle. Ich möchte nicht mehr nur froh sein müssen, wenn ich wieder einen Tag hinter mich gebracht habe, wenn die Kräfte für diesen Tag gereicht haben. Mein Leben stelle ich mir so vor, dass ich mich nicht ständig überfordert und erschöpft fühle. Ich möchte dahin kommen, dass ich mich nicht mehr entschuldigen muss, überhaupt zu sein und so zu sein, wie ich bin. Ich möchte mich überhaupt nicht mehr immer entschuldigen müssen, nicht mehr nur dankbar sein müssen, wenn mich die andern mögen oder einigermaßen akzeptieren.

Es gibt noch sehr viele andere Formulierungen. Es geht darum, dass der depressive Mensch für sich griffige, stimmige und ihn überzeugende und motivierende findet. Sie sollen ihm verlässliche Begleiter und unentbehrliche Wegweiser werden auf seinem Weg der Veränderung. Man könnte auch sagen, dass sie zu seiner Lebensmelodie werden können. Auf jeden Fall sind sie Ausformulierungen des Grundthemas:

Ich muss gar nichts! Jetzt geht es um mich. Ich will mich nicht vergessen, mich nicht übergehen und überfordern. Ich muss nichts. Ich darf das, was mir möglich ist. Nur darum geht es, mir das erlauben, was mich stärkt und bestätigt und was mir das Leben leichter macht. Ich lasse nicht mehr zu, dass ich mich vergesse, ich gestatte mir nicht mehr, dass ich mich vernachlässige und lieblos behandle. Ich will mich bemühen, bei allem, was ich mache, nachsichtig und rücksichtsvoll mit mir umzugehen. Ich weiß, ich muss lernen, alles auf eine für mich gute Weise anzugehen. Das geht nicht von allein, ich will mir Mühe geben, mir die Grundthemen anzueignen, sie in mein Denken und Handeln aufzunehmen und dort zu verankern.

Es sollen auch Formulierungen sein, die sich in ihm verwurzeln, die ihn beseelen, ihm auch in Krisen Mut machen und ihm Kraft und Sicherheit geben. Er soll genau spüren, dass es das ist, was er will, und es sich für ihn auch lohnt, sein neues Leben darauf zu bauen. Zum andern kann er aus ihnen seine konkreten Schritte ableiten, wenn er sich fragt: »Was kann ich machen, um meinem neuen Lebensmotto noch gerechter zu werden, es noch mehr zu verinnerlichen und mich nach ihm auszurichten? Was kann und will ich machen, um dem einen Schritt näher zu kommen?«

Zu denken oder sich zu sagen: »Das klingt schön, das wäre schon schön, das würde mich schon freuen«, genügt nicht, reicht nicht für den Weg. Nein, er muss ganz fest in sich spüren, dass es genau das ist, was er will. Auf seinem neuen Weg dreht sich jetzt alles um Selbstbestimmung, Freiheit und Unabhängigkeit.

»Jetzt geht es um mich.« Ich will mich ernst und wichtig nehmen und für meine Entscheidungen und mein Handeln Verantwortung übernehmen.

Wenn es um den depressiven Menschen selbst geht, und um ihn geht es ganz unmittelbar beim Ausstieg, sollte jeder Schritt, den er macht, Ausdruck dieser Werte sein. Deshalb liegt er mit den folgenden Grundsätzen, die gleichsam die Leitplanken des Weges markieren, jederzeit richtig:

Ich mache nur so viel, wie im Moment möglich ist, ich mir zutraue und wozu ich die nötige Kraft habe. Im Zweifelsfall lasse ich es sein und warte, bis ich mich wieder sicherer und stärker fühle.

Als mögliche konkrete Schritte möchte ich einige, völlig ungeordnet und zufällig, nennen. Sie sind Ausdruck des Themas, des Lebensmottos, das über allem steht, und gleichzeitig machbare und erreichbare Vorsätze und zudem Beschreibung, wie sie angegangen und umgesetzt werden können. Es sind konkrete Lernschritte, die auch die Rahmenbedingungen aller anderen Schritte abgeben. Wir werden ihnen noch sehr häufig begegnen. Sie sind so wichtig, dass sie dem depressiven Menschen immer wieder erscheinen oder als Stimmen aus allen Ecken entgegenklingen sollen. Es sind Vorgehensweisen, die ihn seinem Ziel näher führen und gleichzeitig verhindern, dass er auf seinem Weg scheitert. Sie behalten in jeder Phase des Prozesses ihre Gültigkeit. Als Aufforderung und Anweisung an den depressiven Menschen lauten sie:

Mache immer nur einen Schritt nach dem andern, wie beim Treppensteigen immer nur eine Stufe und nicht gleichzeitig 3 oder 4 auf einmal. Nimm dir wenig vor, das aber bestimmt und eindeutig. Mache nicht zu viel auf einmal. Gehe langsam vor, gönne dir Pausen, Schlaf und Erholung.

Überlege dir auch, wie du immer wieder deine Batterien aufladen kannst, welche Form der Erholung dir wann am meisten entspricht. Setze dich nicht unter Druck. Der Weg ist schon schwer genug, als dass du es dir noch schwerer machen musst. Du kannst Schritte machen, aber du musst nicht. Du kannst genauso entscheiden, mal keinen Schritt zu machen, zu warten, auszuruhen oder am Ort stehen zu bleiben. Du entscheidest, ob und was du machen willst. Es liegt in deinen Händen. Du weißt, was du dir im Moment zumuten kannst, was dir möglich ist und was nicht. Es geht um dich und nicht um den Weg. Du bist dir wichtiger als alles andere. Spüren, Erfahren und Erkennen sind das Wichtigste. Umsetzen kannst du nachher, dafür hast du noch viel Zeit. Umsetzen kommt erst an zweiter Stelle. Sich zu sensibilisieren und wahrzunehmen sind wichtiger, als zu handeln, auch wenn dir das zu Beginn noch nicht einleuchtet.

Eine Reihe weiterer Lernschritte und wichtiger Umsetzungsthemen beim Ausstieg werden im Folgenden aufgeführt. Sie geben die Grundthemen an, sind die Sicherungsseile und die Rückzugsinseln, auf die der depressive Mensch sich immer und immer wieder besinnen kann. Wenn er versucht, sie zu befolgen, bringen sie ihn immer wieder auf seinen Weg zurück. Wenn er versucht, sie zu leben, dann liegt er richtig, dann geht es vorwärts. Bei ihnen findet er die Bestätigung, dass er auf dem richtigen Weg ist. Sie unterstützen ihn und sagen ihm:

Denk an dich. Um dich geht es, du bist wichtig und du bist der Maßstab. Übernimm dich nicht, überfordere dich nicht und nimm dich ernst. Denn du weißt und spürst allein, was im Moment möglich ist. Zieh dich immer wieder zurück, überlege dir: »Um was geht es mir, was ist mir wichtig, was will ich?«

Entscheide dich für einen Schritt und das heißt, du musst zwangsläufig andere in diesem Moment vernachlässigen. Sei beruhigt, sie kommen später dran. Alles zu seiner Zeit. Du verpasst nichts. Alles hat seine Zeit und wenn es so weit ist, wirst du es spüren und dann entscheiden. Jeder Schritt bedeutet Probieren und heißt nicht, jetzt wird es ernst und es geht um Sein oder Nichtsein, um Leben oder Tod.

Wenn der depressive Mensch von sich spricht, wenn er zu sich selbst sagt, was er vorhat, worauf es ihm ankommt, was ihm wichtig erscheint und worauf er beim Ausstieg aus der Depression achten will, dann klingt das etwa so:

Ich will, dass es um mich geht, und ich weiß, dass es um mich geht. Das heißt für mich, dass ich immer zu mir stehen will, mich nicht übergehen oder geringschätzen will. Denn auch davon ist abhängig, ob ein Schritt gelingt oder nicht. Wenn es schlecht läuft, brauche ich mich noch mehr, brauche ich erst recht meine Unterstützung und Zuwendung, meinen Trost und meinen Beistand.

Ich will mich verstehen, mir beistehen, mich nicht abwerten und auch keinen Rekord aufstellen für den schnellsten Ausstieg. Ich will und muss niemandem etwas beweisen. Sätze, die mir helfen, versuche ich mir immer wieder vorzusprechen und sie fest in meinem Kopf zu verankern: Aber immer nur Schritt für Schritt, immer eines nach dem andern. Jetzt geht es um dich, jetzt bist du dran, nimm dir Zeit. Du musst gar nichts.

Ich nehme mir vor, nicht zu vergessen, dass ich auf dem Weg des Ausstiegs Neuland betrete, unbekannte und zum Teil bisher auch verpönte und verurteilte Verhaltensweisen ausprobiere. Ich will auch daran denken, dass aller Anfang schwer ist, noch nichts automatisch und selbstverständlich geht. Ich will nicht vergessen, dass alles zuerst über den Kopf läuft und auch das mir nicht leicht fällt. Es ist so ähnlich wie das Tragen von neuen Schuhen: Die drücken und sind zu Beginn um einiges unbequemer als die alten.

Es geht beim Ausstieg um neue Einstellungen und Haltungen. Und ich kann nur etwas Neues einüben und mir Fehler erlauben, wenn ich mir nicht sofort etwas auf die Finger gebe, streng, ungeduldig, kalt und lieblos mit mir umgehe.

Ich will mich bemühen, mir Zeit zu nehmen, Fehler machen zu dürfen, dass Angst zum Leben und zu den neuen Schritten gehört, der Mut kommen und gehen darf, Kraft aufgebraucht und wieder regeneriert werden kann.

Ich will mir vornehmen, mir immer wieder zu sagen, dass ich nicht immer in Form sein werde, nicht immer gleich belastbar, dickhäutig und stark bin. Ich will auch daran denken, dass ich nicht nur über Erfolgserlebnisse weiterkomme, sondern genauso über Erfahrungen des Versagens. Dort kann ich lernen, geduldiger, verzeihender und großzügiger mir gegenüber zu werden, toleranter, nachsichtiger und damit positiver, unterstützender und hilfreicher. Ich weiß, das sind wichtige Aspekte auf dem Weg. Ich weiß aber auch, dass ich sie nur schrittweise umsetzen kann, so einleuchtend sie sein mögen. Ich bin mir bewusst, dass es sich um Ziele handelt, die ich erst nach und nach werde verwirklichen können, einzelne vielleicht nie, und dass es auch dann gut ist. Es sind Ziele und gleichzeitig Lernprozesse, mit denen ich mich beschäftigen werde. Zum Teil wird es mir schwerfallen, sie mir einzuprägen und sie auch umzusetzen.

So weit eine Reihe konkreter Schritte und Denkanstöße. Viele weitere werden wir noch besprechen. Hier ging es lediglich darum, einen ersten Hinweis darauf zu geben, womit wir es zu tun haben werden. Es wird immer wieder auch um diese Aspekte gehen, bei allem, was der depressive Mensch tun wird. Sie alle im Kopf zu behalten wäre des Guten zu viel und würde sie wichtiger machen als den Menschen selbst. Im Buch kann man sie immer wieder nachlesen, wenn sie verloren gehen, sind sie immer bei der Hand, wenn es darum geht, neue Schritte oder neue Lerninhalte einzuüben. Es sind konkrete Lernschritte, die der depressive Mensch auswählen und ausprobieren kann. Und die Art, wie er diese macht, wie er dabei mit sich umgeht, ist genau so entscheidend wie die Schritte selbst. Eines aber gilt immer:

Ich mache immer nur einen Schritt nach dem andern. Ich kann Schritte machen, aber ich muss nicht. Ich kann genauso entscheiden, mal keinen Schritt zu machen, denn ich entscheide, ob und was ich machen will. Auf jeden Fall will ich mir nicht zu viel vornehmen und mir nicht zu viel zumuten. Und ich will mir eingestehen, dass ich wenig Kraft habe, neben dem Alltag noch mein Verhalten zu ändern. Deshalb will ich versuchen, vor allem zu Beginn mit sehr wenig zufrieden zu sein, dankbar zu sein, wenn es mir gelingt, etwas sein zu lassen, was ich sonst erledigt hätte, etwas zu verschieben, einen Besuch abzusagen, weil ich spüre, dass es zu viel ist. Die Müdigkeit hat Vorrang und sie sagt mir, was für mich möglich ist und was nicht.

Und einige weitere Sätze sind so wichtig, dass sie nicht verloren gehen dürfen und immer wieder von Neuem aufgesagt werden müssen. Sie dürfen nicht verloren gehen, denn sie geben die Richtung an, wenn der depressive Mensch die Orientierung und den Mut verloren hat. Man könnte sagen, dass es sich bei ihnen um das Wesentliche, das immer Richtige und Entscheidende dreht. Oder ganz einfach: Wenn der depressive Mensch alles vergisst und nur diese *Merksätze* behält, geht er den richtigen Weg und kommt dorthin, wohin er gehen will. Mit ihnen geht er nicht fehl, geht er nicht im Kreis und verirrt sich nicht. Mit ihnen befindet er sich auf der sicheren Seite.

Was immer ich tue, es ist meine Entscheidung. Ich muss nichts. Ich will und darf. Ich kann und ich darf mir die Erlaubnis geben, etwas zu tun oder zu lassen.

Mit diesen Merksätzen sind wir wieder beim Grundthema »*Jetzt geht es um mich*«, das in allen Lernschritten zum Ausdruck kommt: Das Grundthema nicht zu vergessen, sich immer wieder in seinem Denken und Handeln nach ihm auszurichten und sich in seinen Entscheidungen an ihm zu orientieren ist das Grundprinzip des Ausstiegs:

Nimm dich ernst – Du bist wichtig – Es geht um dich – Kümmere dich um dich.

Noch einen Punkt zum Abschluss dieser ersten praktischen Überlegungen: Zu den Schritten aus der Depression gehören genauso Pausen, wie es darum geht, gelassen und ruhig zu werden, nicht in Hektik und Unruhe und in eine leere Geschäftigkeit zu geraten. Denn je unruhiger der depressive Mensch wird, umso weiter entfernt er sich von sich, verliert er sich und Ängste bekommen Raum und Gewicht. Also auch weg vom »jetzt oder nie«, »alles oder nichts« hin zu einem Denken und zu einer Überzeugung, die stärker als alles andere sein darf und der die Leser dieses Buches beim Weiterlesen immer und immer wieder begegnen werden. Diese Merksätze sind die Angelpunkte, um die es geht. Hier trifft er immer wieder auf sich, weil sie ihn zu sich zurückführen, und hier trifft er auf das, worum es geht beim Ausstieg: Was immer der depressive Mensch macht, entscheidend ist, dass er das so macht, dass es ihm guttut, ihn aufbaut und nicht überfordert, dass es Angst nimmt und ein gutes Gefühl gibt. Wenn er seinen Weg so geht, dass er sich ernst nimmt und auf sich hört, dann macht er das, was ihn weiterbringt. Ein weiterer Grundsatz oder ein weiterer Schlüsselsatz lautet:

Mach immer nur so viel, wie dir möglich ist. Alles andere ist zu viel und damit falsch. Du bist der Maßstab und um dich geht es. Wie es dir geht, ist wichtig.

Darauf kommt es an. Nicht, was er macht, ist wichtig, sondern, dass er es so macht, dass es ihm zugutekommt und für ihn stimmig ist. Es soll ihn stärken, sicher und zufrieden machen. In diesem Rahmen erfolgt der Ausstieg und innerhalb dieser Leitplanken bewegen wir uns in diesem Buch: wollen und nicht müssen, sich verstehen, für sich sorgen und sich die Erlaubnis geben, das Leben zu gestalten und zu genießen. Und deshalb gilt immer wieder als Prinzip, Fundament und als Garant jedes einzelnen Schrittes und des gesamten Ausstieges:

Es geht um dich. Nimmt dich ernst und erlaube dir, wichtig zu sein. Sorge dich um dich und mache, was du gerne machst, was du dir zutraust und was dich freut. Stelle dich hinter dich, du bist es dir wert und schuldig. Du bestimmst die Schritte und du sagst, wann du welchen unternehmen willst.

Die Umsetzung des Generalthemas in konkrete Lernschritte, die er bestimmt, ist auch die Antwort auf die Frage: Wie sieht der Weg aus und welche Schritte kann der depressive Mensch gehen, um an seine Ziele zu gelangen? Um sicherzugehen, dass er sich an sich und seine Vorgaben hält, stellt er sich immer wieder und vor allem in Momenten der Verunsicherung folgende Fragen: »Will ich das? Stimmt das für mich? Mache ich das für mich, aus mir heraus oder für die andern oder wegen den andern? Will ich das wirklich und hilft es mir und ist es gut für mich?« Wenn er für sich befriedigende Antworten geben kann, dann setzt er das Grundthema des Ausstieges um, dann konkretisiert er das Hauptanliegen bei jedem Schritt des Ausstieges:

Ich höre auf mich und tue das, was für mich stimmt und was ich mir zutraue. Ich bin die Instanz, die weiß und spürt, was für mich richtig ist und die auch entscheidet. Um mich geht es, das zu lernen ist meine Aufgabe und die will ich ernst nehmen.

Damit sind die Richtung und der Weg klar bestimmt. Es gibt keinen vorgegebenen Ablauf und keine vorgezeichneten Schritte. Es gibt keine von außen formulierten Vorgaben. Auf seinem Weg des Lernens und Veränderns hält sich der depressive Mensch an die Devise:

Was immer ich mache, wenn es für mich stimmt, mir entspricht und mich nicht überfordert, dann mache ich das, was mich weiterbringt. Dann bin ich auf dem richtigen Weg. Wenn ich auf mich höre und von dem ausgehe, was mir in meiner momentanen Verfassung möglich ist, dann mache ich nichts falsch.

Der depressive Mensch muss sich angewöhnen oder auch lernen, im Bewusstsein zu leben, dass es bei allem, was er macht, um ihn geht, dass er wichtig ist und es verdient, ernst genommen zu werden. Es geht um ihn, er ist wichtig, es geht um sein Leben: Dieses Grundthema soll langsam in Fleisch und Blut des depressiven Menschen übergehen und soll so verinnerlicht werden, dass er unmittelbar spürt, wenn er nicht danach lebt, wenn er sich übergeht und überfordert. Und da sind die Lebens- und Merksätze von immenser Bedeutung, weil sie ihm genau das immer wieder vor Augen halten. Die Stimmen, die ihm sagen, wenn er sich vergisst und seinen Weg verlässt, werden zu treuen Begleitern und Helfern, wenn er sie ernst nimmt und sich nach ihnen richtet. Es gibt keinen genaueren und untrüglicheren Kompass als diese innere Wahrnehmung. Auf die kann er sich in jeder Situation verlassen.

Die eigene Wichtigkeit im Bewusstsein zu behalten ist genauso entscheidend wie das konkrete Lernen und Üben: Es gilt, sich dahingehend zu sensibilisieren, sie sich einzuprägen, sie sich immer wieder vorzusagen und als Lebensmotto ins Denken, Handeln und Entscheiden einzupflanzen. Zuerst geht es also nicht darum, zu handeln, sondern hellhörig und aufmerksam zu sein bei allem, was man tut, und immer wieder zurückzukommen auf die Leit- und Grundfragen: »Was will ich, was ist mir wichtig? Was brauche ich und was ist mein momentanes Bedürfnis? Geht es um mich? Bin ich dabei? Nehme ich mich wahr und ernst?« Denn bestimmend und entscheidend für den Ausstieg aus der Depression ist und bleibt das neue Lebensmotto:

Nimm dich ernst – Du bist wichtig – Es geht um dich – Kümmere dich um dich – Du musst gar nichts – Du bist frei und du gibst dir das Recht, zu entscheiden.

Auf eine Kurzformel gebracht, heißt das für den depressiven Menschen:

Mach, was du willst und kannst. Erlaube dir, daran zu glauben, und versuche es im Alltag umzusetzen. Das ist das, was du zu tun hast, wenn du aus der Depression aussteigen und frei werden willst.

Den Weg zu sich finden: Wie der Austieg gelingen kann

Wenn jemand in seinem Leben etwas verändern möchte, dann gelten immer die gleichen Kriterien. Die Schritte hin zur Veränderung müssen machbar und den Möglichkeiten des entsprechenden Menschen angepasst sein. Sie dürfen nicht allzu viel Aufwand erfordern, erste Ergebnisse müssen relativ schnell sichtbar sein, die Möglichkeit des Versagens muss gering und der Spielraum für individuelle Entwicklungsschritte groß sein, ebenso auch der für spontane Entscheidungen. Und Veränderungen sind eher möglich, wenn zu Beginn nicht andere Personen involviert sind, Veränderungen noch verborgen und noch nicht unter den prüfenden Augen anderer Menschen geschehen können. Dabei gibt es keine Veränderungen ohne Enttäuschungen, ohne Stress und zeitweilige Rückschritte. Jede Veränderung, und ist sie noch so erfolgreich und nachhaltig, ist eine Geschichte von Frustrationen und Zweifel, begleitet von Verzweiflung und auch Glücksmomenten. Es ist dieser Mix, der zum Verändern gehört und der nichts, aber auch gar nichts mit dem Vermögen oder Unvermögen der beteiligten Personen zu tun hat. Kein Veränderungsprozess verläuft gradlinig und erreicht das Ziel ohne Pausen, Pannen und Augenblicke der absoluten Krise. Und es gilt als Garant für den Erfolg, was ich jetzt im Hinblick auf den depressiven Menschen formuliere: Auf sich eingehen ist wichtiger, als einen bestimmten Plan erfüllen zu müssen und ein Programm durchzuziehen, das nicht Rücksicht nimmt auf den Ausführenden. Er macht, was ihm im Moment möglich ist, und muss sich und den andern nichts beweisen. Er macht sich auf den Weg, weil er ihn gehen will, und nicht, um jemandem zu imponieren oder zu zeigen, dass er doch nicht so unfähig ist.

Beim Ausstieg geht es darum, etwas, was man will, auch zu erreichen, und nicht darum, etwas zu vermeiden. Es geht nicht darum, Misserfolge zu verhindern, Abkürzungen zu nehmen, sondern den Weg zu gehen, von dem man spürt, dass man ihn gehen will, und der für einen stimmt. Ich sage das aus zwei Gründen. Der Ausstieg aus der Depression ist keine Hexerei und kein Ding der Unmöglichkeit, sondern folgt den Gesetzen aller Veränderungen. Das heißt hier nichts anderes, als dass ein Ausstieg möglich ist. Das ist das eine. Der andere Punkt betrifft einen speziellen Aspekt des Veränderungsprozesses. Eine Veränderung ist dann erfolgreich, wenn sie den Möglichkeiten der betreffenden Person angepasst ist, diese nicht überfordert und wenn der Weg möglichst einfach und überschaubar ist. Ich betone das, weil das für den depressiven Menschen etwas völlig Neues ist, einen Weg zu gehen, der einfach ist und auf ihn abgestimmt. Das hat nichts mit Oberflächlichkeit, Faulheit oder Egoismus zu tun, sondern damit, dass erst auf diesem Weg eine Veränderung auch erfolgreich sein kann. Denn das ist für den depressiven Menschen gewöhnungsbedürftig, einen Weg zu gehen, der Rücksicht nimmt auf ihn, der gar maßgeschneidert ist und nicht trotzdem, sondern genau deswegen erfolgreich ist. Dass man sich für den einfachen Weg entscheiden kann und darf und gerade deswegen erfolgreich ist, ist so neu, dass es seine Zeit braucht, bis es beim depressiven Menschen wirklich angekommen ist. Deshalb der neue Lebenssatz:

»Jetzt geht es um mich.« Ich muss gar nichts. Ich will mich nicht vergessen, mich nicht übergehen und überfordern. Ich darf das, was mir möglich ist und für mich im Moment stimmt. Darum geht es, mir das zu erlauben.

Oder noch einfacher: *Der Weg zum Ausstieg besteht darin, dass ich das mache, was ich machen will. Es geht nicht um eine bestimmte hochkomplexe Strategie, sondern darum, das zu machen, was ich mir zutraue. Und nicht mehr.*

Ein Veränderungsprozess, welcher Art er auch immer ist, geschieht langsam, fängt mit Einfachem an und steigert sich zunehmend, nicht ohne dass auch Rückschritte in jeder Phase möglich und sogar erwünscht sind. Veränderungsprozesse sind dann erfolgreich, wenn sie sich entwickeln, wenn man sich so viel Zeit gibt wie nötig und wenn sie nicht forciert und keine Schritte übersprungen werden. Wenn wir davon ausgehen, dass der depressive Mensch Schritte macht zum Ausstieg aus der Depression, dann heißt das nichts anderes, als dass es Wege gibt und dass er nicht warten kann, bis sich von selbst etwas verändert. Er muss sich bewegen, sich vorwärts orientieren und ein Ziel vor Augen haben, das auch erreichbar ist. Diesen Weg zu gehen bedeutet auch, eine Balance zwischen Gehen und Ruhen zu finden, sich nicht abhalten zu lassen von Schwierigkeiten und *seinen* zu Weg gehen, ohne sich zu überfordern. Was der depressive Mensch erreichen möchte, ist ja nichts Besonderes, sondern ein Leben, wie es für die Mehrzahl der Menschen selbstverständlich ist. Es ist kein Luxusleben, sondern ein Leben mit mehr Freiheit, weniger Belastung, mehr eigenen Entscheidungen und größerer Selbstständigkeit. Auch ist es ein Leben, in dem der depressive Mensch weniger ausgelaugt und weniger erschöpft ist und damit mit mehr Kräften, weniger Stress und mehr Lebensfreude leben kann. Es geht um mehr Lebensqualität, mehr Zufriedenheit und Lebensfreude. Es sind keine großartigen Ziele, die am Ende des Weges stehen, sondern es ist ein Zustand, wo es nicht mehr nur um Schuften und Über-die-Runden-Kommen geht, sondern wo sie oder er seine oder ihre Wünsche und Bedürfnisse befriedigen kann und darf. Das, was der depressive Mensch vor sich hat, ist ein Leben, dem er nicht einfach nur ausgeliefert ist, sondern wo er bestimmt und gestaltet.

Ich will ein gesundes und ganz normales Leben führen. Mir ist es wichtig, dass ich mich dem Leben gewachsen fühle und ich nicht mehr geplagt werde von Zweifeln und Ängsten. Ich möchte offen und frei sein für alles, was mir das Leben bietet. Für mich gehört zu einem guten Leben, dass ich wählen und entscheiden kann, dass es Alternativen gibt und ich die Kraft und den Mut habe, diese auch zu nutzen. Und so leben kann ich nur, wenn ich für mich sorge, meine Grenzen respektiere und auf die Zeichen des Körpers höre.

Auf dem Weg mit und über die verschiedenen kleinen und kleinsten Schritte verändert sich auch die depressive Grundstimmung. Es sind diese kleinen und immer wiederkehrenden Schritte, die das Lebens- und Selbstwertgefühl verändern. Je mehr sich der depressive Mensch befragt, je mehr er von sich ausgeht, umso ernster nimmt er sich und wird so immer festerer Bestandteil seiner Handlungsabläufe, ohne dass er sich dessen bewusst wird. Er gewöhnt sich daran, sein Leben zu gestalten, Entscheidungen für sich zu treffen und sich in Handlungen einzubeziehen, ohne das mit dem Kopf machen zu müssen. Es wird zunehmend selbstverständlich. Im Nachhinein realisiert er, dass er sich anders verhalten hat: »Da habe ich ja selber entschieden, ich habe gar nicht gemerkt, dass ich mich da für mich entschieden habe. Ich habe Nein gesagt, ohne dass es mich etwas gekostet hat, ohne dass ich mich bewusst dafür einsetzen musste.« Das sind schöne Erfahrungen, wenn der depressive Mensch merkt, dass sich ein neues Verhalten anfängt zu etablieren, ohne dass er es bewusst mit dem Kopf steuern muss. Es sind Erfolgserlebnisse, die Mut machen. Je mehr er beginnt, sich zu leben, kommen Prozesse in Gang, die er gar nicht steuern und kontrollieren kann: Seine Sicherheit und sein Selbstvertrauen nehmen zu, seine Zuversicht wächst, Ängste nehmen ab und Zweifel werden kleiner. Es ist schön für sie oder ihn zu erfahren, dass sie oder er nicht alles erarbeiten und mühsam erkämpfen muss, dass es Fortschritte und Veränderungen gibt, die quasi gratis geschehen und die sie oder er geschenkt bekommt.

Mit dem Üben an den kleinen Schritten wachsen das Bewusstsein und der Wunsch, weiterzukommen. Damit realisiert der depressive Mensch immer mehr, dass er Wünsche hat, die er vorher nicht kannte, dass er leben möchte und dass es ihm nicht mehr genügt, einfach über die Runden zu kommen, einfach nur froh zu sein, wenn wieder ein Tag vorbei ist. Er merkt immer deutlicher, dass er sein Leben gestalten und frei sein will. Das setzt Kräfte in ihm frei, die er zunehmend spürt und die ihn befähigen, den Weg weiterzugehen. Er spürt immer mehr, wie sein »*Jetzt geht es um mich*« sein Leben verändert, wie er bei sich bemerkt, vermehrt selbst entscheiden zu wollen. Je mehr er sich das Recht gibt, zu entscheiden, umso mehr entfernt er sich von einem Alltag, der unter dem Motto steht: Ich muss oder meine immer zu müssen, ich fühle mich unfrei, immer unter Druck. Je mehr er für sich entscheidet und je besser ihm dies gelingt, umso mehr spürt er, dass Entscheiden etwas Schönes und Lustvolles ist, und umso deutlicher erfährt er, dass er lebt. Die Erfahrung, dass das Leben schön sein kann und er sein Leben selbst gestaltet, verändert sein Lebensgefühl: Das Schwere lockert sich auf, das Gefühl, ausgeliefert zu sein, lässt nach.

Wenn der depressive Mensch ernst macht mit dem »*Jetzt geht es um mich*«, er sich einen Wert zu geben versucht und beginnt, sich wichtig zu nehmen, lernt er sich immer besser kennen, sieht er sich auch immer umfassender und nicht mehr nur unter dem Aspekt, dass er nicht genügt, dass er dieses oder jenes nicht kann. Mit dem liebevolleren und sorgfältigeren Umgang mit sich sieht er zunehmend all das, was geht und was er kann. Negative Erfahrungen darf es geben, weil die zum Weg und zum Leben gehören und nicht damit zu tun haben, dass er versagt, schließlich ist er ein Mensch und keine Maschine. Eine solche Betrachtungsweise lässt zu, dass er sich über sich freuen und zufrieden sein kann. Er lässt sich in Ruhe und kritisiert nicht ständig an sich herum. Er wird auch für sich zunehmend wertvoll, liebenswert und liebenswürdig. Wenn er aufhört, sich ständig zu vergleichen und sich kleinzumachen, kann er bei sich mehr und mehr die positiven, starken Seiten sehen und immer weniger seine Fehler und Unzulänglichkeiten.

Ich bin es wert, wahrgenommen zu werden. Ich bin gar nicht so schlecht, wie ich immer meinte. Ich glaube, dass man mich mögen kann, dass ich gar nicht so daneben bin. Ich glaube immer mehr, dass man mich schätzen kann, weil ich so bin, wie ich bin. Ich bin eigentlich ganz o.k., mit allem und trotz allem. Ich mache es auch gar nicht schlecht. Ich will zu mir schauen, ich spüre das Bedürfnis, mich zu zeigen, mich nicht mehr zu verstecken. Ich will mich auch wehren für mich, weil ich es mir wert bin.

Wenn der depressive Mensch bei allem, was er tut, vermehrt auf sich setzt, sich berücksichtigt, sich ernst nimmt und sich nicht mehr überfordern will, dann werden ganz allmählich neue Denkmuster, neue Erlebensstrukturen und Ordnungsprinzipien gebildet. Und zwar in dem Maße, dass er sich mit der Zeit automatisch in sein Entscheiden und Handeln einbezieht. So wie bisher das Denken automatisch auf die andern und auf deren Bedürfnisse ausgerichtet war, so wird ganz langsam eine neue Spur, eine neue Denkschiene gelegt, die ihn zum Inhalt hat, wo es automatisch um ihn geht, ohne dass er sich darum bemühen muss. Damit werden auch eine neue Wachheit und Sensibilität geschaffen, wodurch er sofort merkt, wenn er sich übergeht und überfordert. Er schafft es immer weniger, sich auszulassen und zu vergessen. Wenn der depressive Mensch sich vermehrt ins Spiel bringt, dann werden die negativen Gefühle wie Machtlosigkeit, Ungenügen, Ausgeliefertsein und Ohnmacht sich immer weniger melden, weil andere Erfahrungen und Empfindungen den Platz des Erlebens und Denkens füllen. Und es sind andere Töne, die vom depressiven Menschen zu hören sind: »Ich gestalte mein Leben, ich entscheide und bestimme über mein Leben. Ich will, dass es mir gut geht.«

Sich ernst nehmen über die kleinen Schritte, über »*Jetzt geht es um mich*« und »*Ich will und ich muss gar nichts*« führt zu einem neuen

Selbstwert, zu einem Selbstgefühl und zu einem positiven und starken Selbstbild. »*Jetzt geht es um mich*« mit all seinen konkreten Schritten legt neue Spuren und stellt die Weichen für neue Formen des Erlebens und Fühlens. Wenn der depressive Mensch sich zunehmend als aktiv tätigen, als entscheidenden und wollenden Menschen erlebt, als einen, der für sich und für seine Zufriedenheit Verantwortung übernimmt, dann ist er in seinem Erleben viel weniger Opfer, zunehmend weniger abhängig und angewiesen auf die Gunst und den Goodwill der andern. Wenn er sich erfährt als einer, der entscheidet, der in der Lage ist, zu spüren, was er will, was ihm entspricht, was ihm passt und zu was er in der Lage ist, dann ist er nicht mehr der Benachteiligte, derjenige, der zu kurz kommt, der hinten anstehen muss, sondern sieht sich verantwortlich für die Erfüllung seiner Wünsche und den Platz, den er sich holen will oder nimmt. Dieses gefühlsmäßige Umschichten, Verändern der Gewichtungen und Umstrukturieren geschehen langsam, unsichtbar und verfestigen sich zunehmend und prägen immer stärker das Denken und Fühlen und werden zur vorherrschenden Farbe des Erlebens und Empfindens. Es ist ein langsames Untergraben der bestehenden negativen Denk- und Gefühlsmuster, und zwar in allen möglichen Lebensbereichen. Und das ist das Schöne und immer wieder Verwunderliche, dass neue Muster entstehen, die man bisher gar nicht bemerkt, geschweige denn eingeübt hat. Es werden auch schwierige Verhaltensweisen immer selbstverständlicher, die dem depressiven Menschen vorher den Schweiß auf die Stirn getrieben hätten: zunehmend mehr das machen, bei dem sie oder er spürt, dass es stimmt, immer mehr geleitet werden vom Wollen, immer mehr sich dem Müssen und Verpflichtetsein verweigern, immer mehr auf sich schauen, für sich sorgen, Nein sagen, sich begrenzen, von den andern fordern, jemand sein wollen und sich auch etwas gönnen.

Was sich ebenfalls zunehmend bildet, sind der Wunsch, seinen eigenen Weg zu gehen, sich weniger anzupassen, und die Überzeugung, dass eine ständige Anpassung an andere nicht mehr mit einem selbst zu vereinbaren ist, auf Dauer nicht geht und ein zu hoher Preis damit verbunden ist: sich selber immer noch mehr zu verlieren, sich immer weniger zu spüren und sich immer mehr zu übergehen mit einem immer größeren Verlust an Selbstachtung. Mit zunehmender Erfahrung im Umgang mit sich, mit zunehmender Routine beim Umsetzen der neuen Identität *»Ich bin mir wichtig und ich gebe mir einen Wert«* und mit den andern neuen Verhaltensformen wächst auch langsam das Vertrauen, dass alles seine Zeit hat und seine Zeit braucht, dass es richtig ist, sich nicht unter Druck zu setzen, nur weil man glaubt, dass man es machen muss. Der depressive Mensch gewinnt nicht nur Vertrauen in den Weg des Ausstiegs, sondern auch in sich, wenn er spürt, dass etwas reif ist, er sich auf sich verlassen kann und merkt, bereit zu etwas zu sein. Und das ist nicht zuletzt möglich aus der neu gewonnenen und immer wieder geprobten Überzeugung heraus: *»Ich muss gar nichts.«* Das macht ihn frei, Ja oder Nein zu sagen, warten zu können und gelassen zu werden. Er kann etwas tun, er kann Neues ausprobieren, wenn er will, wenn es ihm passt. Er entscheidet, wie es im Moment für ihn stimmt, und steht nicht unter dem Diktat eines bestimmten Planes, der vorschreibt, was er wann und wie zu machen hat. Und das alles gibt ein neues, positives und zuversichtliches Lebensgefühl und macht den depressiven Menschen dickhäutiger, belastbarer, stärker und zufrieden.

Sich ins Zentrum stellen

Zu Beginn dieses Kapitels sprachen wir von ein paar wenigen Lebensgrundsätzen oder sogar von einem einzigen Thema, das den Ausstieg aus der Depression bestimmt: Es geht um die Person des depressiven Menschen, darum, dass er sich wiederfindet und zu sich zurückkommt. Er steht im Mittelpunkt, um ihn dreht sich alles, und alle Schritte, die zu seinem Wohl beitragen, sind Bausteine auf dem Weg aus der Depression. Noch klarer wird es, wenn wir uns noch einmal die Definition der Depression vergegenwärtigen:

Menschen, die ihr Leben lang geleitet sind, das zu machen, was andere von ihnen erwarten, die immer auf die andern ausgerichtet sind, die sich zurückstellen, sich übergehen, sich nicht spüren und nicht ernst nehmen, leben ständig im Gefühl, zu müssen und sich verpflichtet zu fühlen. Sie geraten in einen Zustand ständiger Überforderung und zunehmender Erschöpfung, den man als Depression bezeichnet.

Das kann für den depressiven Menschen nur heißen, dass es darum geht, zu lernen, sich ernst zu nehmen, sich Bedeutung und Wichtigkeit zu geben, und das wiederum kann dahingehend zusammengefasst werden: »*Jetzt geht es um mich.*« Das ist das Hauptthema, der Grundsatz, um den sich alles dreht. Es geht dabei um neue Haltungen, Verhaltensweisen, Denkmuster und Lernthemen, die den neuen Lebensstil konstituieren. Beim Ausstieg aus der Depression und beim Einstieg in sein neues Leben geht es bei der Umsetzung des neuen Lebensmottos um folgende Sensibilisierungs- und Lernthemen:

Sich ernst nehmen und sich ins Zentrum stellen, sich das Recht und die Bedeutung geben, über sich und sein Leben zu bestimmen, an sich zu denken, d.h. sorgfältig und behutsam mit sich umgehen, langsam und in kleinen Schritten vorwärtsgehen, in homöopathischen Dosierungen aussteigen, agieren und nicht nur reagieren, mit sich auf eine akzeptierende und wohlwollende Art sprechen, eine nicht abwertende Haltung sich selbst gegenüber einnehmen.

Was da verlangt wird vom depressiven Menschen, erscheint ihm zu Beginn fast unmöglich: Sich ins Zentrum stellen? Niemals! Nur machen, was man will und kann? Das kann's doch nicht sein. Das ist zu simpel, zu egoistisch und schlichtweg falsch und unmöglich in seinen Augen.

»*Jetzt geht es um mich*«, das ist das Grundthema des depressiven

Menschen auf dem Weg in ein neues und selbstbestimmtes Leben. Vorkommen in seinem Leben, das eigene Leben gestalten und leben zu können beginnt mit dem Ausstieg, ist Thema und Inhalt aller Schritte und aller Lernprozesse. Sich mit sich beschäftigen, Inhalte der eigenen Überlegungen und Thema seines Handelns zu sein ist neu, ist Pflicht und soll Kür werden, ist anstrengend und soll lustvoll werden. In diesem Rahmen passiert der Ausstieg und innerhalb dieser Leitplanken bewegen wir uns in diesem Buch:

Wollen und nicht müssen, sich verstehen und nicht sich bestrafen, für sich sorgen und sich die Erlaubnis geben, das Leben zu genießen, mit dem Körper und nicht gegen ihn arbeiten und wohlwollend und rücksichtsvoll mit sich umgehen sind die wichtigsten Schritte aus der Depression. Ich will meine Müdigkeit nicht einfach nur überstehen. Ich will zu ihr stehen und sie annehmen.

Und als treue und verlässliche Führer und Leitplanken gelten immer:

»Jetzt geht es um mich.« Was immer ich mache, es ist meine Entscheidung und mein freier Wille. Ich muss nicht und nichts. Ich will und darf. Ich kann und ich darf mir das Recht und die Erlaubnis geben, selber zu entscheiden und etwas zu tun oder zu lassen. Das ist es, worum es geht auf dem Weg in ein freies Leben.

»Jetzt geht es um mich« soll kein abstraktes Programm sein, etwas Blutleeres, das nichts mit dem Leben des depressiven Menschen zu tun hat. Nein, es soll in seinem Bewusstsein immer präsent sein, es soll eingemeißelt werden in sein Hirn, so sehr, dass es nie mehr vergessen werden kann und automatisch sein Entscheiden und Denken mitprägt. Es soll sein Leben bestimmen, wie die Abwesenheit seiner Person das bisherige Leben bestimmte. Es ging nie um ihn, wenn es um Zufriedenheit ging, wenn Entscheidungen anstanden, wenn es darum ging, ob diese oder jene Arbeit noch gemacht werden musste. Er hat nie gespürt, was er will, und er hat auch nie gelernt, darauf zu achten. Sein eigenes Wollen, seine Bedürfnisse oder Wünsche waren nie Thema. Dass es Entscheidungen geben kann, die zu sei-

nen Gunsten ausfallen könnten, war ihm ebenso fremd, wie zu fragen, was er will, was für ihn stimmt und was ihm passt. Er hat nie mitbekommen, wenn er an Grenzen kam, wenn etwas zu viel war oder der Körper rebellierte und wenn nur noch Müdigkeit sein Leben bestimmte. Wenn er nur noch funktionierte, ohne sich zu spüren, in allen diesen Situationen kam er nicht vor, ging es nicht um ihn, war er sich seiner selbst und seiner Bedeutung nicht bewusst. Es gab ihn schlicht nicht. So schlimm und tragisch das klingt. Er hat nie gemerkt oder daran gedacht, dass es im Leben auch darum geht, sein Leben zu leben, für sich zu schauen und Entscheidungen auch im Hinblick auf sein eigenes Wohlergehen zu fällen. Es ist ihm auch nie in den Sinn gekommen, dass es in soundso vielen Momenten auch darum gehen könnte, etwas zu bekommen, dass es auch für ihn so etwas wie Zufriedenheit und Glück geben kann und dass er sich sogar dafür einsetzen darf. Und genau das soll sich ändern und das fängt mit dem Ausstieg an. Deshalb gilt ganz klar und eindeutig:

Es geht um mich. Es geht nicht nur um die andern und auch nicht darum, lediglich über die Runden zu kommen und zu überleben, sondern jetzt geht es in erster Linie und grundsätzlich auch um mich. Ich weiß, ich spüre sehr genau, was mir guttut. Nur habe ich bis jetzt gar nichts damit gemacht und bin darüber hinweggegangen. Ich habe alles, was mich betrifft oder für mich sprechen könnte, ignoriert und missachtet. Es macht mich traurig, mir eingestehen zu müssen, dass ich immer schon spürte, was mir guttut, und ich mich nicht darum gekümmert habe, sondern nur machte, was den andern zugutekam. Ich glaube, dass deswegen immer ein Hauch von Traurigkeit in mir war. Ich wusste nie, wie ich damit umgehen konnte oder wie ich gegen diese Traurigkeit ankommen sollte. Deshalb gilt jetzt für den Ausstieg und mein ganzes Leben: Ich muss gar nichts! Ich darf, wenn ich will. Ich gebe mir die Erlaubnis, mich an diesen Grundsatz zu halten. Jetzt bin ich wichtig und ich will dem Rechnung tragen und alles dafür tun. Ich will spüren und erfassen, was im Moment für mich drinliegt. Ich will meine Möglichkeiten erkennen und meine Grenzen respektieren.

Darum geht es, mir das zu erlauben, was mich stärkt und bestätigt und was mir das Leben leichter macht.

Jedes Mal, wenn ich mich in meinem Denken und Handeln berücksichtige, wenn ich etwas für mich tue, wenn ich mich schone und rücksichtsvoll und nachsichtig mit mir umgehe, ist es ein Schritt in Richtung Veränderung und ein Schritt aus der Depression. Ich nehme mir vor, in Zukunft das Gespürte, wenn es mich betrifft, ernster zu nehmen, ihm mehr Platz und Bedeutung zu geben. Es soll sich entfalten können und Kraft bekommen. Erst dann kann ich es ins Handeln umsetzen und für mich nutzbar machen. Ich nehme mir aber auch vor, einen Schritt nach dem andern zu machen, im Vertrauen darauf, dass weitere Schritte schon folgen werden, wenn es so weit ist, wenn es Zeit für sie ist. Ich will mir die Zeit nehmen und mich nicht unter Druck setzen mit dem Umsetzen und Verändern. Das muss ich lernen, Vertrauen zu gewinnen in mich, Vertrauen, dass es gut wird und alles seine Ordnung hat, wenn ich es laufen lasse und nicht meine, alles kontrollieren und im Griff haben zu müssen. Ich will geduldig mit mir sein, liebevoll und auch wohlwollend.

Dabei darf das Grundthema nicht vergessen werden:

Nimm dich ernst – Du bist wichtig –
Es geht um dich – Kümmere dich um dich

Und es gilt, was ich schon beschrieben habe: Jedes Mal, wenn der depressive Mensch sich in seinem Denken und Handeln berücksichtigt, wenn er etwas für sich tut, wenn er sich schont und rücksichtsvoll und nachsichtig mit sich umgeht, macht er einen Schritt in Richtung Veränderung und einen Schritt aus der Depression.

3
Den Weg des Ausstieges allein gehen

Allein und doch nicht allein: Vom Nutzen dieses Buches

Warum geht jemand diesen Weg? Ein depressiver Mensch könnte das vielleicht so zum Ausdruck bringen: »Ich gehe diesen Weg, weil ich nicht mehr so weiterleben will wie bisher. Ich habe genug. Ich will nicht nur darunter leiden, dass es mir schlecht geht und ich schon froh bin, wenn ich halbwegs über die Runden komme. Ich will auch nicht mehr, dass sich mein Leben nur um die andern dreht und ich nicht einmal vorkomme in meinem Denken. Ich lebe nicht und will aber leben. Ich will, dass es mir gut geht, ich will nicht, dass ich am Leben vorbeigehe. Und ich habe es satt, immer das Gefühl zu haben, verpflichtet zu sein und nur das zu machen, was ich meine, machen zu müssen. Ich habe schon so oft versucht, von dieser Art Leben wegzukommen, wahrscheinlich wie ein Süchtiger, der immer wieder versucht, mit dem Rauchen aufzuhören, und immer wieder die Erfahrung macht, dass er es nicht schafft. Ich habe auch genug davon, mir immer wieder den Kopf anzuschlagen, einen Misserfolg nach dem andern einzustecken und immer wieder am selben Ort zu landen. Ich habe trotz Hunderter von Versuchen das Gefühl, mich nicht fortzubewegen und mich stattdessen im Kreis zu drehen. Das stinkt mir. Aber zu einem Therapeuten gehe ich nicht. Ich wüsste gar nicht, was ich dort soll und ob der mir überhaupt helfen kann. Vor allem hindert mich, professionelle Hilfe anzunehmen, dass ich dort sprechen und Persönliches von mir geben müsste. Das kann und will ich nicht. Der hat sicher ganz andere Fälle, bei denen es sich lohnt. Da will ich ihm nicht die Zeit und denen, den es schlechter geht, den Platz wegnehmen. Und zudem, was soll das, ich muss allein mit meinen Schwierigkeiten fertig werden. Auf andere ist sowieso nicht Verlass, und wenn du in Not bist, ist eh niemand da.«

Das ist in etwa der Punkt, an dem der depressive Mensch steht, wenn er noch einmal versuchen muss oder will, aus dem Gefängnis des Leidens und der Ohnmacht auszubrechen: kraftlos, erschöpft, ohne Selbstvertrauen, mit einem riesigen Rucksack voll mit Misserfolgen und Enttäuschungen und gleichzeitig mit riesigen Erwartungen an sich und das Leben.

Jetzt hat der depressive Mensch verschiedene Möglichkeiten. Er kann, wie er es immer gemacht hat, wieder und wieder versuchen, besser zu leben. Aber diese Versuche sind meist sehr enttäuschend ausgegangen. Wie kann ein depressiver Mensch erfolgreich aussteigen, wenn er nicht einmal weiß, was er machen und wie er etwas anpacken müsste, damit es gelingen kann? Er weiß zwar, dass er bisher immer gescheitert ist, aber weshalb, kann er nicht sagen. Es ist wie ein Umherirren im Nebel. Was die ganze Geschichte zusätzlich schwierig und mühsam macht, ist seine Erfahrung, dass es nach jedem misslungenen Versuch schwieriger war, sich mit seinem Leben abzufinden. Es brauchte jedes Mal mehr Kraft, sich aufzuraffen und das Leben wieder einigermaßen über die Runden zu bringen. Die Hoffnung auf ein gutes Ende schwindet jedes Mal mehr, die Hoffnungslosigkeit und Resignation nehmen immer mehr zu. Damit wird auch die Frage immer quälender: »Was soll das eigentlich? Ich mühe mich ab und komme doch nicht weiter. Ich werde müder und müder und muss doch weiterleben. Will ich das überhaupt noch? Es hat doch alles keinen Sinn mehr.«

Wenn er noch genügend Kraft hat, wird er es trotz aller Schwierigkeiten immer und immer wieder versuchen. Er wird erneut einen Anlauf nehmen, und das im Stile seiner gelernten depressiven Muster: Jetzt oder nie, jetzt geht es um alles, um Leben und Tod, jetzt muss es gelingen, sonst ist alles vorbei. Es sind Erwartungen da, ein Druck auch, den er sich macht, sodass jeder Versuch, und wenn er noch so vernünftig wäre, scheitern muss. Das hält kein Mensch aus und das schafft niemand, unter so einer extremen Belastung dranzubleiben, wenn es nicht gleich klappt, und weiterzumachen trotz der Gefühle des Versagens und der zunehmenden Verzweiflung und Erschöpfung.

Eine andere Möglichkeit wäre, professionelle Hilfe anzunehmen. Das hieße für ihn, sich einzugestehen, dass er es allein nicht schafft. Das käme für ihn einer Art Bankrotterklärung gleich. Und die gibt er nur ab, wenn alle Stricke reißen, nichts mehr geht oder der Druck der Arbeit oder des Umfeldes ihn praktisch dazu zwingt, einen Weg einzuschlagen, den er sich von sich aus nie erlaubt hätte. Mit größter Wahrscheinlichkeit ist es ein Weg, den er zuallerletzt wählen wird. Für ihn ist das verbunden mit einem Gesichtsverlust, mit einem Aufgeben all dessen, was ihn seit Jahren begleitet hat, dass nämlich niemand erfahren soll, wie es ihm tatsächlich geht, wie es in seinem Innersten aussieht. Für sich etwas tun, einen Schritt machen, der ihm zugutekommt, das braucht unendlich viel Zeit und Hunderte von Misserfolgserlebnissen. Andern zuliebe, zum Beispiel dem Ehepartner, wenn der genügend Druck macht, dazu ist er im schlimmsten Fall noch bereit, aber nicht ohne die Bemerkung: »Es hilft eh nichts, helfen kann mir ja sowieso niemand.« Und auch, wenn der depressive Mensch den Weg mit professioneller Begleitung wählt, was immer eine gute Entscheidung ist, kann ihm dieses Buch sehr hilfreich sein und ihn in seinem Bemühen unterstützen.

Es gibt aber noch eine dritte Möglichkeit. Der depressive Mensch unternimmt den Versuch noch einmal allein, aber mit einem virtuellen Führer. Er nimmt dieses Buch zur Hand und versucht es mit ihm noch einmal. Das Buch dient ihm als Hilfestellung. Den Weg geht er zwar allein, aber ganz allein ist er trotzdem nicht, und niemand erfährt etwas davon. Für ihn ideal. Er ist selbstständig und doch nicht ganz auf sich allein angewiesen. Es werden ihm Wege aufgezeigt, aber entscheiden kann er. In einem Führer stehen alternative Routen, steht, wo man am besten durchkommt, welcher Weg der sicherste ist und welchen Weg man auf jeden Fall meiden soll. Man kann nachlesen, wo Schwierigkeiten liegen, und Antworten finden auf die Fragen, die zu Beginn und dann laufend während des Weges auftauchen.

Der Ausstieg kann mit diesem Buch gelingen

Es ist klar, jeder Weg hat seine Vor- und Nachteile. Jeder muss für sich selbst klären, welchen Weg er einschlagen will. Aus der therapeutischen Erfahrung weiß ich, dass von den depressiven Menschen unendlich viele Versuche gemacht werden, um allein da herauszukommen. Es dauert lange, bis jemand den Schritt zum Arzt oder zur Therapeutin macht. Erst dann, wenn wirklich nichts mehr geht und sie oder er nicht mehr kann und nicht mehr mag, ist es ihr oder ihm egal oder hat sie oder er keine Kraft mehr, sich gegen einen solchen Besuch zu wehren. Von wahrer Überzeugung zu sprechen, wäre aber mehr als vermessen. Er oder sie lehnt sich einfach nicht mehr dagegen auf und lässt es über sich ergehen.

Deshalb schreibe ich dieses Buch, im Wissen um diesen Umstand und um damit einen Mittelweg vorzuschlagen im Sinne von »*Allein, aber mit Hilfe und Unterstützung*«.

Wenn ich schon weiß, wie viel Leid und Enttäuschung mit dem Alleingang verbunden sind, wie viele Kämpfe und Auseinandersetzungen, und wie viel Kraft hier vergeudet wird, liegt es nahe, eine Hilfestellung anzubieten. Für den depressiven Menschen ist es möglich, mithilfe des Buches den ganzen Weg des Ausstiegs zu gehen. Möglich ist aber auch, dass er mit dem Buch beginnt und dann unterwegs entscheidet, weitere Hilfe aufzusuchen. Das kann sein, um sich bewusst auf eine Behandlung einzulassen oder sich nur punktuell, als moralische Unterstützung, eine professionelle Hilfe zu organisieren. Er kann eine solche externe Hilfestellung auch nur für eine gewisse Zeitspanne in Anspruch nehmen, um nicht ganz allein zu sein und nicht so viel Kraft und Zeit zu verlieren. Das kann er machen, bis er das Gefühl hat, wieder auf dem Weg zu sein und in einem Zustand, der ihm ein alleiniges Weitergehen ermöglicht.

Dass der depressive Mensch zuerst den Alleingang wählt, kommt nicht von ungefähr. Alle Menschen wollen sich zuerst allein helfen. Das ist auch richtig und gut so. Das andere wäre eher problematisch, wenn jemand also gar nicht versuchen würde, es allein zu schaffen. Daher ist es ganz in Ordnung, wenn es der depressive Mensch zuerst allein versucht und nicht gleich andere um Hilfe angeht. Es ist nur eine Frage des Maßes. Depressive Menschen sind gewöhnt, alles allein zu machen, und zwar schon von Kindsbeinen an. Sie sind es so gewöhnt, alles mit sich auszumachen, ja niemanden zu belasten und allein mit sich ins Reine zu kommen, dass die andern gar nichts von allem mitbekommen. Ich habe vom depressiven Menschen als einem psychischen »Solitär« gesprochen. Dass sie nun auf dem Weg des Ausstieges nach den gleichen Mustern handeln, ist mehr als logisch, vor allem, weil es ihnen ein riesiges Anliegen ist, dass niemand mitbekommt, wie es ihnen geht. Auch wollen sie sich nicht der Kritik und der Aufmerksamkeit der andern aussetzen, wenn sie so einen Weg gehen: »Das geht niemanden etwas an. Das ist Privatsache und ich will nicht, dass jemand auch nur einen Schimmer von dem mitkriegt, was in mir vorgeht. Vor allem will ich nicht, dass ich immer auf meinen psychischen Zustand angesprochen und reduziert werde. All das Mitgefühl will ich nicht. Das macht mich krank. Ich will nicht, dass ich ständig so mitfühlend betrachtet und als armer Mensch behandelt werde.«

Es entspricht auch einer gewissen Logik, wenn depressive Menschen den Weg allein gehen. Es hat damit zu tun, dass sie Fähigkeiten haben, wie sie sonst in dieser Ausgeprägtheit und in dem Ausmaß bei andern Menschen nicht anzutreffen sind. Sie sind belastbar bis zum Gehtnichtmehr, sie sind zielstrebig, hartnäckig und ausdauernd und auch mit einem immensen Leidenspotenzial ausgestattet. Sonst hätten sie nicht so lange durchgehalten, wäre es gar nicht möglich gewesen, jahrzehntelang dieses Leiden nach außen hin zu verstecken. Nur waren es ein Leiden und ein Aushalten, die ihnen nichts brachten, außer dass sie jetzt völlig am Ende ihrer Kräfte sind. Aber es sind diese Kräfte und dieses Potenzial, die sie in sich tragen, es ist diese Ausdauer und dieses Nie-aufgeben-Wollen und ihre Durchhaltefähigkeit, die es ihnen möglich machen, ans Ziel ihrer Bemühungen zu kommen. Andererseits sind es auch ihre Verbohrtheit, ihr Alles-allein-machen-Müssen um jeden Preis, unabhängig von Verlusten vorwärts zu gehen, die es ihnen zu Beginn verbauen, einen leichteren Weg zu gehen und Hilfe anzunehmen.

Der depressive Mensch ist gewohnt, sein Leben allein zu gestalten, seinen Weg allein zu gehen, und deshalb ist es stimmig, wenn er den Weg des Ausstiegs allein geht. Natürlich geht damit ein wichtiger Lernprozess verloren, der für ihn und sein Leben äußerst wichtig und notwendig wäre: sich öffnen und offenbaren, sich trauen, sich zu zeigen, wie er ist, lernen, mit Kritik umzugehen, ohne sich gleich als ganze Person infrage gestellt zu fühlen.

Mit dem Grundsatz und Lebensmotto, alles mit sich ausmachen zu wollen, lernt er anfänglich auch nicht, sich anderen gegenüber darzustellen und zusammen mit anderen gemeinsam Schritte zurückzulegen. Dazu gehört auch, Verantwortung abzugeben, auf andere zu bauen, Fehler eingestehen zu lernen und zu erfahren, dass er deswegen nicht abgeschrieben ist. Zu einem freien und neuen Leben gehört, auf andere zuzugehen, in Beziehungen einzutreten, Konflikte auszutragen, Kritik annehmen zu können und sich auch schwach zeigen zu dürfen. Es sind Schritte, die er nachholen kann, wenn er sich stärker fühlt, wenn er selbstbewusster geworden ist und auch schon einen Teil des Weges hinter sich hat. Und diese Erfahrungen macht der depressive Mensch, während er den Alleingang wagt. Er spürt im Laufe der Veränderung das Bedürfnis, sich mitzuteilen, er merkt, dass er andere Menschen sucht und dass es ihm sogar wohl ist, wenn andere Leute um ihn herum sind, und es ihn entlastet, wenn er von sich spricht.

Depressive Menschen müssen x-mal den Weg allein gehen, immer wieder und wieder, bis sie die Kraft fast nicht mehr aufbringen. Dabei ist nicht die Frage, ob das sinnvoll ist oder nicht. Es ist einfach so. Und weil ich das weiß, habe ich das Buch geschrieben: Wenn schon allein, dann wenigstens mit einer Hilfe, und wenn es auch nur mit einem Buch ist. Es bedeutet einen sanfteren Weg zu gehen, zwar allein, aber doch nicht ganz, mit Hilfe, aber nicht nur. Es ist zwar sehr unverbindlich und häufig auch zufällig, ob sie oder er das Buch benutzt oder nicht. Aber es ist ein Heraustreten und Hinhören auf Gedanken, die sie oder er bislang kaum gekannt haben, die vielleicht überzeugen oder wenigstens locken, sie sich zu überlegen, sie vielleicht doch auszuprobieren.

Wer den Alleingang mit dem Buch unternimmt, hat auf jeden Fall schon einen ersten Schritt getan. Man hat sich schon mal davon gelöst, den Weg ganz allein zu machen. Man ist so weit, dass man nicht schon wieder die gleichen unbefriedigenden Erfahrungen machen will wie bisher. Man könnte auch sagen, wer diesen Weg wählt, zeigt bereits eine gewisse Bereitschaft, Hilfe und Unterstützung anzunehmen, »schon allein, aber doch nicht ganz«. Vielleicht hat man auch schon eingesehen, dass man nicht alles allein machen muss, dass es Formen von Hilfe gibt, die man annehmen kann, ohne etwas zu verlieren, und dass es sogar möglich ist, alles ein bisschen leichter zu haben. Vielleicht ist auch schon aus den gemachten Erfahrungen heraus eine gewisse Einsicht gewachsen, dass der Weg doch schwieriger ist als angenommen und man nicht wieder dieselben Misserfolgserlebnisse erleben will. Dann ist der depressive

Mensch mit dem Buch nicht mehr so ganz allein, ohne dass er andere in sein Vorhaben einweihen muss. Momente der Verzweiflung, des Auflehnens, der Resignation und der Verwirrtheit, aber auch Fehler und Rückschritte nehmen andere noch nicht wahr. Man verliert sein Gesicht nicht, muss sich nicht erklären und kann somit leichter und schneller den begonnenen Weg weitergehen. Man braucht keine zusätzliche Energie für andere und muss auch nicht dem Druck widerstehen, den man ansonsten von den andern spüren würde. Vor sich ein momentanes Versagen einzugestehen ist etwas ganz anderes, als nach außen dazu stehen zu müssen, mit der ganzen Angst, dann alles zu verlieren: Achtung und Respekt und all das, was man sich im Laufe der Jahre aufgebaut hat.

Auch wenn das Aussteigen mit dem Buch noch ein teilweises Verharren im Muster des »Einmannbetriebes« ist, ist es doch ein erstes Sich-mit-seinen-Ängsten-ernst-Nehmen. Es ist ein erster Schritt auf sich zu und überhaupt ein erster Lernschritt. Es ist ganz klar, es hat sich schon etwas bewegt, etwas Neues hat begonnen, und sei es nur, die gemachten Erfahrungen und die dabei auftretenden Gefühle nicht noch einmal identisch erleben zu müssen: Depressive Menschen haben schon so oft versucht, aus ihrem Gefängnis auszubrechen und haben gleichzeitig so viel an Versagen und Enttäuschungen, an Resignation und Abwertung erlebt, dass es auch für den stärksten einmal zu viel wird. Alle Erfahrungen und alle Eigenkommentare sprachen die gleiche Sprache, schlugen immer in die gleiche Kerbe: »Du kannst nichts, du schaffst es nicht, du bist ein Versager, und was immer du versuchst, es gelingt dir nicht, es genügt nicht.« Die Tatsache, den Ausstieg mit einer geschriebenen Begleitung zu versuchen, ist schon ein ganz entscheidender Schritt auf dem Weg zum Ausstieg: Man macht die Schritte nicht allein. Man bewegt sich nicht mehr allein in seinen Denkmustern und man nimmt eine für sich akzeptable Form der Hilfe an. Man baut nicht mehr allein auf sich selbst. Man hat auch etwas von den vielen Schwierigkeiten, die dieser Alleingang in sich birgt, verstanden. Es ist auch ein erster Schritt, auf sich selbst zu schauen und sich nicht in ein Abenteuer zu stürzen, das einem nur schadet und Leid und Enttäuschung bringt. Es ist auch ein Zeichen, dass es einem ernst ist mit dem Ausstieg, dass man sich wirklich befreien und nicht immer die gleichen Fehler und die gleichen Erfahrungen machen will. Auch das ist eine Form von sorgfältigerem Umgang mit sich selbst.

Den Weg mit diesem Buch zu gehen bedeutet auch, dass sich der depressive Mensch schon zu Beginn eine Reihe von Erkenntnissen zu eigen machen kann. Es sind Einsichten, die er sich nicht über viel Leiden und Schmerz zuerst erarbeiten und holen muss. Er muss nicht das Rad neu erfinden und sich erst einmal den Kopf anschlagen. Es gibt den einfacheren Weg, er übernimmt Erfahrungen, die andere schon gemacht haben, und erlaubt sich auch, diese für sich einzusetzen: Dass der depressive Mensch sich eingesteht, dass der Ausstieg seine Kräfte übersteigt, dass er sich das eingestehen kann, ohne deswegen weniger wert zu sein, ist ein ungeheuer wichtiger, erster Schritt. Es gehört aber auch dazu, dass er sich eingesteht, dass er einen schwierigen Weg gewählt hat und dass es auf diesem Weg immer wieder Momente des Zweifels und der Enttäuschung geben wird und dass er das nicht verhindern kann. Wichtig ist, dass er daran denkt, auch wenn es in der konkreten Situation dann nochmals anders sein wird, dass er sich nicht die Schuld zuschiebt, sondern sich eingesteht, dass der Weg schwierig ist und nicht er der Unfähige und dass all die negativen Gefühle zum Weg gehören.

Von Beginn an gehört zu dieser Variante des Ausstieges, dass sie oder er sich vornimmt und sich darum bemüht, auf eine wohlwollende Art mit sich umzugehen. Hier kann man lernen, langsam und schrittweise wegzukommen von seiner bisherigen kalten, abwertenden und sich selbst kleinmachenden Behandlung. Jetzt geht es darum, sich von seiner sich und seine Anstrengungen vermiesenden und sich fertigmachenden Art des Umganges zu befreien und wegzukommen davon, wie respektlos man mit sich verfahren ist. Einen neuen und wertschätzenden Umgang mit sich, eine neue Einstellung sich selbst gegenüber zu lernen, damit fängt es an. Wenn der depressive Mensch sich darauf einstellt, dass auf dem Weg immer wieder die altbekannten, abwertenden Gedanken und belastenden Gefühle auftauchen, bevor er es überhaupt bemerkt hat – wenn er das weiß und sich zu Herzen nimmt –, dann hat er schon einen großen Schritt gemacht. Nur schon zu merken und sich bewusst zu sein, was da alles passiert, ist bereits ein Fortschritt. Das zu verändern kommt noch und ist zu Beginn zweitrangig.

Merken, wie man mit sich umgeht, was in und mit einem alles passiert, ist schon gewaltig. Es ist ein Lernen, aufmerksam und sensibel zu werden bezüglich der eigenen Empfindungen und Gefühle. Hellhörig werden auf sein Fühlen und Denken hin ist der erste und entscheidende Schritt zur Veränderung. Wer schon von Anfang an mehr von sich fordert, überfordert sich.

Der Depressive selbst bestimmt seinen Weg

Der depressive Mensch sollte vor dem Einstieg in den Ausstieg genau wissen, worauf er sich einlässt, welchen Weg er geht und wie dieser aussieht. Erst, wenn er das genau erfasst hat, kann er sich wirklich einlassen und sich auf den Weg machen. Ich habe schon an mehreren Stellen das Spezifische dieses Weges beschrieben: Es geht um eine grundlegend neue Haltung und es geht um ihre Umsetzung in konkreten Schritten. Ich werde es nochmals tun, und das nicht zum letzten Mal. Es ist wichtig, dass der depressive Mensch immer sehr genau weiß, was er macht und worauf es ankommt bei dem, was er macht. Das vermittelt ihm Sicherheit und Vertrauen. Darum geht es für den depressiven Menschen beim Ausstieg,

dass er die Lernschritte macht, die ihm guttun, ihn aufbauen und nicht überfordern, dass er das verändert, was ihm Angst nimmt, und tut, was ihm ein gutes Gefühl vermittelt. Wenn er auf diese Weise sein Verhalten und seine Denkmuster verändert, dann ist er auf dem richtigen Weg, dann macht er das, was ihn weiterbringt.

Wenn er sich so verhält, dann setzt er das Grundthema des Ausstieges um, dann konkretisiert er das Hauptanliegen bei jedem Schritt des Ausstieges:

»Es geht um mich.« Ich nehme mich ernst und erlaube mir, wichtig zu sein und mich um mich zu sorgen. Ich höre auf mich und tue das, was für mich stimmt und was ich mir zutraue. Ich bin die Instanz, die weiß und spürt, was für mich richtig ist, und die auch entscheidet. Um mich geht es, und das will ich ernst nehmen. Ich muss aufpassen, dass ich mir nicht unrecht tue und meine, dass das so einfach ist. Das Gegenteil ist der Fall, etwas so Einfaches machen, das sich einzig und allein um mich dreht, ist etwas vom Schwierigsten für mich. Das habe ich nie gemacht, mir nie zugetraut und mir auch nie erlaubt. Und jetzt geht der Weg da durch, furchtbar und doch faszinierend.

Damit sind ganz klar die Richtung und der Weg bestimmt. Es gibt keinen vorgegebenen Ablauf und keine klar vorgezeichneten Schritte. Es gibt keine von außen formulierten Vorgaben. Auf seinem Weg hält sich der depressive Mensch an die Devise:

Was immer ich mache, wenn es für mich stimmt, mir entspricht und mich nicht überfordert, dann mache ich das, was mich weiterbringt und näher zu mir. Dann bin ich auf dem richtigen Weg, dann mach ich nichts falsch. Wenn ich das mache, was ich machen will, dann ist es gut.

Der depressive Mensch bestimmt den Weg und wählt die Etappen. Er entscheidet über Form und Gestaltung der Schritte. Er geht von dem aus, was er spürt, was ihm im Moment wichtig ist, und macht, was er will und für richtig erachtet. Er ist frei, einen Weg zu wählen, der zu ihm passt und der ihn nicht überfordert.

Sich ernst nehmen, auf sich hören und nicht einem Programm folgen wollen lautet die Kurzbeschreibung seines Weges. Oder wie schon mehrmals beschrieben: »Jetzt geht es um mich.« Nimm dich ernst – Du bist wichtig – Es geht um dich – Kümmere dich um dich – Du musst gar nichts – Du kannst und darfst, wenn du willst und wenn es dir entspricht – Sei achtsam und verlässlich zu dir – Erlaube dir, was dich aufbaut.

Die Umsetzung dieses Mottos, das gleichsam über allem steht, ist auch die Antwort auf die Frage: Wie sieht der Weg aus und welche Schritte kann der depressive Mensch machen, um an seine Ziele zu gelangen? Und das sind dann die *konkreten Schritte.*

Der depressive Mensch muss sich angewöhnen oder auch lernen, im Bewusstsein zu leben, dass bei allem, was er macht, es um ihn geht, dass er wichtig ist und es verdient, ernst genommen zu werden. Es geht um ihn, er ist wichtig, es geht um sein Leben:

»Jetzt geht es um mich.« Jetzt will und darf ich mich wichtig nehmen und auf mich schauen. Ich muss gar nichts. Ich kann und darf, wenn ich will und wenn es mir entspricht. Es ist meine Entscheidung und mein freier Wille. Ich bin wichtig und deshalb will ich achtsam und verlässlich mit mir umgehen und mir all das erlauben, was mir guttut, mich stärkt und bestätigt. Ich entscheide, wo's langgeht.

Dieses Grundthema soll langsam in Fleisch und Blut des depressiven Menschen übergehen und soll so verinnerlicht werden, dass er unmittelbar spürt, wenn er nicht so lebt, wenn er sich übergeht und überfordert. Und da sind diese Lebens- und Merksätze von immenser Bedeutung, weil sie ihm genau das immer wieder vor Augen halten. Es geht darum, sich eine neue Lebenseinstellung anzueignen und sie all seinem Denken, Handeln und Entscheiden zugrunde zu legen und als Leitmotiv für sein Leben zu verinnerlichen.

Von Beginn an gehört dazu auch das Bewusstsein davon, dass man sich im Laufe des Lebens angewöhnt hat, bei allem, was man macht, sich abzuwerten und zu bestrafen, statt sich auch einmal zu bestätigen und zu loben. Das kennt der depressive Mensch nicht, das macht er nicht.

Ich weiß, ich werde es immer wieder vergessen, weil ich es überhaupt nicht gewohnt bin, mir auf eine positive Art zu begegnen und auf eine konstruktive Art mit mir zu sprechen. Darum möchte ich mich bemühen. Ich brauche Unterstützung, immerwährende Kritik und Besserwisserei bringen mich nicht weiter.

Loben und sich bestätigen setzen voraus und bedingen, mit sich zu sprechen, den Dialog mit sich aufzunehmen. Erst dann kann man sich auch Mut zusprechen und sich unterstützen. Mit sich umgehen und mit sich sprechen gehören ganz wesentlich zum Ausstieg. Und zwar nicht nur, wenn man sich gut fühlt, sondern vor allem dann, wenn etwas nicht geglückt und man traurig, enttäuscht und unzufrieden ist. Gerade dann ist es wichtig, dass man sich zuredet, gerade dann sind eigene Unterstützung, Zuwendung und Verständnis wichtig. Auch braucht man Trost, wenn man nicht richtig erfasst, was mit einem los ist, und man sich einfach nur schlecht fühlt, wenn man sich nichts zutraut und zu nichts Lust hat. Was man in solchen Momenten aber sicher nicht gebrauchen kann, sind zusätzliche Abwertungen und Vorwürfe, nichts auf die Reihe zu kriegen und es sowieso nicht zu schaffen, sich selbst aus dem Sumpf zu befreien. Wichtig sind Zuneigung und wohlwollende Gespräche mit sich, sind aufmunternde und verständnisvolle Worte gerade dann, wenn man verwirrt, demotiviert und niedergeschlagen ist und sich mit Selbstvorwürfen überhäuft. Gerade dann braucht der depressive Mensch eine Stimme, die ihn aufbaut, versteht und ihm gut will, eine, die zu ihm steht, ihn verteidigt und in Schutz nimmt.

Ich will mir ein guter Freund sein und auf eine verständnisvolle und aufbauende Art mit mir sprechen. Wenn etwas nicht so läuft und ich enttäuscht und traurig bin, möchte ich, dass es mir gelingt, aufmunternd und tröstend mit mir zu sprechen. Meine Gewohnheit, mich fertig zu machen, wenn etwas nicht so läuft, wie ich meine, und keine Entschuldigung zuzulassen, möchte ich ablegen. Auch, wenn ich mit mir nicht zufrieden bin, noch nett und aufbauend zu mir zu sein ist ein Riesending, das ich nur mit sehr viel Aufwand und Überredungskünsten einigermaßen schaffe. Da werde ich lange dran zu beißen haben, gerade in schwierigen Momenten mir zuzureden und Ver-

ständnis für mich aufzubringen. Ich werde aber daran arbeiten. Es leuchtet ein.

Sich ein guter Freund sein, der einen verteidigt und entschuldigt, das eigene Verhalten rechtfertigt und nicht abqualifiziert, so ein Freund und Anwalt muss und kann ich mir werden. Und so einen Freund brauche ich auf dem Weg des Ausstiegs.

Sich ein guter und positiver Begleiter zu werden beginnt mit dem ersten Schritt, und sich verständnisvoll begegnen passiert auch dann, wenn ich mir zurede:

Mach nur eines nach dem andern, mach nur so viel, wie dir im Moment möglich ist. Und wenn im Moment nichts geht, du keine Kraft und keinen Mut hast, dann lass es gut sein, dann ist auch das richtig. Mach dir keine Sorgen, sobald du wieder einen Funken Energie in dir spürst, wirst du es wieder probieren können. Du verpasst nichts und es ist nie zu spät.

Natürlich wird das nicht ohne Schwierigkeiten abgehen. Aber wenn man in diesem Buch nachlesen kann, dass und wie jedes Verändern eingeschliffener Verhaltensmuster seinen Preis hat, diese Schwierigkeiten aber ganz normal sind, dann sind sie weniger belastend oder doch wenigstens ein bisschen abgefedert, dann sucht man die Fehler weniger bei sich, dann klingt es auch nicht wie eine billige Ausrede. Es ist dann einfacher zu akzeptieren, dass die Schwierigkeiten unabhängig von einem selbst bestehen und man selbst keine Schuld daran hat, dass sie überhaupt auftauchen.

Ich rechne mit Schwierigkeiten, die gehören zum Weg, und ich will versuchen, das so zu sehen, wenn ich versage. Ich will mir ganz fest vornehmen, dass ich bei Schwierigkeiten nicht gleich an mir zu zweifeln beginne, sondern versuche mir zu sagen, dass der Weg schwierig ist und dass es nicht ohne Versagen und ohne Probleme geht. Vielleicht gelingt es mir, die Schwierigkeiten auch als Chance zu sehen, nicht alles gleich auf mich zu beziehen und mich abzuwerten. Ich möchte versuchen, Fehler als Herausforderung zu verstehen, ver-

ständnisvoll mit mir umzugehen, mich auch vor mir selbst zu entschuldigen und mir das Recht zu geben, Erklärungen für die Schwierigkeiten zu akzeptieren. Ich versuche, mir ganz fest zu sagen, dass Schwierigkeiten zu akzeptieren keine Schwäche ist und Erklärungen keine billige Ausrede sind.

Noch einmal: Es ist viel einfacher, mit Schwierigkeiten umzugehen, wenn man sich schon vorher auf sie eingestellt hat, als damit fertig zu werden, wenn sie eingetreten sind. Dann klingt jede Erklärung wie eine faule Ausrede. Sich konkret auf den Weg vorzubereiten verhindert aber nicht, dass es immer wieder zu Enttäuschungen kommen wird:

Ich werde immer wieder ermüden, zweifeln, ob ich das überhaupt schaffe, ob ich mir da nicht zu viel vorgenommen habe. Ich werde immer wieder ungeduldig sein, meine Ungeduld nicht zügeln können. Es wird mir zu langsam vorangehen und ich werde überzeugt sein, dass das nur an mir liegen kann. Ich weiß jetzt schon, dass ich emotional Achterbahn fahren werde. Ich werde top motiviert sein und dann wieder den Bettel hinschmeißen wollen.

Wann immer andere von meinem Bemühen erfahren, werden sie mich mit guten Ratschlägen und Kommentaren eindecken. Sie werden mir sagen, was ich zu tun und zu lassen habe, was wichtig und notwendig ist, und mich ständig beobachten und begutachten. Ich weiß, das wird mir sehr zu schaffen machen, weil ich sie nicht enttäuschen und doch meinen Weg gehen will. Ohne die andern zu enttäuschen, wird es wohl nicht abgehen. Das tut mir jetzt schon weh.

Meine Ungeduld wird es mir schwer machen. Ich werde ständig das Gefühl haben, nicht dort zu sein, wo ich sein müsste, dass ich schneller sein möchte und es doch nicht schaffen werde. Ich werde immer wieder das Gefühl haben, am Anfang zu stehen und mich im Kreis zu drehen. Ich werde häufig auch überzeugt sein, nicht vom Fleck zu kommen.

Zwischendurch werde ich am Weg zweifeln, ob das überhaupt machbar ist, und wenn ja, ob ich das schaffen kann. Ich werde immer wieder ziellos umherirren, nicht mehr wissen, wie es weitergeht, und auch immer wieder nahe am Aufgeben sein. Ich werde versuchen, mir das Leben dann nicht noch schwerer zu machen, mich nicht mit Vorwürfen überhäufen, sondern mir erlauben, traurig und wütend zu sein, mir Zeit geben zum Ausruhen, Ablenken oder mir Mut machen für einen Neubeginn. Ich will gerade in solchen Momenten versuchen, mich nicht zu übergehen und auch nicht zu überfordern. Was immer ich tue, ist gut, wenn es mich beruhigt, aufbaut und stärkt.

Ich werde meist das sehen, was noch vor mir liegt, was noch zu machen ist, und nicht, welchen Weg ich schon zurückgelegt habe, wie viele Klippen ich schon umschifft und was ich an Fähigkeiten und Erfahrungen gewonnen habe. Was ich ebenfalls schon weiß, ist, dass ich mir immer wieder ein Bein stellen werde, indem ich mir zu viel vornehme, mich übernehme, nicht genug abschätze, was möglich und für mich auch machbar ist. Ich weiß, dass ich dann immer enttäuscht bin, wenn ich wieder versage, wieder die gleichen Fehler mache. Ich hoffe, dass ich dann sehen kann, dass es kein Versagen war, sondern ich schon wieder in die immer gleiche Falle getappt bin, und ich dann ein bisschen versöhnlicher mit mir sein werde.

Ich versuche mich darauf einzustellen, dass ich auf mich höre, dass ich mir sage und das auch ernst nehme, eines nach dem andern, nicht zu viel auf einmal. Denn das vergesse ich immer wieder, weil ich glaube, dass ich noch mehr und alles noch schneller machen muss, dass das so ist und es von mir auch erwartet wird.

All das wird dem depressiven Menschen Mühe machen und mit all dem wird er konfrontiert sein, auch wenn er sich schon im Voraus Gedanken macht. Das wird nicht zu umgehen sein. Was aber sicher ist, dass alles, was schon mal gesagt ist, was schon mal im Denken präsent war, weniger überrascht und ihn weniger auf dem falschen Fuß erwischt. Natürlich ist das auch so schwierig, weil ihn niemand bestätigen und überzeugen kann. Er ist allein und allein muss er sich Sicherheit geben, muss er versuchen, seine Gedanken und Gefühle in diesen Zusammenhang zu stellen.

Gedanken, die der depressive Mensch sich im Voraus machen und worauf er sich quasi als Trockenübung einstellen kann, wenn er den Weg allein mit dem Buch macht:

Ich muss mir wahrscheinlich einige Male den Kopf anschlagen, bis ich einen Gang runterschalte, mal langsamer mache und mich nicht ständig gehetzt fühle. Ich will einen Gang runterschalten, nicht weil ich meine, nichts zu können oder nicht leistungsfähig genug zu sein, sondern weil ich mich darauf einstellen will, dass all die Lernprozesse und Änderungen der Einstellungen ihre Zeit brauchen. Ich will versuchen, mir immer wieder zu sagen, dass Veränderungen langsam vor sich gehen, dass es wichtig ist, mit einfachen Themen zu beginnen, die ich mir zutraue und bei denen ich auch spüre, dass sie mich nicht überfordern, dass eines nach dem andern geht und ich mir nur so viel vornehme zu machen, wie ich mir auch zutraue. Ich will mir den Grundsatz ganz fest einprägen und ständig wiederholen: Wenn ich mache, was mir guttut, mich aufbaut und nicht überfordert, was mir Angst nimmt und ein gutes Gefühl gibt, dann bin ich auf dem richtigen Weg, dann mache ich das, was mich weiterbringt. Ich versuche immer nur so viel zu machen, wie im Moment möglich ist.

Zum ganzen Prozess gehört auch, dass ich mich nicht zwinge, mir nichts beweisen will und muss und ich mir immer wieder sage, dass es um mich geht und nicht darum, möglichst schnell möglichst weit zu kommen. Ich kann meine Ungeduld und mein Leiden, die beide ein schnelles Tempo wollen, nicht mit aller Kraft zum Schweigen bringen. Ich werde aushalten müssen, dass mein Leiden und meine Ängste über lange Zeit bestehen bleiben werden. Und dass Misserfolge mich auf meinem Weg begleiten werden.

Ich werde Angst haben, dass die Kraft nicht reicht, und trotz besseren Wissens immer wieder das machen, was mich überfordert und zu viel Kraft braucht.

Und ich werde mich immer wieder darauf besinnen, worauf es ankommt beim Ausstieg: Es geht um mich und nicht um den Weg. Ich bin wichtig und deshalb will ich mich ernst nehmen, mich um mich kümmern und mir all das erlauben, was mir guttut, mich stärkt und bestätigt.

Dieses neue Ausstiegs- und Lebensmotto hat immer auch die Funktion eines Korrektivs. Wann immer der depressive Mensch nicht mehr weiß, was er als Nächstes tun könnte, drängt sich ihm die Frage auf: »Was muss ich jetzt machen, was muss ich als Nächstes tun, damit ich auch sicher nichts falsch mache, was muss ich machen, damit es sicher weitergeht?« Gerade diese Fragen aber entfernen ihn noch weiter von sich, mit ihnen ist er noch weniger bei sich und dann geht er einen Weg, der nicht von ihm kommt, nicht auf ihn zugeschnitten ist und nicht zu ihm hinführen kann. Dann macht er wieder das, was er glaubt, machen zu müssen, und ist damit erneut in seinen depressiven Mustern, wo es nicht um ihn geht, wo er keine Rolle spielt.

Ich will mir nicht mehr die Fragen stellen, was ich muss, sollte oder müsste. Ich will nicht mehr nur über die Runden kommen, etwas hinter mich bringen oder mir nur halbwegs genügen. Ich will mich fragen, ob das, was ich tue, das ist, was ich will, ob es für mich richtig ist und mir entspricht und entgegenkommt.

Deshalb ist es so wichtig, dass der depressive Mensch gerade in schwierigen Phasen seine Leitsätze hersagen kann:

»Jetzt geht es um mich.« Und ich mache das, was mir entspricht, im Moment möglich ist, mir guttut und das Gefühl vermittelt, dass ich es schaffe. Wenn ich mich daran halte, komme ich weiter und bin ich auf dem richtigen Weg.

Und ebenso gilt und ist hilfreich:

Ich mache so viel, wie ich mir zutraue. Ich will spüren und erfassen, was im Moment möglich, was für mich drinliegt. Ich frage mich, weil ich es auch am besten wissen kann und ich der bin, der entscheidet. Ich muss nichts, ich kann, wenn ich will.

Ich werde mich ganz fest daran erinnern müssen, dass es wichtig ist, mir Mut zuzusprechen, mir zuzureden, mich zu unterstützen und mich bewusst auch darauf zu konzentrieren, was ich leiste, dass es toll ist, was ich da mache, neben dem normalen Alltagsbetrieb. Und ich werde immer wieder Pausen einlegen, weil ich das, was ich mache, in einem Zustand mache, der wenig Energie, wenig Initiative und Zuversicht erlaubt. Ich werde deshalb immer sehr schnell an meine Grenzen stoßen und sehr schnell wird mir etwas zu viel sein.

Ich muss damit rechnen, dass ich die Einsamkeit fast nicht ertrage. Dass ich angewiesen bin auf Bestätigungen anderer Leute, dass ich es brauchen könnte, wenn jemand sagen würde: »Das ist gut, was du da machst, das ist unglaublich, was du da hinkriegst.« Ich werde Fortschritte machen und doch werden sich die Gefühle nicht ändern. Es wird seine Zeit brauchen, bis auch die Gefühle sich verändert haben werden.

Es geht darum, einen Weg zu gehen, der dem depressiven Menschen entspricht und seinen Möglichkeiten angepasst ist. Der Weg soll maßgeschneidert und nicht von der Stange sein.

Deshalb werde ich mich von Anfang an bemühen und mir fest zu Herzen nehmen:

Ganz kleine Schritte will ich machen. Ich will nichts überladen und nicht zu viel wollen und mir zumuten. Ich will ganz langsam vorwärtsgehen und erst, wenn ich merke, dass es gut läuft, werde ich beschleunigen und mir mehr zumuten, aber immer nur so viel, dass ich das Gefühl habe, alles im Griff zu haben. Entscheidend ist immer, und daran will ich mich ganz fest halten: Ich will mich wichtig nehmen, für mich sorgen und rücksichtsvoll zu mir sein.

Der depressive Mensch ist gezeichnet von den vorangehenden Ausstiegsversuchen. Er hat auszusteigen versucht, ohne aussteigen zu können, er hat Versuche gemacht, ohne zu wissen, ob sie etwas taugen oder nicht. Er hat einen Ausweg gesucht, ohne zu wissen, wo der Weg langgeht. Eines aber hat er immer und immer wieder gemacht, die Erfahrung nämlich, dass er nichts verändern kann und dass damit alles noch viel schlimmer wurde. Er muss ringen, um die Hoffnung nicht ganz aufzugeben, es doch noch einmal schaffen zu können. Deshalb ist es so wichtig, den Ausstieg anders und besser zu planen. Was bleibt denn noch, wenn nicht die Hoffnung da wäre, auch wenn sie nicht mehr so ganz zu überzeugen vermag? Aber sie ist noch da und deshalb kommt dem nächsten Ausstiegsversuch so eine Bedeutung zu. Es wird auf dem Weg nicht nur Enttäuschungen geben, sondern immer wieder neue beglückende und erfüllende Erfahrungen. Der Weg und die unzähligen Experimente und Neuentdeckungen werden interessant und so spannend sein wie das Erreichen des Zieles selbst. Deshalb stimmt hier auch der etwas abgedroschene Satz: »Der Weg ist das Ziel.«

Ich werde mich bemühen, nicht nur vorwärtszugehen, sondern immer auch Pausen und Ruhephasen einzubauen. Ich will mir immer bewusst sein, wie wichtig mein Körper und wie notwendig die Erholung ist. Ich will mir auch immer Zeit nehmen, meine Batterien wieder aufzuladen.

Ich werde versuchen, mir immer wieder zu sagen, dass es darum geht, einen einfachen Weg zu gehen, das zu machen, was möglich ist, und das sein zu lassen, was im Moment zu schwierig erscheint. Ich werde mir auch sagen müssen, dass ich weiß, was für mich stimmt, auch wenn ich das so noch nie gesagt oder gedacht habe. Ich versuche mir auch zu sagen, dass einen leichteren Weg zu gehen nicht heißt, dass ich oberflächlich oder faul und bequem werde.

Es leuchtet mir theoretisch ein, dass es ein Weg sein muss, der nicht zu viel Kraft kostet, und dass es wichtig ist, dass ich mich unterstütze. Ich werde versuchen, mir von Anfang an die Erlaubnis zu geben, auf mich hören zu dürfen, mir zu glauben, auch wenn ich gar kein Vertrauen zu mir habe und mir nicht vorstellen kann, dass es wichtig und richtig sein kann, was ich empfinde. Aber ich weiß jetzt, dass das offensichtlich wichtig ist, und ich werde versuchen, daran zu denken.

Es ist tatsächlich wichtig, von Beginn an und nicht erst unterwegs daran zu denken, dass es ein Weg ist, der vom depressiven Menschen selbst gesteuert wird. Das klingt für ihn so absurd, dass es wichtig ist, immer wieder zu betonen:

Es geht um dich, du bist es, der sagt, wo es langgeht, weil es um dich geht. Du spürst, wenn du genau hinhörst, was du im Moment machen willst und was nicht. Das ist der Hauptpunkt der Veränderung, dass du auf dich hörst, dich ernst nimmst und dich einbeziehst in dein Denken und Handeln.

Ich versuche mich darauf einzustellen, dass es ein Weg der kleinen Schritte sein wird und dass es anfänglich um Schritte geht, die von den andern gar nicht bemerkt werden. Sie können deshalb von ihnen auch nicht bestätigt und gewürdigt werden. Ich will mich darauf einstellen, dass ich mir die Bestätigung und Belohnung selbst geben muss. Das ist schwierig, sich für etwas zu bestätigen, das man selbst noch gar nicht so toll findet und für das man sich eher schämt. Aber ich will das lernen.

Beim Ausstieg geht es für den depressiven Menschen nicht nur darum, über die Runden zu kommen und nicht mehr niedergeschlagen zu sein, sondern etwas für sich zu tun, etwas, das ihm zugutekommt. Beim Ausstieg geht es darum, Zufriedenheit und Lebensfreude zu entwickeln und an sich und dem Leben Lust und Freude zu gewinnen. Denn das ist es immer wieder, worauf es ankommt, sich nicht zu etwas zu zwingen, nicht immer nur kämpfen ums Überleben, sondern freudig dem Leben und seinen Anforderungen zu begegnen und wach, offen und frei zu sein für Neues und Unerwartetes, und zwar immer in dem Maße, wie es im Moment möglich ist.

Wenn es scheinbar einmal wieder nicht weitergeht und der ganze Mut und die Zuversicht den depressiven Menschen verlassen haben, dann geht es darum, nicht verkrampft und verbissen vorwärtszustürmen, sondern sich zurückzunehmen, sich zu besinnen, worauf es ankommt beim Ausstieg, und sich auf diese wenigen Sätze zu konzentrieren und sie wirken und sich setzen zu lassen:

Jetzt geht es um mich. Was immer ich tue, es ist meine Entscheidung und mein freier Wille. Ich muss gar nichts, ich will und darf. Ich habe das Recht und die Freiheit, mir die Erlaubnis geben, etwas zu tun oder zu lassen.

Zweifel überwinden

Den Weg allein zu gehen ist nicht einfach für den depressiven Menschen. Er macht ihn im Versteckten, muss die Leistung weiterhin erbringen und parallel dazu ein neues Verhaltensrepertoire aufbauen. Dazu kommt, dass er alles so machen muss, dass der Ausstiegsversuch von den andern nicht entdeckt wird. Das heißt, er fühlt sich gedrängt, noch mehr als bisher den andern etwas vorzumachen, noch mehr als bisher sicher und souverän aufzutreten und scheinbar über unermessliche Kraftreserven zu verfügen. Er wird das Theater, das ihm sonst schon zu schaffen macht und das er als demütigend erlebt, noch weiterspielen müssen. All das kostet Kraft, über die er eigentlich schon nicht mehr verfügt. Er läuft also noch mehr auf dem Zahnfleisch und kräftemäßig auf Pump. Das langsam abzubauen und zu sich, seinen Stimmungen und seinen Gefühlen zu stehen ist ein Prozess, der irgendwann einmal einsetzt und dem Depressiven Luft, Freiheit und Kraft gibt. Irgendwann einmal wird sich das Bedürfnis melden, mit dem Doppelleben aufzuhören und sich bewusst damit auseinanderzusetzen.

Was ebenfalls Kraft kostet, ist der Umstand, dass der depressive Mensch in nur kurzer Zeit große Schritte machen und eine große Veränderung herbeiführen will. Das zu wollen und sich andererseits zu sagen, dass es doch darum geht, erst einmal kleine Schritte zu machen und die noch langsam, ist wie ein Spagat, den er bewerkstelligen muss. Er muss die Diskrepanz aushalten zwischen dem, was er möchte oder auch glaubt, machen zu müssen, und dem, was er tatsächlich macht, was im Bereich seiner Möglichkeiten liegt. Die richtigen Schritte zu gehen heißt nicht mehr, sie möglichst schnell zu machen, sondern solche, die ihm entsprechen und die er im Moment zu machen auch in der Lage ist:

Gerade dann, wenn die Ungeduld groß ist, ich den scheinbar immer gleichen Zustand fast nicht mehr aushalte und ich das Gefühl habe, dass nichts geschieht, gerade dann will ich versuchen, mir zuzureden, dass die kleinen Schritte mich weiterbringen, dass es weitergeht, auch wenn ich nichts davon registriere. Ich will versuchen, daran zu glauben, dass nicht alles umsonst war, was ich bisher gemacht habe, dass nicht alles zusammenbricht, wenn etwas nicht geht und ich mich schlecht und unfähig fühle. Ich möchte mich vermehrt besinnen auf das, was so wichtig ist, ich aber laufend vergesse: Langsam ist schneller, sich zurücknehmen ist hilfreicher als etwas erzwingen wollen.

Mit dem Alleingang wird der depressive Mensch noch einsamer, noch mehr auf sich gestellt und gezwungen, mit allem allein fertig zu werden: Er muss sich motivieren, trösten, aufmuntern, antreiben, unterstützen und helfen. Er ist darauf angewiesen, dass er sich unterstützt und sich beisteht.

Ich will wirklich versuchen, mich zu unterstützen, zu trösten und aufzubauen. Ich weiß, dass ich das brauchen werde und nur ich es bin, der mir das geben kann. Falle ich aus, dann gerate ich in ein tiefes Loch. Aufmunternde und Mut machende Worte sind wie Leitern, die mich wieder befreien können.

Ich möchte mir zwischendurch auch sagen können: »Ruhe dich aus, es ist gewaltig, was du schaffst, du hast eine Pause verdient. Es ist großartig, wie du dranbleibst, du kannst dich ruhig wieder ein bisschen zurücknehmen, einen Gang tiefer schalten. Du verfehlst dein Ziel nicht und aus dem Rhythmus kommst du auch nicht. Nimm dir Zeit, du hast so viel Zeit, wie du willst.«

Der Alleingang kann das Gefühl verstärken, anders zu sein, es schwerer zu haben als die anderen, alles erkämpfen und sich alles verdienen zu müssen.

Man ist allein mit dem Wunsch, endlich auch anders leben zu können und nicht mehr so leiden zu müssen. Gleichzeitig muss man fertig werden mit dem Bedürfnis nach Ruhe, nicht mehr nur zu müssen, in Ruhe gelassen zu werden. Man ist allein mit den inneren Kämpfen, ob man weitermachen oder aufhören soll, und allein mit der Angst, dass die Kraft nicht reicht und alles kein Ende haben wird. Hin- und hergerissen und nicht zerrissen zu werden ist ein gewaltiges und Energie fressendes Stück Arbeit, das man immer und immer wieder zu leisten hat.

Bevor der depressive Mensch mit dem Ausstieg beginnt, ist es wichtig, dass er sich noch einmal ganz genau überlegt, weshalb er diesen Weg wählt, der auch mit dem Buch nicht einfach ist. Es ist wichtig für ihn, sich darüber klar zu werden, damit er zu einer Bestimmtheit kommt und sagen kann:

»Doch, ich probier es noch einmal. Es ist wichtig für mich, dass ich noch einmal diesen Weg wähle. Ich muss das noch einmal allein machen.«

Einige mögliche Fragen, die ihm vielleicht eine Antwort darauf geben können, weshalb der Alleingang noch für ihn stimmt – oder eben auch nicht:

Ist es immer noch der gewohnte Weg, den ich da gehe? Kann ich mir vorstellen, den Weg auch anders als allein zu gehen? Will ich mich nicht zeigen aus Angst vor möglichem Versagen, wenn zu viele von meinem Ausstieg wissen? Will ich mich nicht noch mehr unter Druck setzen? Könnte es auch sein, dass ich mir nicht wichtig genug vorkomme, oder scheue ich mögliche Fragen, die ein Therapeut stellen könnte? Schrecken mich die Kosten ab oder als verrückt dazustehen, wenn ich es nicht allein schaffe? Traue ich mir nicht zu, Gespräche mit einem Fremden zu führen? Schäme ich mich, Hilfe annehmen zu müssen? Habe ich Angst vor Abhängigkeit? Will ich eventuell sogar scheitern, damit die andern endlich merken, wie schlecht es mir geht?

Je nachdem, wie die Antworten ausfallen, wäre ein unverbindliches Gespräch mit der Hausärztin oder einem Therapeuten oder einem

Bekannten, der schon psychotherapeutische Hilfe angenommen hat, sinnvoll. Vielleicht sind es auch nur Überlegungen, die leicht zu korrigieren sind, sonst aber als unüberwindbare Hindernisse im Weg stehen würden. Auf jeden Fall ist es angezeigt, sich diese Gedanken zu machen, bevor der depressive Mensch seinen Alleingang startet. Den Weg gehen mit professioneller Hilfe ist kein Ausweichen vor Verantwortung, ist auch kein Zeichen von Schwäche oder von Unvermögen. Im Gegenteil, es drückt aus, dass er oder sie den Ausstieg ernst nimmt, dass er nicht mehr das Risiko des Scheiterns eingehen will und er es sich auch wert ist, dafür Zeit und vielleicht Geld aufzuwenden.

Es gibt aber auch noch weitere Fragen, die es wert sind, dass der depressive Mensch sie vor seinem Start in den Ausstieg stellt. Denn so erfasst er sich konkreter und ehrlicher und kann sich anders auf den Weg einstellen:

Bin ich im Moment belastbar genug, zusätzliche Enttäuschungen auf mich zu nehmen? Will ich den Weg wirklich allein gehen, ertrage ich noch mehr an Einsamkeit und Isolation? Bin ich bereit, Hilfe anzunehmen, wenn ich merke, dass es doch zu schwierig wird? Bin ich grundsätzlich bereit, aufzugeben, wenn es zu mühsam wird? Kann ich den Weg mit weniger Verbissenheit und Stress als früher angehen und mit der Haltung, es ist mir wichtig, es noch einmal zu probieren, ich bin es mir schuldig?

Diese Frage nimmt der depressive Mensch mit auf ihren oder seinen Weg. Denn der Weg beginnt ja immer mit den eingeschliffenen Mustern. Das ist das Schwierige am ganzen Unterfangen: Die Verhaltensweisen, die man verändern will, sind die, die einem gleichzeitig diese Veränderung erschweren. Das, was man sich zum Ziel setzt, ist gleichzeitig Weg und Bedingung zu seinem Erreichen. Ein paar dieser depressiven Überforderungsmuster sind: sich abwerten und fertigmachen bei den kleinsten Schwierigkeiten. Was immer man macht, man ist schuld, wenn etwas nicht so läuft. Man setzt die Latte gleich so hoch an, dass man scheitern muss. Man ist ungeduldig, hart, fordernd und streng im Umgang mit sich und der Bewertung seiner Leistungen. Versagen ist unverzeihlich, Fehler darf es auf keinen Fall geben und der Druck, dass ja alles rund laufen muss, ist riesig. Alles oder nichts, jetzt oder nie heißt die Devise, große Veränderungen müssen her, sonst ist alles nichts wert. Mit diesen Haltungen und Einstellungen begibt sich der depressive Mensch auf den Weg. Deshalb ist es so wichtig, dass er ganz von Beginn an versucht, seine Einstellungen und sein Denken zu verändern mit dem Ziel,

dass er lernt, verständnisvoll, geduldig und nachsichtig mit sich umzugehen,

dass er sich erlaubt, Schritt für Schritt zu machen und langsam voranzugehen,

dass er Rücksicht nimmt auf sich und nicht mit dem Kopf durch die Wand will, dass er sich bemüht, gelassen und geduldig zu werden, dass er sich Zeit gibt und Pausen gönnt und dass er sich eingesteht, dass er nichts muss, dass er das machen kann, was er will, dass es kein Programm gibt, das ihm befiehlt, was er zu machen hat, und dass es um ihn geht, dass er wichtig ist und nicht das Programm, das er sich auferlegt hat.

Wichtig ist deshalb, dass er sich immer wieder, wenn er sich ein Bein stellt, sich überfordert oder fertigmacht, auf die Leitplanken des Ausstieges besinnt und sich die Merksätze der Veränderung und der Lernprozesse wieder und wieder aufsagt:

Ich mache nur so viel, wie im Moment möglich ist, ich mir zutraue und wozu ich die nötige Kraft habe. Im Zweifelsfall lasse ich es sein und warte, bis ich mich wieder sicherer und stärker fühle. Ich verpasse nichts und nichts geht verloren.

Und immer wieder gilt:

»Jetzt geht es um mich.« Ich muss gar nichts. Ich darf das, was ich will und für was ich mich entschließe. Ich gehe achtsam und verant-

wortungsvoll mit mir um und begegne mir mit Wohlwollen und Verständnis. Ich bin wichtig und es geht um mein Leben.

Die Veränderungen im Lebensgefühl und in der Einstellung sich selbst gegenüber gehen nur sehr langsam vonstatten. Denken wir daran, dass beim depressiven Menschen die negativen oder als solche empfundenen Erfahrungen bleiben und sie es sind, die sein Bild von sich konstituieren und die Legitimation bilden für den strengen und unversöhnlichen Umgang mit sich. Positive Erfahrungen zählen nicht, bewirken nichts und haben keinen Einfluss auf die Einstellung zu sich. Positive Erfahrungen haben keine nachhaltigen Wirkungen und sind wie Schall und Rauch. Davon jetzt wegzukommen, und das ist das Ziel des Ausstieges, gelingt nicht von heute auf morgen, aber mit dem, was wir als Weg des Ausstieges postulieren, ist es möglich, sogar sehr gut möglich, nur braucht es seine Zeit. Und das ist etwas, was der depressive Mensch nur langsam lernen kann, geduldig zu werden mit sich, gelassen und zufrieden mit kleinen und langsamen Schritten, und einer der wichtigsten Schritte, die er lernen muss, lautet:

Ich will aufhören, mich immer unter Druck zu setzen, indem ich meine, alles müsse noch schneller, noch besser, noch perfekter und noch souveräner vonstattengehen. Ich will aufhören, zu meinen, alles allein machen und mit allem allein fertig werden zu müssen. Ich weiß, dass ich das, was ich mir vornehme, erreichen kann. Nur muss ich jetzt alles auf eine Art machen, die ich mir bisher verboten und über die ich mich geärgert habe: einen Gang zurückschalten, langsam und bedächtig vorangehen, immer wieder Pausen machen und sich befragen und die Ungeduld zähmen. Das ist so anders, als ich bisher gelebt habe, dass ich mich wirklich um Geduld, Nachsicht und Verständnis bemühen muss.

Wer sich aber wirklich einstellt auf die Probleme, die auf ihn zukommen, erlebt, dass er diese nicht nur als Bedrohung und Gefahr sehen muss, sondern auch als Herausforderung sehen kann. Wenn er sich nicht davon abhalten lässt, geht er gestärkt auf den Weg und nicht mehr nur mit der Angst vor Versagen. Und wenn er es schafft, sich positiv darauf einzustellen, gelingt es ihm, sich auch Folgendes zu sagen:

Ich bin gespannt, was auf mich zukommt. Überraschen kann mich so schnell nichts mehr. Ich will es auf jeden Fall probieren, denn das, was ich bis jetzt gelebt habe, will ich nicht mehr. Ich habe es satt, satt und noch einmal satt. Ich weiß und versuche nicht zu vergessen, dass die Schwierigkeiten nichts mit mir zu tun haben und dass es leichter geht, wenn es mir gelingt, weniger verbissen und krampfhaft an das zu gehen, was ich mir vorgenommen habe.

Ich will mir sagen: Was immer auch geschieht, die Welt bricht darüber nicht zusammen. Und ich bin, wenn es wieder nicht klappen sollte, nicht weniger wichtig, nicht weniger wert. Das will ich versuchen, mir immer wieder zu sagen, mein Leben und meine Zukunft und mein Selbstwert hängen nicht vom Gelingen oder Versagen ab.

Wer so an den Ausstieg herangeht, ist nicht oberflächlich, leichtsinnig oder nimmt das Ganze zu wenig ernst und unterschätzt die Schwierigkeiten. Es bedeutet auch nicht, dass man naiv ist, sondern nur, dass man nicht von vornherein alles schwarzmalt und es sich noch schwerer macht, als es sonst schon ist. Vielleicht wird es schwierig, das kann sehr wohl sein, aber man versucht es trotzdem. Er oder sie will sich nicht schon geschlagen geben, bevor alles begonnen hat. Was hat sie denn zu verlieren, kann es denn noch schlimmer werden? Wenn sie so an den Ausstieg herangeht, wenn es nicht gleich um Leben und Tod geht, dann ist es einfach ein weiterer Versuch, den sie oder er sich schuldig ist, mehr nicht. Ich weiß, für die meisten depressiven Menschen ist so eine Haltung sehr schwierig zu erreichen, aber wenigstens in diese Richtung zu denken wäre schon ein erster Schritt. Wichtig aber ist in jedem Fall, dass der depressive Mensch sich im Voraus ganz fest einprägt, dass sein Anspruch »alles oder nichts« falsch ist, er davon wegkommen muss, weil damit jedes Versagen eine Katastrophe und den Anfang vom Ende bedeutet. Mit diesem »Jetzt ist alles zusammengebrochen« kommt der Druck, wieder von vorne beginnen zu müssen, und kommen Gefühle der Resignation und Ermüdung.

Versagen gehört zum Weg dazu. Niederlagen sind auch nötig, weil der depressive Mensch aus ihnen lernen kann, dass es weitergeht, dass die Welt nicht untergeht und dass es an ihm liegt, versöhnlicher und verständnisvoller sein Verhalten zu beurteilen. Er kann so lernen, auch dann auf eine gute Art mit sich umzugehen, wenn etwas nicht gelingt, oder dass es gerade in solchen Situationen wichtig ist, nicht so hart mit sich ins Gericht zu gehen, sondern Aufmunterung und Zuwendung zu bekommen.

So, wie der depressive Mensch sich von Anfang an darauf einstellen muss, dass nicht immer alles rund laufen wird, dass er sich zwischendurch immer wieder vergessen und übergehen, überfordern und abwerten wird, so muss er sich darauf einstellen, dass es Phasen geben wird, während deren er gar nicht an sich arbeiten mag. Phasen ohne Lust und Interesse am Weiterkommen wird es also genauso geben wie solche, während deren er das Gefühl hat, dass alles umsonst war und nichts mehr geblieben ist vom Fortschritt, den er gemacht hat. Solche Phasen gehören zum Weg und es ist auch nicht alles verloren, selbst wenn es so scheinen mag. Wichtig ist, dass der depressive Mensch nicht einfach so in den Ausstieg hineinrutscht, so aus einer Laune heraus, sondern dass er sich den Ausstieg gut überlegt, ähnlich einem Raucher, der mit dem Rauchen aufhören will:

Je mehr Zeit ich mir nehme, je mehr ich mir den Weg durch den Kopf gehen lasse, je mehr Nächte ich noch darüber schlafe und je weniger ich mich auch selbst dränge und zwinge, umso gefestigter, überzeugter und eindeutiger gehe ich den Weg. Ich will versuchen, mir klar zu machen, dass es beim Ausstieg um Folgendes geht: 1. die Muster des Denkens und Handelns, die belasten, überfordern und ermüden, zu erkennen und zu vermeiden; 2. Verhaltensweisen, die mir entsprechen, für mich stimmen, mir zu erlauben und einzuüben, und 3. eine Haltung und einen Umgang mir anzueignen, die geprägt sind von Achtung, Wohlwollen und Verständnis.

Die Zeit, die der depressive Mensch sich vorher nimmt, um alles genau zu überlegen und sich darauf einzustellen, holt er später wieder ein. Das ist keine verlorene, sondern eine gewonnene Zeit, so absurd das klingen mag. Was ebenfalls im Voraus klar sein muss, wenn auch nur im Kopf, aber doch so, dass es hervorgeholt werden kann, wenn es sein muss, ist Folgendes:

Ich werde immer wieder in die alten Muster fallen, mich vergessen und übergehen. Das gehört dazu und hat nichts mit mir zu tun oder damit, dass ich nicht in der Lage bin, den Weg zu gehen. Ich nehme mir vor, falls ich überhaupt daran denken werde, diese Einbrüche und die Gefühle der Trauer und der Enttäuschung zu verstehen und anzunehmen. Ich gehe einen Weg des Lernens und der Veränderung. Das braucht Zeit und geht nicht gradlinig. Der Weg wird mich ermüden und ich will mir genügend Zeit und Raum zur Erholung geben. Ich werde nicht immer motiviert sein, ich werde mich unter Druck setzen, mich antreiben, mir zu wenig Zeit und Erholung geben. All das wird passieren. Ich werde daran zu denken versuchen, dass ich immer auch aufhören und unterbrechen kann und darf. Es liegt an mir, wie ich dann entscheide. Ich versuche, immer daran zu denken, dass es um mich geht und nicht darum, dass ich den Weg um jeden Preis gehe. Es geht auch nicht um die festsitzenden und tief liegenden Prinzipien, etwas Begonnenes auf jeden Fall zu beenden, darum, dass es keine Entschuldigung gibt, etwas nicht zu Ende zu führen, dass man alle Kräfte mobilisiert und weitergeht, auch wenn man nicht mehr will, nicht mehr kann und nicht mehr mag. Ich bin mir wichtig und nicht die Veränderungen. Es geht um mich, Punkt.

Das Gesagte ist deshalb sehr wichtig, weil der depressive Mensch dazu neigt, verbissen durchzuziehen, was er für richtig, notwendig, lernenswert und entscheidend für sein weiteres Leben hält. Das betrifft alle Themen des Ausstieges, sei es, dass er lernen will, vermehrt auf seine Gefühle zu hören, oder er sich vermehrt Erholung gönnen will. Er ist dann so darauf fixiert, dass er sich völlig vergisst, sich zwar spürt, aber zugunsten seines Vorsatzes schnell auf die Seite stellt. Er vergisst, worum es beim Ausstieg in erster Linie geht: sich ernst nehmen und sich erlauben zu sagen: »*Jetzt geht es um mich.*« Damit ist hier gemeint, sich nicht mehr weiter unter Druck zu setzen, sei es durch andere, durch die eigene Ungeduld oder die eigenen hohen Erwartungen an sich oder den Wunsch nach einem besseren Leben. Jedes Wollen kann zu einem Müssen werden, das im Auge zu behalten ist wichtig. Alles, was der depressive Mensch macht, muss Ausdruck des Sich-ernst-Nehmens sein, es muss Ausdruck der Sorge um sich sein, und was immer er macht, muss ihm entsprechen und auf ihn und seine momentanen Möglichkeiten abgestimmt sein.

Wenn der depressive Mensch etwas gut machen will, wenn er sich unbedingt an die Vorgaben halten will, weil er weiterkommen und dem Schlamassel entkommen will, dann läuft er, wenn er sich dessen nicht bewusst ist, Gefahr, dass alles wichtiger wird, als auf sich zu hören und sich ernst zu nehmen. Hört er sich sagen: »Ich meine, ich müsste, ich denke, ich muss, ich finde, ich muss, ich glaube zu müssen«, dann muss er ganz schnell innehalten und versuchen zu erfassen, wie er die Schritte des Ausstieges macht. Damit sich das Wollen und die besten Absichten nicht zum Bumerang entwickeln, nicht zu etwas, was mehr schadet als nützt, ist es wichtig, dass der depressive Mensch sich immer wieder rückfragt und sich vergewissert:

Stimmt das, was ich mache, immer noch für mich? Will ich das auch oder mache ich es nur, weil ich meine, es machen zu müssen, weil es wichtig und notwendig ist und mir einleuchtet? Entspricht das, was ich mache, mir immer noch oder halte ich nur daran fest, weil ich damit begonnen habe und mir nicht erlaube, abzubrechen, obwohl ich genau spüre, dass ich schon lange aufhören möchte, es schon lange nicht mehr stimmt?

Was der depressive Mensch sich auch schon zu Beginn und während der ganzen Dauer des Ausstieges sagen und vornehmen kann:

Ich will versuchen, daran festzuhalten und es mir auch immer wie-

der aufzuschreiben: Es geht um mich, für mich muss es stimmen. Es geht darum, dass ich mich ernst nehme, dass ich auf mich aufpasse und dass ich entscheide, was für mich in diesem Moment stimmt und passt. Das ist der Weg und nicht irgendetwas, was ich an meinem Verhalten verändern möchte. Und mit diesen Schritten verändert sich mein ganzes Leben. Und daran möchte ich immer denken in den Momenten der Verzweiflung und der Zweifel, wenn ich nicht mehr weitersehe, an nichts mehr glauben kann und nicht mehr verstehe, was ich da eigentlich mache. In diesen Augenblicken möchte ich mir genau das ganz fest sagen und ich hoffe, ich vergesse es nicht oder weiß, wo ich es nachlesen kann.

Der Weg geht über die kleinen Schritte. Über sie verändert sich Grundlegendes. Indem der depressive Mensch auf sich hört, seine Schritte seinen Möglichkeiten anpasst, nimmt er sich ernst, gibt sich eine Bedeutung und bekommt zunehmend mehr an Gewicht und Wert. Die einfachen und kleinen Schritte sind deshalb aktive und konkrete Umsetzungen einer neuen und grundlegend anderen Einstellung zu sich:

»Jetzt geht es um mich.« Jetzt geht es darum, dass ich mich ernst nehme und mich um mich kümmere. Alles, was ich mache, wenn ich es machen will und es mir guttut, ist gut und richtig und bringt mich näher zu mir. Jetzt bin ich wichtig und ich will dem Rechnung tragen.

Auf den eigenen Körper achten

Wenn der depressive Mensch seinen Ausstieg beginnt, muss er sich im Klaren sein, dass es ihm nicht gut geht, dass er geschwächt, erschöpft und müde, dass er gezeichnet und gestresst ist. Das sind an und für sich die denkbar schlechtesten Bedingungen, sodass er so einen Weg eigentlich gar nicht beginnen dürfte, wo es doch um so viel geht. Aber das ist am Anfang so, und gerade deshalb will er ja etwas verändern. Sich als schwach, dünnhäutig und energielos zu erleben legt nahe, dass er von Beginn an etwas ganz besonders im Auge behalten muss: seinen Körper und seine Energien. So ein Beginn verlangt erhöhte Aufmerksamkeit und Sorgfalt und ein besonders auf den Körper und die körperlichen Kräfte gerichtetes Bewusstsein:

Mein Körper braucht ganz viel Pflege und Aufmerksamkeit, sonst hält er das nicht durch. Ich möchte versuchen, ihn nicht zu vergessen und mit ihm nicht so umzugehen, als würde er über endlose Kraftreserven und eine Topkonstitution verfügen. Er ist angeschlagen und braucht deshalb besondere Fürsorge. Ich weiß, das wird schwierig werden, aber im Kopf habe ich es auf jeden Fall.

Ich muss und will wachsam und sensibel bezüglich all den Zeichen und Signalen, die er aussendet, sein. Ich will versuchen, achtsam auf seine Zeichen zu achten und diese auch ernst nehmen. Wenn ich mir das vornehme, will ich aber auch versuchen, Verständnis mit mir zu haben, wenn das nicht immer gelingt, wenn ich die Zeichen übersehe und den Körper ausbeute. Ich weiß schon, dass das nicht gut ist, aber ich kenne nichts anderes und deshalb werde ich häufig in die Falle der Missachtung tappen, was ich denn auch postwendend werde büßen müssen.

Auf den Körper achten, ihn als den zu betrachten, der mir überhaupt das Leben ermöglicht, auf den es ankommt bei allem, was ich tue und fühle, ohne den nichts geht, ist etwas vom Wichtigsten beim Ausstieg, und zwar wirklich von Beginn an. Dazu braucht es aber auch eine bewusste und radikale Änderung der eigenen Einstellung dem Körper gegenüber: »*Jetzt geht es um mich*« heißt immer auch »*Jetzt geht es um meinen Körper*«. Ein Bewusstsein für den Körper und dafür, dass auch er der Sorge bedarf, gab es bisher nicht. Auf seine Signale zu hören oder überhaupt ihn ernst zu nehmen, darauf ist der depressive Mensch nicht eingestellt. So erfährt er ihn auch nicht als jemanden, der ihm hilft und der ihm genau sagen kann, was möglich ist. Wenn sein Körper sich meldet und sagen will: »Stopp, jetzt ist es genug, ich mag nicht mehr«, betrachtet er ihn als Störenfried, als Spielverderber. Entweder hört und sieht er seine Signale nicht oder er geht nicht darauf ein, übergeht sie oder will sie gar nicht realisieren, weil er das, was sie ihm zu sagen haben oder sagen könnten, in diesem Moment gar nicht hören will. Sie könnten ihn vielleicht zu einer Entscheidung auffordern, die zu treffen er nicht bereit ist. Statt zu hören, dass sein Körper ihm vielleicht sagt: »Es ist zu viel, ich komme nicht mehr mit, hör auf oder mach langsamer«, antwortet er: »Lass mich in Ruhe, ich will das gar nicht hören, du störst.«

Zu sich kommen, sich finden heißt zuallererst in Beziehung zum eigenen Körper treten, ihn als jemanden sehen, der es gut meint mit einem, der verlässlich ist und einem hilft. Es ist falsch, wenn immer gesagt wird, dass ein Ausstieg oder eine Therapie erst dann möglich ist, wenn der depressive Mensch einigermaßen bei Kräften ist. Nein, im neuen, sorgfältigen und behutsamen Umgang mit dem Körper ist der wesentlichste Teil des Ausstieges enthalten.

Auf ihn hören und auf ihn eingehen sind entscheidende Schritte der Veränderung. Das Ernstnehmen des Körpers, und zwar schon von Beginn an, ist für den Alleingang entscheidend: Ein sorgfältiger und aufmerksamer Umgang mit dem Körper hilft, dass der depressive Mensch überhaupt den Weg gehen kann. Dass Lernprozesse zusätzlich zur Bewältigung des Alltags überhaupt möglich sind, geht nur, wenn der Körper mitmacht und der depressive Mensch darauf achtet, dass er sich nicht zu viel zumutet und überfordert. Nur im Einklang mit dem Körper ist der Ausstieg möglich und das heißt, dass zu Beginn nur ganz, ganz kleine Schritte möglich sind und ein Nein häufiger vorkommt als ein Ja, denn zu ausgelaugt ist der Körper und zu leer sind die Reserven an Energie.

Ebenso entscheidend für den Weg zu sich gehört, dass der depressive Mensch sich Folgendes vor dem Einstieg ganz fest vornimmt und sich darüber im Klaren ist:

Gerade weil ich die Kraft für den Weg nicht habe und ich ihn aber trotzdem gehen will, ist es wichtig, mir immer wieder zu sagen: »Mach kleine Schritte, nimm dir Zeit und geh vorsichtig vorwärts.« Anders geht es einfach nicht, aber das muss mir zuerst in den Kopf. Ich will versuchen, zu sehen und anzunehmen, dass es um kleine Schritte geht, und probieren, das auszuhalten, dass es eben nur kleine Schritte sind. Ich möchte versuchen, mir das Leben nicht unnötig schwer zu machen, indem ich mir ständig vorsage, was noch gehen muss, wie weit der Weg noch ist und wie wenig ich bis jetzt erreicht habe.

Ich will versuchen, im Gespräch zu bleiben mit mir, mich unterstützen, mir zureden und Mut machen. Das will ich vor allem beherzigen, dass ich mir gut zusprechen muss, wenn es mir nicht gut geht, denn dann brauche ich meine Unterstützung und Hilfe. Ich will auf mich schauen und daran denken, dass es mir nicht gut geht, ich wenig an Enttäuschungen vertrage, und deshalb will ich möglichst keine Risiken eingehen und mich immer wieder fragen: »Will ich das, kann ich das leisten, liegt das noch drin, mute ich mir da nicht zu viel zu?« Ich will mir auch immer wieder sagen: Weniger ist mehr, du musst dir und den andern nichts beweisen. Was immer du machst: Wenn es dir guttut, dann ist es auch gut.

Beim Ausstieg geht es ganz zentral um den depressiven Menschen selbst, dass er sich ernst nimmt, und zwar um seinetwillen und nicht als Mittel zum Zweck, um seinen Aufgaben und Pflichten noch besser nachkommen zu können. Es geht um ihn und nicht um all die Schritte, die er macht. Er ist der Mittelpunkt. Dass er seine Pflichten erfüllen und seinen Aufgaben nachgehen kann, ist für ihn sowieso sehr wichtig. Aber an erster Stelle kommt immer er selbst, dass es ihm gut geht und dass es für ihn stimmt. Um diese Feinheiten geht es. Er kann sich dabei auf sich verlassen, dass er sehr wohl spürt, weshalb er was macht.

Abschließend noch einige Bemerkungen zu einem Thema, das der depressive Mensch sicher nicht bedenkt, weil es in seinem Denken einfach nicht vorkommt. Natürlich wollen auch die anderen Menschen, dass es ihm gut geht, oder gönnen ihm das von Herzen, nur hat das Ganze auch einen Haken: Wenn der depressive Mensch sich ernst nimmt, für sich sorgt, dann verändert er sich selbst hin zum Positiven, für andere aber vielleicht nicht so sehr. Denn er wird ja auch weniger angepasst, sagt mehr, was er will, und auch, was er nicht will, beziehungsweise, was ihm passt. Er ist dadurch weniger pflegeleicht und auch weniger beeinflussbar. Man kann ihm auch weniger ein schlechtes Gewissen anhängen und ihn auch weniger verunsichern. Er meldet seine Bedürfnisse an, fordert sie auch ein, macht nicht mehr alles für die andern, er verwöhnt weniger. Die andern verlieren ein wenig an Bequemlichkeit und Leichtigkeit in ihrem Leben. Sie müssen mehr tun, sind auch mehr gefordert und werden vielleicht auch einmal kritisiert. Darauf verzichtet man nicht so gerne. Für den depressiven Menschen heißt das, dass sie oder er mehr aneckt, sich mehr Kritik einholt und auch einfach nicht mehr so beliebt ist, nicht mehr nur ein »Lieber«. Sie oder er bekommt zu hören, dass es vorher angenehmer war und dass sie oder er vor allem hilfsbereiter war, dass man kaum je ein Nein hörte. Der depressive Mensch kann sich aber auch sagen:

Ja, ich werde weniger pflegeleicht sein, werde mich weniger zurücknehmen und mehr für mich einfordern. Ich werde auch sagen, wenn mir etwas nicht passt, und ich werde mich für meine Rechte einsetzen. Das wird nicht immer angenehm sein. Ich bin aber sicher, dass ich im Gesamten gefestigter, selbstbewusster, unabhängiger und sicherer sein werde. Und das alles besser ertragen werde. Ich will ja nicht mehr derselbe sein, ich will bewusst anders leben als früher, anders gesehen und respektiert werden und ich will auch, dass die andern mit mir anders umgehen. Ich will, dass man mit mir rechnet.

4
»Jetzt geht es um mich«

Das neue Lebensmotto beherzigen. Nicht nur für die anderen da sein

Das Denken, dass er als der, der er ist, wichtig und bedeutsam ist, dass es in seinem Leben nicht nur um die andern geht, sondern genauso um ihn, muss im Laufe des Ausstieges immer mehr Teil seines Bewusstseins werden. Dass es jetzt darum geht, sich ganz bewusst, klar und eindeutig ins Zentrum zu stellen, muss der depressive Mensch immer mehr verinnerlichen und in sich verankern. »Es geht um mich«, das ist der Dreh- und Angelpunkt des Ausstieges und des zukünftigen Lebens. Um ihn dreht sich alles, bei seinen neuen Einstellungen ebenso wie bei seinen neuen Verhaltensweisen. Für den depressiven Menschen heißt das zum Beispiel:

Nimm dich ernst. Erlaube dir, wichtig zu sein, und sorge dich um dich. Es gibt nichts, was du machen musst. Du bist derjenige, der entscheidet. Mach, was du gerne machst, was du dir zutraust und was dich freut. Das ist deine Aufgabe, das ist dein Weg und deine Verantwortung für dein weiteres Leben.

Es heißt auch: *Ich bin Thema und ich will Gegenstand meines Denkens sein. Ich nehme mich wichtig, weil ich mir am nächsten stehen will. Ich sorge für mich, nehme Rücksicht auf mich und bin ver-*

ständnisvoll im Umgang mit mir. Ich muss nichts Bestimmtes. Alles, was ich mache, wenn ich es machen will und es mir guttut, ist gut und richtig. Ich mache nur so viel, wie im Moment möglich ist, ich mir zutraue und wozu ich die nötige Kraft habe. Darum geht es auf dem Weg, dass ich mich nie mehr aus den Augen verliere und mich in meine Gedanken und Handlungen einbeziehe.

So, wie er sich immer um die andern gekümmert hat, nur auf diese ausgerichtet und, fast möchte ich sagen, abgerichtet war, ist es jetzt an der Zeit, sich um sich zu kümmern und selbst Ziel seiner Aufmerksamkeit und Fürsorge zu werden. Und das ist nur möglich, wenn der depressive Mensch beginnt, sich überzeugen zu lassen, dass der Weg zum Ausstieg nur über ihn führt und dass es darum geht, sich für sich einzusetzen, sich für sich zu wehren, für sich zu sorgen und das eigene Wohlbefinden im Auge zu haben. Das geht andererseits nur, wenn er für sich Formulierungen hat, bei denen er innerlich spürt, dass sie stimmig sind und übereinstimmen mit dem, was für ihn wichtig ist. Sie sind anfänglich so fremd, so ungewohnt und so schwierig, dass sie immer wieder verschwinden, er gar nicht realisiert, wie er diese Gedanken und damit auch sich oder mit sich auch diese Gedanken verliert und immer Gefahr läuft, sie von neuem zu verlieren. Sie entgleiten ihm immer wieder, sie entschwinden ihm zwischen den Fingern, so fein, zart und fast nicht fassbar sind sie zu Beginn. Es sind Gedanken, die er pflegen muss und sich merken, wie zart diese Pflänzchen am Anfang noch sind und dass sie nur wachsen, wenn er ihnen die nötige Aufmerksamkeit schenkt und Pflege angedeihen lässt. Deshalb ist es so wichtig, diesen Vorsatz am Leben zu erhalten, ihn wie einen Schatz zu schützen, weil er immer verloren zu gehen droht. »*Jetzt geht es um mich*« bedarf der ganz persönlichen Formulierung. Sie muss maßgeschneidert sein, damit sie auf fruchtbaren Boden fällt und sich entfalten kann. Die eigene persönliche Formulierung muss sich gut anfühlen, sie darf nicht aufstoßen, nicht kratzen und es darf sich nichts dagegen wehren. Mögliche andere Formulierungen könnten sein:

Es darf um mich gehen. Ich will, dass es um mich geht. Ich bin es mir wert, dass es um mich geht. Ich erlaube mir, dass es um mich geht. Jetzt bin ich dran. Jetzt bin ich Thema. Ich erlaube mir, mich zum Thema zu machen. Jetzt will ich Thema und Inhalt meines Lebens sein. Ich will Ziel und Fokus meiner Aufmerksamkeit werden. Ich will auf mich zählen und auf mich bauen.

Das ist nur eine Auswahl möglicher Formulierungen. Jeder soll seine eigenen finden, die sich sehr wohl im Laufe des Prozesses verändern können. »*Es geht um mich*«, was heißt das, wie sieht das konkret aus, wenn man konkrete Schritte ableiten möchte aus diesem neuen Lebensmotto? Hier eine kurze Aufzählung möglicher Bedeutungen:

Ich muss gar nichts. Ich kann und darf, wenn ich will und wenn es mir entspricht. Es ist meine Entscheidung und mein freier Wille. Ich wähle den Weg des Ausstieges und ich entscheide über die Schritte, die ich mache. Ich bestimme über meinen Ausstieg, indem ich von dem ausgehe, was ich spüre und was ich will. Jetzt will und darf ich mich wichtig nehmen und auf mich sehen. Ich will achtsam und verlässlich sein mit mir und mir all das erlauben, was mich stärkt, bestätigt und mich näher zu mir bringt. Ich will aufhören, Dinge zu tun, die mir schaden. Ich will mich nicht mehr auffressen lassen von meiner Arbeit, auch wenn sie mir noch so gut gefällt und mich erfüllt.

Ich will mir bewusst sein, dass es mein Leben ist, das ich lebe, dass es mein einziges ist, das ich gestalten kann und für das ich die Verantwortung übernehmen muss. Ich will, dass der Satz »Jetzt geht es um mich«, in mich eindringt, alles, was ich tue, durchdringt und als neues Lebensgefühl und Selbstbewusstsein meinen Alltag prägt. Ich will nicht mehr nur funktionieren und froh sein, wenn ich über die Runden komme. Ich will mein Leben genießen und Freude daran haben können und stolz auf mich sein dürfen. Ich bin nicht mehr zufrieden, wenn auch noch etwas für mich vom Tisch abfällt, etwas übrig bleibt von dem, was die andern essen, ich bin nicht mehr nur zufrieden, wenn es den andern gut geht. Ich mag das denen von Herzen gönnen, aber ich will auch, dass es mir gut geht, dass ich zufrieden bin.

Je ernster ich mich nehme, umso mehr bin ich bei mir. Je mehr ich bei mir bin, umso mehr merke ich, wenn ich mich vergesse und die Probleme anderer zu lösen versuche. Je mehr ich auf meinen Körper höre, umso eher spüre ich den Sog, den Probleme anderer in mir auslösen. Je mehr ich bei mir bin, mich ganz konkret spüre, umso besser kann ich mich von den andern abgrenzen. Je mehr ich mich auf mich konzentriere, mich bewusst ins Zentrum meiner Aufmerksamkeit setze, desto entschiedener wird mein Handeln und umso eindeutiger kann ich mich vom Zwang zum Handeln lösen und entscheiden, ob ich helfen will oder nicht. Ich will, dass meinem Handeln und Problemlösen für die andern eine klare Entscheidung vorausgeht. Die andern Menschen sind mir ein Anliegen, aber ich will entscheiden, ob und wie ich mich für sie einsetze. Ich will auch nicht sofort Verantwortung übernehmen und mich für ein Gespräch oder eine Stimmung verantwortlich fühlen, wie ich es bis jetzt gemacht habe.

Wenn ich etwas mache, möchte ich mir erlauben, auch einmal den leichteren Weg zu gehen, Hilfe anzunehmen oder sogar jemanden um Hilfe oder Unterstützung zu bitten. Ich möchte nicht mehr alles mit mir allein ausmachen. Ich möchte zufrieden mit mir sein können, ja sogar stolz auf mich, und nicht nur froh sein, wenn etwas vorbei oder eine Arbeit beendet ist. Ich möchte mir auch einmal Zeit nehmen für mich, etwas für mich tun oder das Nichtstun genießen. Es liegt an mir, zu spüren und zu überlegen, was für mich »Jetzt geht es um mich« sonst noch oder in erster Linie heißt. Ich will das für mich mit Leben füllen und im Alltag konkret umsetzen. Ich will mir Zeit geben, um für mich deutlich zu spüren, wo ich nicht nach diesem Grundsatz lebe und wo ich besonders danach leben möchte. Und ich will mir vornehmen, nicht zu viel auf einmal lernen und verändern zu wollen, sosehr es mich reizt und drängt. Vor allem aber will ich mir erlauben, so zu denken und mein Verhalten danach auszurichten.

Die neue Einstellung, *»Jetzt geht es um mich«*, ist für den depressiven Menschen in den Anfängen schwierig umzusetzen, sosehr es auch einleuchtet. Er steckt in seinem Denken noch fest im »Entweder-oder« drin, also »entweder für mich« oder »für den anderen«. Dass beides zu vereinbaren geht, an diesen Gedanken muss er sich erst langsam herantasten: Etwas für sich zu wollen bedeutet nicht zwangsläufig auf Kosten des andern. Auflösen kann der depressive Mensch diesen scheinbaren Widerspruch, indem er Umsetzungen des *»Jetzt geht es um mich«* sucht, die in keiner Weise andere tangieren, die nur ihn betreffen und doch das neue Denken zunehmend verinnerlichen. Solche Formen zu suchen kommt gleichzeitig dem Anspruch entgegen, an sich zu denken, sich nicht zu überfordern und nur so viel zu tun, wie möglich und machbar ist. Denn darum geht es immer und immer wieder, langsam vorangehen, ein Schritt nach dem andern tun und immer nur so viel machen, wie möglich und machbar ist. Er muss erfahren, dass es beim *»Jetzt geht es um mich«* wirklich um ihn geht und nicht gegen die andern, dass es zuallererst darum geht, zu versuchen, in seinem Denken vermehrt oder überhaupt vorzukommen, sich in seinem Leben mehr Platz zu geben. Und er kommt in seinem Bemühen weiter, wenn er Möglichkeiten des Übens findet, wo er gar nicht ins »entweder ich oder die andern« hineinkommen kann. Wenn er so seinen Weg beginnt, bauen sich langsam auch ein Vertrauen und eine Sicherheit auf, dass er sich auf sich verlassen kann und es tatsächlich nicht gegen den andern gerichtet ist. Er spürt immer deutlicher, dass er entscheiden kann, wann und wie viel er an Berührungen mit andern verträgt und aushalten kann. Hört er nicht darauf und übergeht er sich, dann kostet es ihn unendlich viel Kraft, das auszuhalten. Im Laufe des Weges kann er vielleicht verkraften, jemanden eine gewisse Zeit warten zu lassen, nicht aber die gleiche Person zu kritisieren. Der depressive Mensch spürt, was möglich ist, wie viel an Spannung er erträgt, verkraften und sich erlauben kann. Das Spüren, Ernstnehmen und Umsetzen sind die wesentlichen Aspekte des Fortschrittes, wie wir schon viele Male gesehen haben. Und dieses Spüren betrifft auch den Umstand, dass für ihn ein inneres Gleichgewicht bestehen muss. Die Balance zwischen »an sich zu denken« und dabei die andern nicht zu vernachlässigen und den Anforderungen der Arbeit zu entsprechen, muss stimmen. Das ist keine einfache mathematische Gleichung, sondern immer ein gespürtes »Jetzt stimmt es, so kann ich es mir erlauben, so ist es gut, jetzt bin ich ruhig.«

»*Jetzt geht es um mich*« ist das A und O jeden Ausstieges. Je mehr es einleuchtet, je mehr der depressive Mensch sich in seinem Verhalten daran zu orientieren versucht, umso eher gelingt es ihm, daran festzuhalten, und umso resistenter wird er gegen aufkommende Zweifel sein. Je mehr der depressive Mensch das neue Lebensmotto als Grundsatz seines Denkens und Handelns verinnerlicht, je klarer er es als wesentliches Kriterium jeder Veränderung erfährt, umso mehr sieht er Umsetzungen im alltäglichen Leben, sieht er weitere Lernthemen.

Ich will mir das gleiche Gewicht geben, die gleiche Bedeutung wie den andern. Ich will nicht mehr, dass ich die andern immer an die erste Stelle setze, ihnen immer zuerst die Stimme gebe und mein Ohr leihe. Ich will ihrem Wort keine größere Bedeutung geben als meinem, dem, was sie sagen, nicht mehr vertrauen als mir. Nicht, was die andern denken oder denken könnten ist wichtig, sondern was ich denke und was ich will soll für mein Leben bestimmend werden. Ich will mich nicht mehr weiter übergehen, mich immer auf die Seite stellen und mich mit Nichtbeachtung und Respektlosigkeit strafen. Ich will in Zukunft zu mir schauen und mich nicht vergessen. Ich bin für mich verantwortlich und will versuchen, dieser Verantwortung gerecht zu werden. Wie viel ich den andern helfe, liegt an mir. Ich entscheide. Und wenn ich helfe, dann helfe ich, wann ich will, und in dem Umfang, wie es für mich stimmt und es sich nicht gegen mich richtet. Ich will auch so helfen, dass ich mich dabei einbeziehe und merke, wenn es für mich zu viel wird. Ich nehme mir vor, jederzeit abzubrechen, wenn ich merke, dass es genügt, ich nicht mehr kann, keine Kraft mehr habe. Ich will das Vertrauen in mich gewinnen und das gelingt mir, wenn ich auf mich aufpasse, denn ganz tief in mir weiß ich, dass ich sehr viel erreichen und schaffen kann, wenn ich es will.

Ich will klar Nein sagen können, wenn etwas nicht mehr stimmt. Ich will mir vornehmen, mich eindeutig und bestimmt zu äußern, wenn ich spüre, dass etwas nicht mehr gut ist, falsch läuft für mich und ich Erwartungen spüre, die ich nicht erfüllen will oder die ich als eine Zumutung empfinde: Ich mag nicht, ich will nicht, es ist mir zu viel, ich kann nicht mehr, Nein, nein, nein, Schluss, fertig. Ich will auch dazu stehen, wenn mir etwas stinkt. Ich bin nicht mehr bereit, alles so zu drehen, dass es wieder aufgeht.

Auf dem Weg zu sich geht es darum, der Sehnsucht, dem Wunsch nach Leben eine Stimme zu geben, Sätze zu sagen und zu hören, die zunächst noch fremd und bedrohlich klingen und die man lieber auf die Seite schieben möchte. Aber nur durch ihre ständige Gegenwart werden diese Sätze zu gefühlten Bedeutungen, zu Sprache gewordenen Wünschen und Anliegen und erst so werden sie ein Teil des depressiven Menschen und mit der Zeit automatisch zur Maxime seines Lebens. Ich glaube an die Macht der Worte, wenn sie getragen sind vom Leiden des vergangenen Lebens und der tief empfundenen Sehnsucht nach Freiheit und Autonomie.

Ich will aufhören, mich immer verpflichtet zu fühlen, nur Erwartungen und Forderungen der andern zu erfüllen und dafür zu sorgen, dass es ihnen gut geht, sie zufrieden sind und nicht traurig oder enttäuscht sein müssen. Ich will mich nicht mehr nur für das Wohl der andern verantwortlich fühlen oder fühlen müssen, sondern beginnen, die Verantwortung an die andern abzugeben und für mich selbst die Verantwortung zu übernehmen. Ich möchte warten können, bis die andern sagen, was sie wollen, und dann entscheiden. Ich kann dann immer noch Ja oder Nein sagen, je nachdem, wie es für mich stimmt.

Dass das neue Lebensmotto immer fester, konkreter, präsenter und bestimmender wird, ist ein Prozess, in dem zunehmend neue Inhalte und Einstellungen gelernt werden. Je mehr der depressive Mensch das neue Lebensmotto in sein Tun integriert und seinen Alltag von ihm bestimmen lässt, umso trittfester und überzeugter bewegt sie oder er sich im Rahmen des Ausstieges aus der Depression, den wir so umschrieben haben:

1. Die Muster des Denkens und Handelns, die belasten, überfordern und ermüden, erkennen und vermeiden.
2. Verhaltensweisen, die einem entsprechen, die für einen stimmen, sich erlauben und einüben.
3. Eine Haltung und einen Umgang mit sich pflegen und sich aneignen, die geprägt sind von Achtung, Wohlwollen und Verständnis.

Wenn wir noch besser erfassen, was es heißt »*Jetzt geht es um mich*«, können wir auch noch besser verstehen, was für konkrete Schritte sich für den depressiven Menschen daraus ableiten lassen. Er muss nicht nur Schritte machen, die diese Haltung konkret umsetzen, sondern dabei auch das Gefühl haben, dass etwas ganz konkret mit ihm geschieht. Er oder sie muss erfahren, wie sich das anfühlt, sich ernst genommen zu fühlen von sich selbst, sich selbst wichtig zu sein. Zu Beginn kann der depressive Mensch schon spüren, wenn er sich anders verhält, wenn er sich untreu wird und er sich wieder von sich entfernt, die andern wichtiger werden und er gar nicht mehr wahrnimmt, wie lieb – und respektlos er mit sich umgeht. Wenn der depressive Mensch ernst macht mit dem »*Jetzt geht es um mich*« und wirklich sich selbst meint, das für sich macht und nicht bloß deswegen, damit er schneller wieder funktioniert und er die Arbeit effizienter erledigen kann, dann nimmt er auch deutlicher wahr, wenn er von dieser Leitlinie abweicht. Und darum geht es zu Beginn: sich zu sensibilisieren, sich auf sich auszurichten, zu merken, wenn es nicht um ihn geht, er sich wieder vernachlässigt und übergeht. Das Umsetzen ist ein nächster Schritt.

»*Jetzt geht es um mich*« erlebt der depressive Mensch nicht zuletzt als Wunsch, von den andern gesehen und respektiert zu werden. Je mehr er bei sich ist, je ernster er es mit sich meint, umso größer sind auch die Erwartung und Forderung, von den andern geschätzt zu werden als der, der er ist, und nicht als derjenige, der allzeit bereit und immer nur lieb und angenehm ist. Er will, dass er als Person erkannt und ernst genommen wird. Er ist nicht mehr gleichermaßen darauf angewiesen, dass die andern ihn oder sein Handeln gutheißen und grünes Licht geben. Er selbst ist und will die Instanz sein, die sein eigenes Handeln und Denken billigt oder missbilligt. So ist es zwar schön, von den andern verstanden zu werden, aber es genügt nicht. Er hat den Anspruch, respektiert zu werden, ob sie ihn nun verstehen oder nicht. Er braucht nicht mehr das aus- oder unausgesprochene Einverständnis, bevor er etwas unternimmt. Das macht ihn unabhängiger von den Bewertungen der andern und gleichzeitig auch anspruchsvoller für die andern, fordernder auch, nicht mehr nur bescheiden und genügsam. So sind auch die andern zunehmend gefordert, weil der depressive Mensch ein Gespür entwickelt, ob sie ihn als Person respektieren oder nur von seinen Argumenten überzeugt sind.

Ich möchte, dass es um mich geht, ich möchte, dass die andern mich meinen und mich gleichwohl respektieren, wenn sie von einer Handlung oder Äußerung überrascht sind oder nicht gleicher Meinung sind. Ich bin mir Maßstab und nicht mehr die andern. Um mich geht es und nicht darum, dass die andern einverstanden sind mit mir. Es geht um mich und das ist entscheidend. Ich will nicht mehr denken, »wenn die wüssten, wer ich bin«, nein, ich möchte, dass sie wissen, wer ich bin, weil ich stolz sein will auf mich und möchte, dass ich von den andern gesehen werde. Ich will keine Angst mehr haben, ertappt zu werden. Ich will mich nicht mehr schämen müssen, weil ich mich nicht mehr verstecken und kein Doppelspiel mehr spielen will.

»Jetzt geht es um mich« hat in den verschiedensten Situationen und auf den verschiedenen Etappen des Ausstieges verschiedene Nuancen. Es kann einmal heißen:

Jetzt will ich nur an mich denken. Jetzt interessieren mich die andern nicht. Ich weiß, das ist egoistisch, aber es soll nicht zum Schaden der andern, sondern zum eigenen Nutzen geschehen, weil ich noch nicht so standfest bin und schnell meine Position verliere. Deshalb will ich jetzt und vorübergehend nur mich im Auge haben, mich ganz bewusst und ausschließlich nur mit mir beschäftigen, mich auf das konzentrieren, was sich bei mir abspielt, was in mir abgeht und wie sich das für mich anfühlt, wenn ich mich ausschließlich um mich kümmere. Es kann aber auch heißen: Jetzt schaue ich auf mich und nicht auf die andern. Wenn ich vermehrt an mich denke, hilft das meinem Job, dann bin ich besser bei Kräften. Ich tue es nicht für mich, sondern nur, damit ich mich wieder mehr den andern widmen kann.

Diese Einstellung findet sich meist zu Beginn des Ausstieges. Der depressive Mensch erlaubt es sich noch nicht, sich wirklich auf sich zu konzentrieren, ohne bestimmtes Ziel oder Absicht, einfach nur, weil er es sich wert ist.

Ich habe das Recht, meine Schritte frei zu wählen. Und diese Schritte will ich mit mir absprechen, dahinterstehen und voll und ganz bejahen können. So will ich meinen Weg gehen, vorsichtig und umsichtig, voller Verantwortung mir gegenüber, aber auch mit Verständnis und Nachsicht.

»*Jetzt geht es um mich*« gibt dem depressiven Menschen die Freiheit und Würde zurück, den Stolz, er selbst sein zu dürfen, und die Selbstachtung, frei, selbstbestimmt, unabhängig und eigenverantwortlich zu leben. Es hat ganz viel mit Menschwerden und Menschsein zu tun.

Ich trage für mich und das, was ich mache oder unterlasse, die Verantwortung. Und es ist mir sehr wichtig, dass ich diese Verantwortung spüre und tragen will. Das war bis jetzt nicht der Fall. Ich fühlte mich als Opfer der Umstände und des Lebens und es wäre mir nie in den Sinn gekommen, für dieses nicht selbst gewählte Leben die Verantwortung übernehmen zu wollen. Das ist jetzt anders. Ich will meine Verantwortung tragen und ich bin stolz darauf. Ich traue mir zu, die Verantwortung für mein Leben zu übernehmen, weil ich jetzt überzeugt bin, auf dem Weg zu sein, alles dafür zu tun, was nötig ist, um ich selbst sein zu können, und weil ich auch spüre, die Kraft und die Überzeugung zu besitzen, die ich für diese Aufgabe brauche.

Ich spüre jetzt sehr genau, was es für mich bedeutet: »Jetzt geht es um mich« und »Ich will mich ernst nehmen«. Das heißt zum Beispiel, dass ich mir das Recht und die Erlaubnis gebe, mich mit mir zu beschäftigen, ich immer wieder innehalte und mir Zeit für mich und mein Entscheiden und Handeln nehme. Es heißt weiter, dass ich mich befrage, in mich hineinhorche, bei meinen Gefühlen bleibe, diese ernst nehme und ich meine physischen und psychischen Möglichkeiten und Grenzen respektiere und in mein Handeln einbeziehe.

Was damit angesprochen ist, ist sehr zentral im Alltag des depressiven Menschen angesiedelt. Er lässt sich laufend vom Sog, den Erwartungen an ihn bewirken, überrumpeln und merkt nicht, dass er sich so dauernd im Stich lässt, sich zurücknimmt oder sogar aufgibt. Für seinen Weg ist es aber von großer Bedeutung, dass es um ihn geht und er in seine Entscheidungen und in sein Handeln einbezogen ist. So banal, wie das klingt, ist es aber bei Weitem nicht. Und es konkretisiert sich im neu zu lernenden Grundsatz, der sein ganzes zukünftiges Handeln prägt:

Ich mache so viel, wie ich mir zutraue. Ich will spüren und erfassen, was im Moment möglich ist, was für mich drinliegt. Ich will mir gerecht werden und nicht etwas tun, was mich schwächt oder mir schadet. Ich entscheide und ich trage auch die Verantwortung. Ich will auch nicht mehr erst im Nachhinein realisieren, dass ich mich übergangen und vergessen habe, dass ich erneut zum eigenen Nachteil gehandelt habe.

Wenn es um den depressiven Menschen geht, darf es keine Entscheidung und nichts mehr geben, bei dem er nicht einbezogen ist. Wichtig ist deshalb für ihn, zu lernen, nicht zu schnell zu reagieren, nicht so schnell in eine Handlung hineinzuspringen, zu schnell in etwas einzuwilligen. Er oder sie muss lernen sich anzugewöhnen, *bei Entscheidungen* nicht gleich Ja zu sagen, sondern zuerst einmal Zeit zu gewinnen, dem Druck des Entscheidenmüssens sich zu widersetzen und sich nicht selbst unter Druck zu setzen.

Es geht um eine Entscheidung und damit auch um mich und dafür will ich mir Zeit nehmen. Ich habe zu oft die Erfahrung gemacht, dass ich meinen sofortigen Entscheidungen nicht trauen kann, weil ich mich nie einbezogen habe und mich nicht traute, Nein zu sagen, oder das Ja schon draußen war, bevor ich überlegen konnte. Das will ich nicht mehr. Deshalb gebe ich mir Zeit und lasse eine Entscheidung noch offen mit Formulierungen wie: »Ich muss es mir noch überlegen. Ich muss noch im Kalender nachschauen. Ich bin mir im Moment nicht sicher, ob es geht, ich noch Zeit habe oder nicht schon etwas anderes abgemacht habe. Ich bin im Moment nicht frei, zu entscheiden. Für diese Entscheidung oder Zusage will ich mir Zeit nehmen. Sie ist mir zu wichtig, als dass ich sie so schnell (am Telefon) fällen will.«

Es geht für den depressiven Menschen darum, sich zu erlauben, erst einmal zu überlegen, und sich nicht in eine Situation zu manövrieren, wo ihm die gefällte Entscheidung im Nachhinein wehtut, er sie bereut oder sie am liebsten rückgängig machen möchte. Es geht auch darum, sich zu erlauben, den andern warten zu lassen, auf sich hören zu wollen und nicht auf den andern zu schauen, dass der vielleicht gleich eine Antwort haben möchte, jetzt warten muss oder das Zögern als gegen sich gerichtet interpretiert. *»Jetzt geht es um mich«* bedeutet aber auch, dass er nicht alles aufs Spiel setzen will und darf, was er an guten und tragfähigen Beziehungen aufgebaut und an guten Erfahrungen gesammelt hat.

Es geht für den depressiven Menschen auch darum, sich *bei Handlungen* erst einmal zu bremsen und nicht gleich zu reagieren; sich vorzunehmen, nicht gleich in etwas einzusteigen, sondern sich auch hier Zeit zu nehmen und sich Fragen zu stellen:

Will ich das, geht das neben allem andern, ist es nicht zu viel, habe ich die Kraft und die Zeit und gibt es auch etwas, was ich davon habe, profitiere auch ich davon? Was meine ich dazu?

Mit der Erlaubnis, nicht gleich zu handeln, sondern sich rückzubesinnen, gibt sich der depressive Mensch die Erlaubnis und das Recht, zu entscheiden, Ja oder Nein zu sagen, und wenn Ja, dann unter seinen Bedingungen. Bei einem Nein kann er sich noch überlegen, wie er das Nein formulieren und wie er damit seinem Bedürfnis, den andern nicht zu enttäuschen, gerecht werden kann. Wichtig ist für den depressiven Menschen, den Sog des Handelns, automatisch dem andern entgegenkommen zu wollen, zu bremsen und Zeit und Raum zu schaffen zum Überlegen, um in Ruhe zu entscheiden. Das kann gelingen mit den Fragen:

Was finde und meine ich? Ich bin frei, zu entscheiden, was ist es also genau, was ich will? Fühle ich mich gezwungen oder verpflichtet oder mache ich es, weil ich will? Warum mache ich das? Mache ich es für mich oder für die andern? Muss ich das machen, dann ist es meine Pflicht und Schuldigkeit, das auch zu tun. Fühle ich mich verpflichtet oder schuldig, etwas zu tun? Will ich so handeln, muss ich so handeln oder meine ich nur, dass ich so handeln muss?

Entscheiden dürfen, sich erlauben, zu entscheiden, und nicht einfach unüberlegt handeln müssen öffnet neue Welten und macht das Leben reicher. Nicht mehr automatisch und ungefragt handeln müssen, nicht mehr nur auf den vorgegebenen, immer gleichen Handlungsschienen sich bewegen stärkt das Selbstbewusstsein und gibt ein gutes Lebensgefühl. Und deshalb gilt: Wie immer der depressive Mensch entscheidet, es ist in jedem Fall besser, dass er sich in die Entscheidung selbst einbezieht. Dann beginnt er auch, sein Leben und seine Möglichkeiten mehr oder überhaupt erstmals auszuschöpfen.

Ich will mich dem Gefühl, der Ohnmacht, dem Leben und der Depression ausgeliefert zu sein, entledigen. Ich will mein Leben in meine Hände nehmen, etwas zielgerichtet für mich tun. Ich will mich dabei aber auch nicht überfordern. Ich weiß, dass ich einen Weg gehe, dass das neue Denken sich nur sehr langsam zu etablieren beginnt und ich mir deshalb Zeit geben muss. Und deshalb gilt mein Grundsatz in jeder Situation und Lebenslage: »Jetzt geht es um mich.« Was immer ich mache, es ist meine Entscheidung und mein freier Wille. Ich muss gar nichts. Ich darf, wenn ich will, und ich darf das, was mir möglich ist, mir passt und für mich stimmt. Ich gebe mir die Erlaubnis, mich an diesen Grundsatz zu halten. Jetzt bin ich wichtig und ich will dem Rechnung tragen und alles dafür tun, dass es jetzt wirklich um mich geht, dass ich mir das erlaube, was mich bestätigt, zufrieden macht und mir das Leben erleichtert.

Deshalb bedeutet »*Jetzt geht es um mich*« auch, für sich Partei zu ergreifen, parteiisch zu werden, Anwalt für sich zu sein, zu sich zu stehen und für sich einzustehen, und ebenso, sich für sich zu wehren, zu kämpfen und sich in Schutz zu nehmen. Es bedeutet auch, nicht mehr hinten anstehen zu wollen, die gleichen Rechte wie die andern zu beanspruchen, das Recht auf Zufriedenheit, Respekt und Verständnis. Sich einsetzen für sich, sprechen für sich, sich selbst eine Stimme geben und sich das Recht geben, zu sprechen, gehört und ernst genommen zu werden, auch das gehört dazu. Das heißt zuerst für den depressiven Menschen, nicht mehr zuzulassen, dass er sich zurückzieht, schweigt und selbst im Stich lässt.

Ich muss mich auch vor mir selbst wehren, weil ich achtlos und lieblos mit mir umgehe und sofort aufgebe. Ich bin gewohnt, auf der Seite der andern zu stehen, ihren Bedürfnissen zu folgen, mich für sie einzusetzen, ohne zu merken, dass ich mich damit aufgebe und buchstäblich wegwerfe. Deshalb will ich mir auch immer wieder vorsagen: Geduld, Geduld und nochmals Geduld, eines nach dem andern und nicht zu viel auf einmal. Ich will bei mir nicht mehr akzeptieren, wenn ich gleichgültig und lieblos mit mir umgehe, streng und kalt zu mir bin.

Sie oder er merkt es meist gar nicht, wenn sie oder er sich übergeht und damit überfordert. Sie ist nichts anderes gewöhnt und achtet immer nur darauf, wenn die andern zu kurz kommen und andere Wünsche äußern. Sich selbst gegenüber ist er taub und stumm. Deshalb ist es so wichtig, Anwalt seiner selbst zu sein, Verteidiger und Coach, Betreuer und Freund.

Ich nehme mir vor, mich für mich einzusetzen, für meine Rechte zu kämpfen und nicht mehr zuzulassen, wenn ich übergangen oder geringschätzig behandelt werde. Ich will mich für mich und meine Rechte wehren, ich will mir nicht mehr alles gefallen lassen. Ich will mir einen Ruck geben, wenn ich schweige, statt mich zu rechtfertigen und zu verteidigen. Ich will sprechen und für mich Partei ergreifen, so wie ich es so ganz selbstverständlich für die andern tue. Ich will versuchen, mich durchzusetzen und nicht mehr so schnell klein beizugeben. Das alles kann ich nicht auf einmal erreichen. Ich will mir Zeit geben, immer wieder dranbleiben und verständnisvoll mit mir sein, wenn es nicht gelingt. Es ist ein großes Stück Arbeit, das ich mir da vornehme, und deshalb will ich es mit der nötigen Hartnäckigkeit, Toleranz und Nachsicht tun.

Sein eigener Anwalt sein bedeutet, sich zu melden, wenn man sich alles gefallen lässt, sich nicht wehrt und die Fehler anderer auf sich nimmt. Als Anwalt protestiert er, wenn er merkt, dass er alles für die andern tut, nur da ist für sie, die Freizeit sausen lässt wegen der andern. Sie lässt nicht zu, dass sie weiter die Fehler der andern ausbadet, andere in Schutz nimmt und sie verteidigt, auch wenn das nicht ihre Aufgabe ist oder sie sich selbst damit schadet.

Sein eigener Anwalt auch nach außen hin zu sein zeigt sich, indem man Aufmerksamkeit einfordert, um Verständnis bittet, nicht darum buhlt, sondern es selbstverständlich auch für sich in Anspruch nimmt. Man steht als Anwalt für sich auch zu seinem Leiden, wird Thema bei andern, man geht Konflikte ein, wagt Risiken und sagt, wenn es einem nicht gut geht. Partei für sich ergreifen heißt auch, Kontrolle über seine Kräfte ausüben, Stopp sagen, wenn etwas zu viel wird, sich innerlich auflehnen, wenn man sich übernimmt und nicht auf den Körper hört. Es heißt auch, einzuschreiten, wenn man sich keine Ruhe gönnt, einfach weitermacht, obwohl man nicht mehr kann, einem alles zu viel ist und man schon längst aufgeben müsste. Partei für sich zu ergreifen heißt auch, dafür zu sorgen, dass man mal selbst gewinnt, mal selber im Vorteil ist. Und auch, andere in sein Handeln einzubeziehen, ohne sich von ihnen bestimmen zu lassen. Auch einmal andere zu belasten, unangenehm zu sein und vor allem die andern nicht immer zu entschuldigen und in Schutz zu nehmen. Nicht mehr alles hinzunehmen, fehlende Solidarität, mangelnde Unterstützung, Lieblosigkeiten und die Egoismen der andern. Dafür die entsprechende Sensibilität zu schärfen geht nicht von heute auf morgen. Es geht darum, Schritt für Schritt immer mehr sein eigener Anwalt werden zu wollen und immer mehr sich im Denken und Handeln von dieser neuen Lebensidee leiten zu lassen. Das ist reizvoll und spannend und mit diesen Lern- und Veränderungsschritten steht er im Epizentrum seines Grundanliegens »*Jetzt geht es um mich*«.

»*Jetzt geht es um mich*« bedeutet auch, dass der depressive Mensch zu sich steht, sich wichtig nimmt, dass er sich vertraut und auf sich baut. Wenn er sich ständig übergeht und sich vergisst, dann ist er für sich selbst nicht sehr verlässlich, und das macht es schwierig, Vertrauen in sich aufzubauen. Wenn es aber um ihn geht, er sich verpflichtet fühlt, auf sich zu schauen und sich im Spiel zu halten, dann kann er langsam Vertrauen in sich finden. Wenn er sich auf sich verlassen kann, dann ist er auch für sich berechenbar und zuverlässig.

Ich will mich nicht mehr wie bisher ständig vergessen oder erst nachher merken, dass ich mich vergessen habe. Ich weiß, wenn ich mich vergesse, dann übergehe und vernachlässige ich mich, dann lasse ich mich im Stich. Ich will lernen, mich zu schonen und Rücksicht auf mich zu nehmen. Wenn ich mich vergesse, bin ich mehr als nur lieblos und kalt zu mir, dann lasse ich mich physisch und psychisch verwahrlosen, gebe mir keine Mühe mehr und schenke mir nicht das Geringste an Aufmerksamkeit und Zuwendung. Das will ich nicht mehr, dafür bin ich mir jetzt zu schade und zu wertvoll.

»*Jetzt geht es um mich*« bedeutet sich ernst nehmen, und das wiederum meint, die eigenen Gefühle wahr- und ernst nehmen. Im zweiten Buch »*Endlich frei*« habe ich ausführlich beschrieben, was das genau heißt und wie das vor sich geht. Um mich nicht zu wiederholen und diejenigen, die dieses Buch gelesen haben, nicht zu langweilen, möchte ich jetzt nur einige wenige Kerngedanken herausnehmen, die im Zusammenhang mit dem »*Jetzt geht es um mich*« von Bedeutung sind.

Gefühle wahrnehmen und ernst nehmen ist ein ganz ähnlicher Prozess wie sich an Träume zu erinnern. Je mehr man es tut, umso mehr erinnert man sich, bekommen die Gefühle Umrisse, eine Gestalt und mit der Zeit auch Gewicht und Bedeutung. Erst wenn sie gewichtig und bedeutsam werden, können sie auch handlungsbestimmend werden. Es ist ein langsames Sensibilisieren, Dranbleiben, auch wenn der depressive Mensch davon nichts oder es nur verschwommen spürt. Beim Dranbleiben ist es wie bei aufgewirbeltem Staub. Man muss ihm Zeit geben, sich zu setzen, und erst dann sieht man klar. So werden die Gefühle immer eindeutiger und kraftvoller. Erst, wenn man gewohnt ist, auf sich zu hören, erst, wenn man es wirklich ernst meint mit dem »*Jetzt bin ich dran*« und beginnt, den Gefühlen zu trauen, und sie als persönliche Stimme anerkennt, kann man das Gefühlte, Gewünschte oder Gewollte auch um- und durchsetzen. Nur die Gefühle wahrzunehmen genügt nicht. Der depressive Mensch muss sich auch erlauben, sie ernst zu nehmen und ihnen eine Stimme zu geben. Erst dann können sie ins Denken und Handeln einbezogen werden und einen wichtigen Platz in seinem Leben einnehmen. Gefühle erkennen und wichtig nehmen ist möglich und ist erlernbar, wenn nicht der Druck vorhanden ist, sie gleich umzusetzen. Das ist zu viel auf einmal und schafft nur ein Gefühl des Unvermögens. Es geht darum, sich Zeit zu nehmen, dranzubleiben und geduldig zu werden und nachsichtig mit sich. Da helfen dem depressiven Menschen seine Beharrlichkeit und Ausdauer. Zum Erfassen und Ernstnehmen der Gefühle gehört aber auch, sie in Worte zu fassen, sie nicht einfach nur diffus zu spüren, sondern ihnen mit Worten Kontur, Farbe und Gestalt zu geben; dazu gehört auch, die diffusen Gefühle wie Unbehagen und Unwohlsein zu beachten und zu verstehen versuchen, was sie sagen. Vielfach geht es nicht mal darum, sie zu verstehen, sondern nur darauf zu vertrauen, dass sie wichtig und gut sind, auch wenn man sie nicht versteht. Und als Weiteres möchte ich noch anführen, dass das Ernstnehmen der Gefühle mit dem Achten auf die Körpergefühle beginnt. Die Müdigkeit erkennen und zulassen und ihr nachgeben gehört wesentlich zum »*Jetzt geht es um mich*«. Wer nicht auf den Körper achtet, nicht für ihn sorgt, geht lieblos und rücksichtslos mit sich um. Sich ernst nehmen bedeutet deshalb, einen verantwortungsvollen Umgang mit sich einzuüben, der auf den Körper achtet, seine Sprache ernst nimmt und sich nach ihm richtet. Zu Beginn des Ausstieges bedeutet »*Jetzt geht es um mich*« zuallererst, sich zu schonen, sich nicht zu viel zuzumuten, sich zu erlauben, auszuruhen, weniger zu machen, vermehrt Pausen einzulegen und immer nur so viel zu tun, wie es der Körper und seine Energien zulassen. Ich komme später in diesem Buch noch einmal ausführlich auf diesen wichtigen Punkt zu sprechen.

Beim »*Jetzt geht es um mich*« geht es immer und immer wieder, in allen Varianten und Variationen, um den depressiven Menschen selbst. Er steht im Mittelpunkt, um ihn allein geht es, um seine Person und seine Gefühle. Sein Wohlergehen und sein Leben sind das zentrale Thema. Nicht mehr, was er muss, was von ihm erwartet wird und was richtig ist, ist die Frage, sondern, was er will, was für ihn stimmt und möglich ist. So eine Haltung soll langsam und behutsam bestimmend werden.

Ich darf bei mir sein, ich darf auf mich schauen und für mich sorgen, dass es mir gut geht. Es ist mein Recht und meine Verantwortung, anständig und achtsam mit mir umzugehen. Ich will für mich wichtig und wertvoll werden. »Jetzt geht es um mich.« Es geht darum, dass ich mir mit Respekt und Achtung begegne und sorgfältig mit mir umgehe.

Es geht nicht um ein: »Eigentlich möchte ich schon. Ich weiß schon, dass ich müsste. Es wäre schon nötig, wenn ich mehr auf mich schauen würde.« Das sind Formulierungen, die eine Haltung zum Ausdruck bringen, die so unverbindlich und vage ist, dass aus ihnen gar nie ein Impuls oder eine Initiative entstehen kann. Solche Formulierungen sind kraft- und saftlos. Lernen, sich ernst und wichtig zu nehmen und entsprechend zu handeln, ist das Thema, und das Ziel ist, sagen zu können: »So, wie ich bin, bin ich gut. Ich will so sein, wie ich bin, und ich bin so, wie ich sein will.« In diesen Formulierungen stecken weitere Aussagen, die der depressive Mensch ab und zu laut zu sich sagen sollte. Sie helfen ihm und geben seinem Denken immer wieder eine Eindeutigkeit und Trittfestigkeit.

Ich will nicht so sein, wie ich meine, sein zu müssen. Ich will nicht so sein, wie ich sein sollte. Ich will nicht so sein, wie ich es immer von mir erwartet habe. Und ich will nicht so sein, wie ich glaubte, sein zu müssen. Ich will so sein, wie ich bin, Punkt.

Der depressive Mensch braucht, um das Ziel des Ausstiegs nicht aus den Augen zu verlieren, um zu sich zu finden und zu sich zurückzukommen, immer wieder Fragen, bei denen er Antwort bekommt, wie ernst es ihm tatsächlich ist oder wie sehr er sich wirklich hält ans *»Jetzt geht es um mich«*.

Mache ich das wirklich für mich? Mache ich das für mich und nicht doch wegen den andern? Will ich es wirklich und hilft es mir und ist es gut für mich? Geht es wirklich um mich? Bin ich jetzt ganz ehrlich zu mir? Mache ich mir nichts vor, nur weil ich vielleicht keine Kraft habe oder mir der Mut fehlt, anders zu handeln?

Nicht mehr, was der depressive Mensch muss, was von ihm erwartet wird und was richtig ist, ist die Frage, sondern, was ***er*** will, was für ***ihn*** stimmt und für ***ihn*** in diesem Moment möglich ist. Oder anders gesagt:

»Jetzt geht es um dich«: Nimm dich ernst – Du bist wichtig – Du bist gefragt und angesprochen – Sorge für dich – Du musst gar nichts – Du bist frei und du gibst dir das Recht, zu entscheiden.

Sich das zu erlauben, daran zu glauben und es im Alltag umzusetzen ist die schwierige Aufgabe, die der depressive Mensch für den Ausstieg zu leisten hat und die mit Sicherheit zum Ziel führt.

Verantwortung für sich und sein Handeln übernehmen

Depressive Menschen haben sich im Laufe ihrer depressiven Entwicklung verloren. Es geht deshalb für sie darum, sich wiederzufinden und zu sich zurückzukommen. Das muss für den depressiven Menschen zum Hauptthema des Ausstieges werden. Es definiert das Ziel, wie es auch die Ausformung des Weges und dessen Leitplanken bestimmt.

Für diesen Weg ist der depressive Mensch allein zuständig. In seiner Hand und in seiner Verantwortung liegt es, dieses Ziel auch zu erreichen. Seine Verantwortung und seine Aufgabe sind es ebenso, den Weg mit der nötigen Sorgfalt zu gehen, dabei für sich zu sorgen und sich bei jedem Lernschritt mit Aufmerksamkeit und Respekt zu behandeln. *»Jetzt geht es um mich«* hat ganz entscheidend zu tun mit einer neuen Verantwortung sich und seinem Leben gegenüber. Wenn der depressive Mensch sich wichtig sein will, wenn er sich ernst nehmen will, dann muss er alles dafür tun. Für sich Verantwortung übernehmen bedeutet verantwortlich sein wollen für sich und willens sein, diese Verantwortung mit aller Sorgfalt und Ernsthaftigkeit, allem Engagement und Einsatz auch wahrzunehmen. Wer sich gefunden hat, kann sich sehr schnell wieder verlieren, wenn er nicht achtsam und vorsichtig mit sich umgeht. Sich finden ist wie ein Aufziehen einer zarten Pflanze: Ohne Geduld und Ausdauer, aber auch ohne Liebe und Respekt ist kein neues Leben möglich. Sich diesen Raum zu geben und die nötige Zeit und Aufmerksamkeit aufzubringen ist möglich, wenn der depressive Mensch beginnt, sein Leben nach eben diesem neuen Lebenssatz zu verändern und zu gestalten:

»Jetzt geht es um mich.« Jetzt bin ich Thema, nicht als Problem,

nicht als Pflicht, sondern als Aufgabe und Sinnerfüllung. Ich will, kann und darf mich ernst nehmen und mein Leben in Freiheit und Verantwortung leben – auf diesem Weg des Ausstiegs will ich gleichzeitig das Fundament meines späteren Lebens errichten. Ich will in meinem Leben meinen Idealen und Wertvorstellungen gerecht werden und sie im Alltag leben, wie ich mich auch verantwortlich fühle, meinen Stärken und Qualitäten zum Durchbruch zu verhelfen. Ich will ganz und uneingeschränkt ich sein und mich verwirklichen, denn ich bin mehr, als ich bis jetzt gelebt habe.

Und von diesem Vorhaben können die andern Lebensmaximen abgeleitet werden. Sie sind in diesem Lebensmotto, das über allen anderen steht, enthalten und als solche Teilaspekte und Folgerungen aus dem, worum es hauptsächlich geht.

Ich möchte mich als den speziellen Menschen, der ich bin, ernst und wichtig nehmen, dafür sorgen, dass ich meinem Wesen entsprechend leben und mich entfalten kann. Ich kann und will und darf an mich denken. Ich bin es mir wert, sorgfältig und rücksichtsvoll mit mir umzugehen. Ich bin frei und niemandem etwas schuldig. Ich muss mir und den andern nichts beweisen. Ich muss nichts, was ich nicht aus meinem Innersten und meiner Rolle als Mensch und Mitmensch heraus tun will.

Ich darf ausprobieren, ich darf Fehler machen, ohne deswegen weniger wertvoll zu sein. Ich kann etwas machen oder es auch sein lassen. Ich muss nichts. Ich darf das machen, was mir möglich ist, was geht, passt, für mich stimmt oder mir guttut. Nicht mehr, was ich muss, was von mir erwartet wird und was »richtig« ist, steht im Zentrum meines Lebens. Ich bin selbstständig und eigenverantwortlich. Ich darf bei mir sein, ich darf auf mich schauen und dafür sorgen, dass es mir gut geht.

Diese Unterthemen sind die Leitplanken des Ausstiegs aus der Depression. Sie umfassen die ganze Bandbreite der verschiedenen Veränderungsprozesse und definieren gleichzeitig den neuen Lebensstil, den Stil eines mündigen, sich ernst nehmenden, rücksichtsvollen, eigenständigen und verantwortungsbewussten Menschen und Mitmenschen. Deshalb gehört zum bestimmenden Lebensmotto auch noch folgende Ergänzung:

Und so, wie es mich gibt, gibt es auch die andern. Auch für sie will ich da sein. Das betrachte ich ebenso als meine Aufgabe und Verantwortung.

Wie wirkt sich ein Leben unter diesen neuen Vorzeichen im Alltag aus? Kurz einige Hinweise: Je mehr der depressive Mensch auf sich setzt, je mehr er sich sagt: »Es geht um mich, ich muss nichts, ich kann, wenn ich will, oder ich kann es auch sein lassen«, umso freier fühlt er sich, frei auch, um sich bewusst entscheiden zu können. Verloren gehen gleichzeitig der Druck des Müssens und die Angst und Bedrängnis des ständigen Sich-unfrei- und Sich-verpflichtet-Fühlens. Je freier er sich fühlt, das heißt, je bewusster er leben will, je mehr er sich freistrampelt aus den Zwängen der depressiven Muster, umso deutlicher nimmt er wahr und spürt er ganz fest, dass es auch für ihn nicht nur den Weg des Müssens gibt. Je weniger er die aufkommenden Ängste bekämpfen muss, umso mehr realisiert er, dass es ganz viele Möglichkeiten gibt, zu wählen und zu entscheiden. So nimmt das Gefühl des ständigen »Müssens« immer mehr ab. Damit verblasst auch eine Reihe gewohnter Erfahrungen, die mit dem Zwang zum Müssen verbunden waren: dass er als Mensch nichts zu sagen hat, nicht gefragt ist, nicht wichtig oder entscheidend war, ob diese Handlungen für ihn stimmten oder ihm auch etwas gaben. Sich selbst zu fragen oder gar zu entscheiden stellte sich ihm nicht. Darum ging es gar nicht. Er war definitiv nicht gefragt, obwohl es eigentlich immer auch um ihn gegangen wäre. Er konnte nicht anders handeln, als er glaubte handeln zu müssen. Deshalb auch das Gefühl, gar nicht gefragt zu sein, weil er sich selbst nie befragte, weil er sich selbst nie ins Spiel brachte und weil es nie um ihn ging. Dass das anders wird, das ist seine Verantwortung, die er nun übernehmen muss und immer mehr auch übernehmen will.

Es gibt kein selbstständiges und mündiges Leben ohne Verantwortung, auch wenn es nun unter dem Motto steht: »*Jetzt geht es um mich, jetzt will ich mich wichtig und ernst nehmen.*« Verantwortung sowohl für sich wie auch für andere zu tragen mag anfänglich mühsam sein, aber letztlich ist es eine Herausforderung und macht die Größe und Bedeutung des Menschen aus. Es gibt kaum etwas Bedeutenderes. Verlässlich, fair und anständig zu sein zu den Mitmenschen ist erst wirklich menschliches und reifes Leben. Sich den gleichen Wert und die gleiche Wichtigkeit zu geben wie den andern Menschen und das aus einer inneren Freiheit und freien Entscheidung heraus bedeutet deswegen genauso:

Ich möchte so verlässlich und glaubwürdig für mich sein wie für die andern. Die Achtung und den Respekt, die ich den andern zolle, möchte ich genauso auch für mich in Anspruch nehmen. Auf mich schauen soll nie bedeuten, den andern aus den Augen zu verlieren oder auszublenden. Was immer ich mir zuliebe tue, soll nicht auf Kosten der andern oder unter Umgehung der andern passieren. So, wie ich mich nicht mehr ausblenden, sondern vorkommen will in meinem Denken und Handeln, will ich es auch mit den andern halten.

»*Jetzt geht es um mich*« drückt sehr klar aus:

Jetzt will ich, dass etwas mit mir geht, jetzt nehme ich mein Leben in die Hände. Ich will etwas aus mir und meinem Leben machen, es gestalten nach meinen Vorstellungen und Bildern. Ich will mich nicht mehr bevormunden lassen von Verpflichtungen und Pflichten, nicht mehr nur Ausführender und Opfer der depressiven Muster sein. Ich will mich leben und Verantwortung dafür übernehmen. Es ist mein Leben und die Verantwortung dafür liegt bei mir und die kann ich niemandem abgeben. Ich will mein Leben in Freiheit und Selbstverantwortung leben.

Mit der Verantwortung eng verbunden sind Begriffe wie Fürsorge, Sorge und Sorgfalt. Verantwortung für sich zu übernehmen heißt Ja sagen zur Lebensaufgabe, für sich sorgen, was Rücksichtnahme und Nachsicht ebenso einschließt wie Sorgfalt und Fürsorge gegenüber sich und seinem Leben. Verantwortung meint auch einen sorgfältigen Umgang mit den eigenen Grenzen und Möglichkeiten, den Verletzungen und Empfindlichkeiten, den Vorlieben und Abneigungen. Es bedeutet auch Verstehen und nicht nur Fordern und Bewerten. Sorgfältiger Umgang heißt auch sorgfältiges Abwägen zwischen Nachsicht und Forderung, zwischen seinen eigenen Wünschen und Bedürfnissen und den Verpflichtungen und Verantwortungen den Mitmenschen und der Gemeinschaft gegenüber, in der man lebt.

Verantwortung sich selbst gegenüber schließt ein ganzheitliches Verwirklichen der Person ein, Rücksichtnahme auf Ängste und Empfindlichkeiten und auch ein Ausloten aller Möglichkeiten und Tiefen. »*Jetzt geht es um mich*« betrifft das Leben und Ausleben, Zurücknehmen und Verwirklichen zum Wohl der eigenen Person und aus Verantwortung dieser einmaligen Person gegenüber:

Ich mache so viel, wie ich mir zutraue. Ich will spüren und erfassen, was im Moment möglich ist, was für mich drinliegt. Ich frage mich, weil ich mir am nächsten stehe, am besten spüre, was mir liegt, wo ich stark bin, aber auch wo ich meine Achillesferse habe. Wo es noch Potenzial zu realisieren gibt, welche Möglichkeiten und Begabungen noch darauf warten, entdeckt zu werden, auch das kann ich am besten beantworten. Ich weiß, dass es auch an mir liegt, zufrieden zu sein.

Sich um die andern sorgen haben die depressiven Menschen so lange geübt und perfektioniert, dass sie das gar nicht verlernen können, so sehr ist es ihnen in Fleisch und Blut übergegangen. Wenn sie sich um einen liebevolleren und sorgfältigeren Umgang mit sich bemühen, einen Gang runterschalten und sich auch einmal zurücklehnen, sind sie noch weit davon entfernt, ein Egoist zu werden oder nur noch nach dem Lustprinzip und fernab jeglicher Verantwortung für den Mitmenschen und die Gesellschaft zu handeln. Es geht nicht um ein »Entweder-oder«, nach diesem Prinzip haben sie bisher gelebt, sondern um ein »Sowohl-als-auch«. Mehr auf sich eingehen, sich ins Zentrum stellen heißt nicht, dass man die andern vernachlässigt, diese in seinem Denken ausblendet, sondern heißt nur, dass man auch sich sieht, auch sich wichtig nimmt.

Jeder Mensch hat die Pflicht, das Recht und das Privileg, auf sich zu schauen, aber ebenso die Verantwortung für sich und sein Handeln zu übernehmen. Ob es ihm gut geht oder nicht, darf bei aller Abhängigkeit des Menschen von seinem näheren und weiteren Umfeld nicht an andere delegiert werden, nicht die sind für sein Wohlbefinden zuständig, sondern das ist er ganz allein. So ein Denken ist völlig neu für den depressiven Menschen. Denn er lebt nach dem Motto: »Mir ist wohl und mir geht es gut, wenn es den andern gut geht. Ich lebe immer über die andern und nie für mich. Ich erlaube mir gar nicht, einzugestehen, dass es mir gut gehen darf und dass ich dafür etwas tun kann und darf.« Und genau das verändert sich jetzt fundamental mit der neuen Lebenseinstellung: *»Jetzt geht es um mich und dafür übernehme ich die Verantwortung.«* Jetzt darf es dem depressiven Menschen auch wohl sein, ohne dass er zuerst dafür zu sorgen hat, dass es den andern gut geht. Seine bisherige Lebensaufgabe bestand darin, ausschließlich für die andern zu sorgen, sich aufzuopfern und Verantwortung zu übernehmen. So konnte er gar nie auf den Gedanken kommen, dass er auch das Recht hat, auf sich zu schauen, dass er sich fragen darf: »Was will ich, was tut mir gut, wozu habe ich Lust, wonach ist mir zumute?« Dass er sich die Erlaubnis geben darf, auf das eigene Wohl zu schauen, dass er losgelöst von den andern das Recht hat, glücklich zu sein, das zu lernen und zu verinnerlichen ist Teil der Aufgabe auf dem Weg des Ausstieges. Dazu gehört auch, dass der depressive Mensch die Pflicht hat und die Verantwortung wahrnimmt, sich um seine eigene Zufriedenheit zu kümmern. Es ist wie mit einem wärmenden Feuer, in das immer wieder ein Stück Holz gelegt werden muss. Es ist aber auch sein Recht, zufrieden und glücklich zu sein, wenn es den andern nicht gut geht. Die Verantwortung wahrnehmen bezüglich der eigenen Zufriedenheit könnte zum Beispiel so aussehen: immer wieder innehalten, Rückschau halten und sich fragen: »Was habe ich bis jetzt erreicht, was ist mir gelungen?« Zurückschauen und das Positive, das Gelungene hervorheben ist keine Augenwischerei, sondern bedeutet, sich ganz bewusst auf das Gelungene zu konzentrieren. Nicht immer nur vorwärtsschauen, was noch zu tun ist, welche Hürden noch zu nehmen sind und was alles noch an Schwierigkeiten wartet, sondern sich immer wieder zurücklehnen und das Positive auskosten, die Zufriedenheit genießen, verweilen und nicht sofort wieder vorwärtsstürmen.

Verantwortung übernehmen heißt gewohnte Verhaltensweisen und Perspektiven bewusst und gezielt verändern. Sich nicht einfach dem Gewohnten überlassen, sondern neue Wege gehen wollen, die anfänglich schwierig sind, die aber neue Erfahrungen des Gelingens und der Zufriedenheit bringen. Erst die Verantwortung sich selbst gegenüber macht frei für die andern und offen für den Mitmenschen. Erst, wenn dem depressiven Menschen diese Verantwortung sich selbst gegenüber zunehmend bewusst wird, kann er die andern, das Leben und die Welt unbelasteter, unverzerrter betrachten. Dann ist er nicht mehr ungeborgen, ausgesetzt, dann ist er jemand, der sich für sich einsetzt, sich wehrt und sich um sich kümmert. Dann wird auch die Welt langsam weniger bedrohlich, muss er sich weniger schützen und zurückziehen, sondern kann ihr offen und frei begegnen.

Mit dem *»Jetzt geht es um mich, ich will für mich sorgen und Verantwortung übernehmen«* ist auch Schluss mit den früheren Lebensmaximen: »Zuerst die Arbeit und dann das Vergnügen« und »Zuerst die andern und dann, wenn es noch reicht, ich«. Aber auch folgende Äußerungen sollten möglichst schnell entsorgt werden: »Ich bin nur zufrieden, wenn es den andern gut geht. Hauptsache, die andern sind glücklich. Wir sind ja nicht auf dieser Welt, damit es uns gut geht. Das Leben ist nicht einfach nur eitel Sonnenschein. Was soll's, so ist das Leben nun mal.« Je mehr der depressive Mensch sich die Erlaubnis gibt, für sich zu sorgen, je mehr er seine Verantwortung sich gegenüber wahrnimmt und je mehr er für sich beansprucht, dass es ihm gut geht, umso eher wird sich das eingeschliffene Muster »Zuerst die andern und dann ich« auflösen. Wenn der depressive Mensch einsieht, dass er selbst verantwortlich ist für sein Wohlergehen, dann wird ihm auch immer klarer und deutlicher, dass es an ihm liegt, was er darf und sich zugesteht. Er hat nicht nur das Recht, sondern auch die Pflicht und Schuldigkeit, dafür zu sorgen, dass er sich entfalten und wachsen kann. Zufriedenheit und ein gutes Lebensgefühl haben mit ihm zu tun und nicht mit den andern. Je mehr er sich mit den andern auf Augenhöhe begibt, sich die gleichen Rechte, den gleichen Wert gibt, umso mehr leuchtet ein, dass es ihm genauso gut gehen darf wie den andern und er nicht mehr nur das nehmen darf, was von den andern übrig bleibt. Je mehr er das einsieht, umso weniger Enttäuschungen gibt es in seinem Leben. Wenn er die Zufriedenheit nicht mehr von den andern erwartet, dann muss er auch nicht mehr gegen Enttäuschung, Trauer und Verzweiflung kämpfen, dann ist er nicht mehr der Arme und das Opfer. Dann braucht er auch keine zusätzlichen Energien mehr, um sich von all dem nichts anmerken zu lassen und zu tun, als ob.

Um es noch einmal deutlich zu sagen: »Jetzt bin ich dran« ist keine Aufforderung zur Rücksichtslosigkeit. Und es heißt nicht, dass dem depressiven Menschen jetzt egal ist, wie es seinem Mitmenschen geht. Nur kann er sich sagen oder versucht er sich zu sagen, dass der andere zuerst für sich selbst Verantwortung übernehmen muss und dass er sich melden und kommen soll, wenn er Hilfe braucht. Denn auch für ihn gilt, dass für sein Wohlbefinden in erster Linie er selbst verantwortlich ist. Und dafür, dass gegenseitige Fairness, gegenseitiges Wohlwollen, gegenseitiger Respekt und Achtung das Zusammenleben bestimmen, ist nicht er allein verantwortlich. Das einzuhalten ist die Pflicht und Verantwortung aller. Deshalb gilt für den depressiven Menschen nicht mehr das »Entweder ich oder die anderen«, sondern ein »Sowohl ich als auch die andern«. Indem er den Gegensatz des starren »Entweder-oder« auflöst, kann er zu einer neuen Lebensauffassung kommen, die sowohl ihn selbst wie auch die andern gleichermaßen respektiert und achtet.

Die neuen Lebenssätze, das neue Wertesystem

Der depressive Mensch, der immer nur machte, was er glaubte, machen zu müssen, sich immer ins zweite Glied stellte, den andern den Vorrang gab und sich stets für deren Wohlbefinden einsetzte, soll sich jetzt selbst in die erste Reihe stellen. Nicht mehr nur und nicht in erster Linie für die andern da sein, sondern sich selbst wichtig nehmen und sich, sein Wohlergehen und seine Entfaltung und Verwirklichung zum Inhalt machen – was alles nicht so einfach geht, auch wenn er noch so sehr den Wunsch und ein inneres Bedürfnis danach hat. »*Jetzt geht es in meinem Leben auch um mich*« zu wollen und es im Leben auch wirklich umzusetzen ist zweierlei. Die Spannungen, die Angst und Unsicherheit, die anfänglich dabei auftreten, auszuhalten ist noch einmal etwas anderes. Vor allem aber kostet es schon viel Kraft, sich überhaupt die Erlaubnis und das Recht zu geben, sich den Wunsch »anzumaßen«, gleich viel Wert zu sein wie die andern. Auf diese neue Art zu leben bedingt eine völlige Neuorientierung: Sich das Recht zu geben, die andern weniger wichtig und weniger ernst zu nehmen, wie der depressive Mensch das anfänglich empfindet, das widerspricht seiner bisherigen Lebensauffassung. Sich nicht mehr im gleichen Maß um die andern zu kümmern und nicht mehr nur auf sie ausgerichtet zu sein, das liegt völlig quer zu dem, was für ihn wichtig und notwendig war. Davon jetzt Abstand zu nehmen und sich auf die gleiche Stufe wie die andern und sich darüber hinaus noch ganz ins Zentrum zu setzen ist absolutes Neuland. Sich zu erlauben, in der Phase des Ausstieges sich vor allem mit sich zu beschäftigen, mit dem, was man will, und nicht mehr damit, was man muss und sollte, sich wichtig zu nehmen und für sich zu sorgen geht nicht von heute auf morgen.

Sie, die sich bisher immer überging, überforderte und schwächte, soll jetzt wohlwollend, liebevoll und rücksichtsvoll mit sich umgehen, sich befragen und bei allem, was sie macht, einbeziehen. Das ist vor allem deshalb nicht so einfach, weil für sie die neuen Themen zunächst einmal nur Ausdruck von Egoismus, Pflichtverletzung und Verweigerung sind. In ihrer Lebensauffassung hat das schlichtweg keinen Platz, ist es falsch, unrecht und je nach Glaubensüberzeugung sogar sündhaft. Es ist etwas, was sich nicht gehört und sie so gar nicht will. Es beschämt sie, sie kann damit nicht umgehen. Es passt nicht zu ihr und es belastet sie. Da sind auch Begriffe wie Strafe und Schuld nicht allzu fern.

So schwierig dieser Wechsel der Grundhaltung und der Lebenseinstellung auch scheint, er ist möglich, weil der depressive Mensch schnell spürt, dass dieses *»Jetzt geht es um mich«* für ihn stimmt. Es vermittelt ihm neue und gute Gefühle und stimmt mit dem überein, was er in sich als Sehnsucht nach Selbstbestimmung und Unabhängigkeit wahrnimmt.

Was der depressive Mensch zusätzlich braucht, sind neue Werte, die es ihm erlauben, sein Leben nach der neuen Lebensmaxime *»Jetzt geht es auch um mich«* zu ordnen, anzunehmen und entsprechend zu leben. Es bedarf einer neuen Legitimation, so zu leben, wie er jetzt leben möchte, er muss dazu stehen dürfen und es wirklich auch annehmen und übernehmen können. Sonst bleibt er innerlich zerrissen. Er kommt nicht wirklich aus seinem depressiven Erleben heraus, wenn er entgegen seinen Werten und Vorstellungen lebt.

Ein neues Wertesystem, an dem er sein weiteres Leben ausrichten kann und in dem die neuen Eigenschaften und Verhaltensweisen in seinen Augen nicht Ausdruck von Egoismus, Rücksichtslosigkeit, Oberflächlichkeit und fehlendem Verantwortungsgefühl sind, könnte aus wenigen Sätzen bestehen. Vielleicht genügen dem einen ein oder zwei solcher Grundsätze, jemand anders braucht viel mehr und andere Begründungen, die ihm den neuen Weg ermöglichen und ihn innerlich ruhig werden lassen. Wenn aber sie oder er sein

Verhalten nicht in einen solchen Rahmen stellen kann, kommt der depressive Mensch nie zur Ruhe und muss immer wieder von Neuem versuchen, sein Verhalten zu rechtfertigen, um es akzeptieren zu können. Als neue Lebensmaxime, als Richtlinie und Grundlage seines Handelns und Entscheidens sehe ich in erster Linie:

Ich will gut zu mir sein und verlässlich für die andern. Ich will verlässlich und verantwortungsvoll für mich sein und gut zu den andern. Ich will mir treu sein und fassbar und zuverlässig für die andern.

Weitere solche Lebenssätze könnten sein:

- Ich bin gut zu mir und fair und anständig zu den andern. Ich versuche, mich ernst zu nehmen, wie ich auch die andern Menschen ernst nehme. Ich will ein Fenster offen halten für die andern, aber nicht mehr die ganze Tür. Ich entziehe mich keiner Verantwortung, aber ich ziehe mich zurück vom verpflichtenden Müssen. Wenn ich mich entscheide, und das möchte ich immer mehr und in immer größerer Freiheit tun, dann sind das Entscheidungen für mich und nicht gegen die andern. Ich möchte echt, authentisch und verbindlich sein und für die andern fassbar und glaubwürdig. Ich möchte den andern mit dem gleichen Respekt begegnen, wie ich mir zu begegnen versuche.
- Ich möchte mir wie den andern den gleichen Maßstab ans Verhalten anlegen.
- Ich will nicht mehr mit unterschiedlichen Ellen messen. Ich möchte mir wie den andern treu und vertrauenswürdig bleiben. Es ist mir wichtig, mich nicht mehr gegen die andern oder die andern gegen mich auszuspielen.

Treue, Ehrlichkeit, Verbindlichkeit oder auch Verantwortung könnten die neuen Eckpunkte seines Handelns und Entscheidens sein, genauso wie Fairness, Anstand oder Glaubwürdigkeit. Aus den oben formulierten Grundsätzen wird deutlich, was sehr gut ins Lebensbild des depressiven Menschen passt, nämlich »Verlässlichkeit«. Die Lebensmaxime »Verlässlichkeit« ist hilfreich, umfassend und stimmig. Mit ihr sind ganz wesentlich auch andere Werte verbunden. Es gibt keine wirkliche Verlässlichkeit ohne immerwährendes Bemühen um Transparenz und Ehrlichkeit, um Aufrichtigkeit, Gradlinigkeit und Beständigkeit. Verlässlichkeit als neuer Wert, als Ideal und grundsätzliche Lebenseinstellung überzeugt und schafft ein starkes Fundament und eine klare Ausrichtung für die neue Verantwortlichkeit, Verbindlichkeit und Freiheit im Leben des depressiven Menschen.

Ich will für mich und die andern verlässlich sein. Ich will, dass man weiß, dass man sich auf mich verlassen und auf mich zählen kann. So will ich leben und diese neu gewonnene Lebenseinstellung soll meinen Umgang mit mir und den andern wie auch mein Verhalten der Gesellschaft gegenüber bestimmen. Ich bin für den andern verlässlich, wenn ich für ihn absehbar, fassbar und damit auch vertrauenswürdig, korrekt und fair bin. Der andere kann sich auf mich verlassen, wenn ich mir treu bleibe und mir und ihm nichts vormache. Mit der Verlässlichkeit ist ebenso verbunden, dass mein Sprechen mit meinem Handeln übereinstimmt. Nur so bin ich mir und den andern ein wirklicher Partner. Und um das geht es mir jetzt: Ich will mir und den andern ein verlässlicher Partner sein. Mit dieser Begründung kann ich mir erlauben, mein neues Leben auf meine ganz persönliche und einmalige Weise zu leben.

Verlässlichkeit ist umfassend und etwas, was nicht einfach ist, sondern von mir immer wieder von Neuem Aufwand und ehrliches Bemühen erfordert. Es gibt sie nicht geschenkt und nicht zum Nulltarif. Wenn ich etwas im Leben gelernt habe, dann ist es das.

Um es noch einmal klar und deutlich zu sagen: »*Jetzt geht es um mich*« ist eine Entscheidung für den depressiven Menschen, aber nicht gegen die andern:

Ich will verlässlich sein, zuerst für mich, aber auch für die andern.

Und für sich verlässlich sein zu wollen ist ein guter und treffender Ausdruck. Er schließt damit den Begriff des Egoismus und der Rücksichtslosigkeit aus.

Wenn es dem depressiven Menschen wichtig ist, verlässlich zu sein auch für die andern, dann sind diese wie auch er selbst in seinem Denken und Handeln eingeschlossen, und ausgeschlossen ist, dass er etwas zum Nachteil für die andern machen möchte. »*Ich möchte für mich wie auch für die andern verlässlich sein*« bedeutet zum Beispiel:

Es ist mir wichtig und ein großes Anliegen, dass der andere, auch wenn ich mich fortan an die erste Stelle setzen will, weiter auf mich bauen und auf mich zählen kann. Ich lasse niemanden im Stich, der in Not ist. Aber ebenso klar ist, dass es nicht immer ich sein muss, der hilft. Dieses Anliegen ist mir ein riesiges Bedürfnis, das ich auch in schwerster Depression nie vergessen möchte.

Ich möchte nie so weit kommen, dass es mir gleichgültig wird, wie es dem andern geht. Ich will aber auch nicht mehr so weit gehen, dass mein Einsatz für den andern zur Gefährdung meiner Gesundheit führt. Und das ist der Fall, wenn ich mich über meine Möglichkeiten hinwegsetze, nur um für den andern da zu sein.

Wenn der depressive Mensch nicht mehr verlässlich ist oder sein will, dann setzt er sich über den andern hinweg, missachtet dessen Integrität und Würde, dann ist er rücksichtslos, verletzend oder sogar demütigend. Er überfährt den andern und nimmt in Kauf, ihm zu schaden, und das ist das Letzte, was der depressive Mensch je gewollt hat. Für ihn ist klar, dass er immer für die andern da sein will, dass er sich immer auch als Mitmensch versteht, nur jetzt mit einer gewissen Korrektur:

Aber nicht zuerst und nicht ungefragt, nicht automatisch und selbstverständlich, nicht um jeden Preis und sicher nicht bedingungslos.

Ich will nicht mehr wie früher, einfach drauflos, ohne Rücksicht auf Verluste mich in die Hilfe und Unterstützung stürzen. Ich möchte nicht ohne Einbezug meiner Person entscheiden. Deshalb sollen folgende Fragen zur Entscheidungsgrundlage werden: *Will ich das, stimmt das für mich und traue ich es mir zu? Liegt es im Moment drin, liegt es im Bereich meiner Möglichkeiten? Überfordere und schade ich mir nicht dabei? Ist es wirklich die Hilfe, die der andere braucht und bin ich der Geeignete zum Helfen oder gäbe es andere, die mehr ausrichten könnten?*

Der depressive Mensch fühlt sich mitverantwortlich und will seine Mitverantwortung auch weiterhin wahrnehmen, aber vor einem Hintergrund, den er so formulieren könnte:

Ich will mich nicht einfach reinziehen lassen. Ich will mich auch nicht manipulieren und unter Druck setzen lassen. Ich will entscheiden, ich will sagen, wie, wann und ob. Ich will frei entscheiden können, welche Rolle oder Aufgabe ich bereit bin zu übernehmen. Ich bin frei und übernehme die Verantwortung für mein Handeln und mache das aus meinem Bemühen heraus, verlässlich zu sein für den andern.

Für den andern ungefragt und aus einem Zwang heraus verlässlich zu sein, ohne eigenes Nachdenken, das geht nicht mehr und will er nicht mehr. Das war früher, da konnte er nicht anders. Jetzt aber soll diese Haltung aus einer inneren Freiheit heraus geschehen, einem persönlichen Entscheid heraus, weil er das so will, weil er sein Menschsein so versteht und er danach handeln will. So eine Haltung ist getragen von einer inneren Überzeugung und Verantwortung und hat eine ganz neue und andere Qualität.

»Jetzt geht es um mich« soll dem depressiven Menschen zu mehr Lebensqualität verhelfen, aber nicht auf Kosten und zum Nachteil des andern. Wenn sich der depressive Mensch vermehrt oder erstmals ganz für sich selbst einsetzen will, dann nicht so, dass die anderen dafür den Preis zahlen. Sie sind und bleiben ihm nahe, für sie und durch sie hat er sein bisheriges Leben gelebt und das war nicht einfach falsch, aber es war zu viel und nicht so, um damit ein ganzes Leben zu leben oder dem Leben Sinn zu geben.

Es bedeutet, dass er auch in Zukunft weiter für die andern da sein will, dass sie aber auf ihn zukommen müssen, dass sie die Initiative ergreifen und etwas dafür tun müssen. Es gibt nichts mehr zum Nulltarif. Was nicht heißt, dass er nicht immer noch viel und vielfach auch noch zu viel für die andern bereit ist zu tun, aber nicht einfach so, weil er sich verpflichtet fühlt, sondern weil er das will.

Die Mitmenschen bleiben dem depressiven Menschen wichtig, sein Gespür für die andern und sein Sich-verantwortlich-Fühlen will er nicht einfach abstreifen. Er kann nicht einfach so tun, als würde er nicht mehr wahrnehmen und spüren, wie es dem anderen geht. Er verliert seine Empathie und seine Fähigkeit, Atmosphärisches aufzunehmen und zwischen den Zeilen zu lesen, nicht. Aber den Zwang, zu handeln, sich verpflichtet zu fühlen, zu handeln, unabhängig davon, ob es ihm selbst passt oder er noch die Kraft hat, das gehört der Vergangenheit an. Auch ist es nicht mehr nur an ihm, sofort eine Lösung zu finden und etwas zu tun, ohne aufgefordert zu sein, ohne dass nicht auch andere mithelfen und sich engagieren. Verlässlich sein bedeutet also ganz klar:

Ich will den andern Menschen und der Gesellschaft aus freien Stücken ein fairer, wohlmeinender, vertrauensvoller Mitmensch und Bürger sein. Ich will, dass man auf mich zählen kann und das auch weiß. Was immer ich machen werde, will ich aus freiem Willen und aufgrund selbstständiger und eigenverantwortlicher Entscheidungen machen.

Sich annehmen und verstehen

Zum »*Jetzt geht es um mich*« gehört ganz wesentlich, sich anzunehmen und zu verstehen. Annehmen zum Beispiel auch, dass der depressive Mensch seine Gründe hat, auch wenn er die nicht kennt, weshalb er so und nicht anders reagiert, dass das vielleicht sogar richtig, lebensnotwendig und überlebensnotwendig ist oder gewesen war. Annehmen meint sich versöhnen und sich nicht mehr dagegen wehren und auflehnen, sich aber deswegen auch nicht schämen und meinen, sich entschuldigen oder rechtfertigen zu müssen.

Sein Leben lang pflegte der depressive Mensch sich gegenüber eine abwertende und verachtende Einstellung:

Ständig an sich herumkritisieren, sich ständig niedermachen, sich Vorwürfe machen für alles und jedes, sich kritisieren und fertig machen und nie zufrieden sein mit sich – das soll ein Ende nehmen. Wenn es darum geht, dass der depressive Mensch sich ernst nimmt, dann geht das nicht ohne Annehmen und Verstehen. Nur ein paar erste Hinweise, was man sich unter *»sich verstehen und annehmen«* vorstellen muss: Sich verstehen heißt sich in Ruhe lassen, nicht ständig an sich herummachen und kein gutes Haar an sich lassen, sich damit schwächen, klein und impotent machen. Sich verstehen meint genauso damit aufhören, immer etwas an sich auszusetzen zu haben und nie zufrieden mit sich zu sein. Sich in Ruhe lassen heißt auch Ruhe geben, dazu stehen, wie man ist, sich in seiner Art mit allem, was man ist und auch nicht ist, anzunehmen.

Sich verstehen heißt auch sich aufbauen, nicht gegen sich arbeiten, nachsichtig und wohlwollend mit sich umgehen. Das heißt sich Zeit geben, sich nicht immer und sofort unter Druck setzen. Sich zu verstehen heißt sich das Recht und die Erlaubnis geben, sich anzunehmen. Sich verstehen heißt immer auch:

Ich will mich annehmen, so wie ich bin, wie ich mich erfahre und mit allem, was mich ausmacht, auch wenn es mir nicht immer leichtfällt, zu all dem Ja zu sagen, ich gern jemand anderer oder anders wäre. Ich bin, wer ich bin und wie ich bin. So will ich versuchen, mich anzunehmen. Ich will probieren, mich auch dann anzunehmen, wenn ich mich nicht ausstehen kann, wenn ich mich müde und passiv erlebe, wenn ich mich sehe als jemanden, der an nichts Freude hat und am liebsten in Ruhe gelassen werden möchte.

Ich versuche mich anzunehmen ohne Bedingung und ohne Einschränkung und ohne dieses »Ich bin halt so, es spielt ja eh keine Rolle, wie ich bin, es genügt eh nicht«. Ich möchte zufrieden sein mit mir und damit zu Ruhe und Gelassenheit kommen. Ich möchte auch stolz sein können auf mich und stolz sein, dass ich so bin, wie ich bin. Ich möchte mich annehmen mit und trotz meiner Fehler. Ich möchte augenzwinkernd sagen können: »Ja, auch das bin ich und trotzdem oder gerade deswegen liebe ich mich.«

Sich nicht annehmen und verstehen wollen bedeutet immer, nicht zu sich stehen zu können, nicht zu sich stehen zu wollen, auf Distanz zu gehen zu sich, sich allein zu lassen, sich fremd zu sein, nicht in Einklang zu sein mit sich. Wer so lebt, findet nicht zu sich, kann nicht erleben, was es heißt, eins zu sein mit sich, bei sich zu sein und Ruhe und Frieden zu finden in sich. Verschlossen ist ihm auch die Möglichkeit, Kraft und Stärke in sich tanken zu können und das Gefühl zu erleben, zufrieden und glücklich zu sein mit sich und seinem Leben. Wer so lebt, lebt nicht sich, ist sich nicht Freund, sondern Feind, ist sich nicht Anwalt, sondern Gegner, ist sich nicht Förderer, sondern Bremser. Er macht sich das Leben noch schwerer, macht, dass er noch weniger zur Ruhe kommt und damit ständig am Denken, Erklären und Rechtfertigen bleibt. Denn so ist nie etwas richtig, ist nie etwas genug, sondern immer gibt es etwas, was er an sich auszusetzen hat, zu kritisieren und anzukreiden.

Wer sich nicht verstehen will, kann sich auch nicht annehmen, und wer sich nicht annehmen kann, kann sich auch nicht verstehen. Wer sich nicht annehmen und verstehen kann, kann auch nicht zu sich finden, kann nicht zu sich kommen und zu Hause sein bei sich.

Depressive Menschen haben sich jahrelang unter Druck gesetzt, gegen sich gearbeitet, sich bestraft und geschwächt und sich somit Bedingungen geschaffen zum Handeln, an denen andere scheitern würden. Aber man kann sich nicht ungestraft fertig machen und dann noch Bestleistungen von sich erwarten. Man kann sich nicht ständig erniedrigen und gleichzeitig Selbstvertrauen und Sicherheit erwarten. Man kann auch nicht ständig Angst vor der Zukunft haben, schwarzmalen und gleichzeitig ein offensives, von Zuversicht und Optimismus geprägtes Verhalten erwarten. Man kann auch nicht dem Körper Erholung und Regeneration vorenthalten und dann von ihm ein starkes, kraftvolles Verhalten erwarten. Wer auf sich eingeht und sich zu verstehen versucht, kann nicht so mit sich umgehen, weil er realisiert, dass er sich damit schwächt und schadet, was er gerade mit dem neuen Weg nicht mehr machen will. Wenn depressive Menschen beginnen, sich ernst zu nehmen und anzunehmen, setzen sie für sich ein klares Zeichen und bauen damit einen Widerstand gegen solche Haltungen und Verhaltensweisen auf.

Ich will für mich annehmen, dass ich nicht so schlagfertig bin, dass ich mir Zeit geben muss, um zu einer guten Antwort oder einer Lösung zu kommen. Ich will versuchen mich so zu sehen, wie ich bin, dass ich manchmal erst im Nachhinein gescheiter bin, nicht sofort eine Lösung habe, mich manchmal überfordert fühle, empfindlich reagiere und mich immer sehr schnell kritisiert fühle.

Ich versuche für mich zu verstehen, dass es nicht so einfach ist, mich so anzunehmen, wie ich mich im Moment fühle, und sehe, dass ich Mühe habe, mich in meiner Art auszustehen, dass ich mich manchmal kaum ertrage und mich schäme, so zu sein, wie ich bin. Aber ich nehme mich auch an mit meinem Wunsch, ein anderer zu sein, nicht der zu sein, der ich bin, und dass es noch so viele Dinge gibt, die mir Mühe bereiten, ich nicht so souverän bin, wie andere mich sehen, ich mich für viele Gefühle schäme und es so schwierig ist, dazu zu stehen, dass ich so denke und fühle.

Sich annehmen fällt leichter, wenn der depressive Mensch versucht, sich nicht immer mit andern zu vergleichen. Denn jeder Vergleich fällt zu seinem Nachteil aus, nicht weil dem so ist, sondern weil er immer in einer Art vergleicht, dass er schlechter abschneiden muss. Dazu gehört auch, sich immer nur am Ideal, am Absoluten zu messen, daran, wie man sein müsste, wie man sein könnte: »Ich müsste erwachsener, reifer, selbstsicherer sein.« Aber wenn schon verglichen werden muss, dann wenigstens auf eine annehmende und wohlwollende Art.

Ich möchte versuchen, mit mir zufrieden zu sein, auch wenn man sicherlich vieles noch besser und noch perfekter machen kann. Ich möchte dazu stehen können, dass ich mein Bestes versucht habe und ich mir keinen Vorwurf zu machen habe.

Ich will versuchen, nur auf mich zu schauen und mit dem zufrieden zu sein, was ich kann.

Sich annehmen fällt auch leichter, wenn der depressive Mensch sich erlaubt einzugestehen, dass er so nicht mehr mag, es ihm nicht so gut geht, ihm alles zu viel wird und er deshalb nicht das bringen kann, wozu er sonst imstande wäre. Das heißt, dass sich der depressive Mensch das Recht gibt, Entschuldigungen anzunehmen und Erklärungen zu akzeptieren. Es ist eine Leistung, wenn er dahin kommt, sein Verhalten und seinen Zustand im Zusammenhang mit seiner aktuellen Verfassung und dem momentanen Umfeld zu betrachten und zu bewerten, denn das ist etwas, was er nie gemacht hat. Er hat sich ständig überfordert und geschwächt, indem er nie von dem ausgegangen ist, was möglich und sinnvoll und der Situation angemessen war.

Ein wichtiger Aspekt auf dem Weg zum Sichannehmen ist für den depressiven Menschen, davon auszugehen, dass er sich und die Welt erst einmal so sieht und so erfährt, wie er das immer erlebt hat. Alles andere würde für ihn bedeuten, sich etwas vorzumachen.

Sich annehmen bedeutet, dass es seine Art ist, so zu empfinden, sich einzugestehen, dass er gern positiver und leichter leben würde, es aber – noch – nicht kann und er sich auch nicht dazu zwingen will und muss. Es bedeutet: sich nicht fertig machen, dass er so und nicht anders empfindet, zu seinen Gefühlen stehen, obwohl ihm andere diese ausreden wollen, heißt auch, sich sagen können:

So, wie ich empfinde, empfinde ich, das ist nicht einfach falsch, für mich ist das so und ich will das auch gar nicht leugnen oder mich dabei verbiegen. Und deswegen bin ich nicht daneben oder verkehrt oder weniger liebenswert. Ich will mich deswegen auch nicht schuldig fühlen und mir den Vorwurf machen, dass es mir besser ginge, wenn ich mir ein bisschen mehr Mühe geben würde.

Ich sehe und empfinde es nun einmal so. Ich will mir nichts vormachen und ich will dazu stehen, dass ich es so sehe, ohne ein schlechtes Gewissen dabei zu haben und ohne mich als Pessimisten abzustempeln. Ich würde mich und das Leben doch so gern heller und zuversichtlicher sehen. Aber es geht nicht, ich kann es beim besten Willen nicht.

Verstehen und sich annehmen bedeutet für den depressiven Menschen zu sich stehen, sich so annehmen, wie er ist, ob das den andern passt oder nicht, ob die das gut oder schlecht finden. Es ist seine Entscheidung, sich in seinem Sosein anzunehmen, sich zu verstehen, statt sich zu verurteilen und abzuwerten. Es ist seine Entscheidung und ein wichtiger Schritt auf dem Weg zu sich, wenn er nicht mehr versucht, sich nach den Vorstellungen der andern zu verändern und sich ihrem Denken und Empfinden anzupassen. »*Jetzt geht es um mich*« bedeutet für ihn, sich bedingungslos und ganz anzunehmen, wie er ist, und nicht, wie die andern ihn sehen wollen, so zu fühlen, wie er fühlt, und nicht, wie die andern sagen, dass er zu fühlen hat.

Ich bin mein eigener Herr und Meister und weiß, dass ich schon meine Fehler habe, zu denen ich auch zunehmend zu stehen versuche, ohne mich deswegen vor mir zu schämen. Je besser es mir gelingt, mich anzunehmen, umso offener und unverzerrter kann ich mich betrachten, komme ich mir auf die Schliche, ohne mich deswegen zu verurteilen.

Ich will nicht mehr, dass man mir sagt: »Das musst du verbessern, das ist noch nicht gut genug, das musst du anders machen.« Oder: »So, wie du bist, bist du nicht richtig, du musst anders sein, um zu genügen, um akzeptiert und angenommen zu werden.« Ich will, dass ihr mich so nehmt, wie ich bin. Ich will mich nicht zuerst ändern müssen, damit ich euren Erwartungen entspreche und euren Vorstellungen gerecht werde. Ich weiß schon, dass ich einiges verändern will, aber ich will entscheiden, was und wie ich etwas verändere. Es liegt in meiner Verantwortung und die will ich wahrnehmen. Ich will so weit kommen, dass ich sagen kann: »Ich weiß nicht, ob ich euren Erwartungen entspreche, ich weiß nur, dass ich mir genüge und dass ich zufrieden bin mit mir.« Darum geht es mir und das ist für mich wichtig.«

2 Verändern-Lernen

5
Den eigenen Weg gehen

Eigene Lebenslinien finden

Der Ausstieg aus der Depression ist immer ein Weg des Lernens, Übens und Veränderns. Der depressive Mensch soll für sich Sätze haben, die ihn den ganzen Weg durch begleiten, ihn aufbauen, ihm Sicherheit geben und ihm den Weg weisen zu einem Ziel, das er für sich selbst definiert. An ihnen soll er sich immer festhalten und orientieren können. Sie erinnern ihn immer wieder an sein neues Lebensmotto und leiten dessen Umsetzung in konkrete Lern- und Veränderungsschritte. Persönliche Formulierungen sind wie auch die Merksätze das A und O eines befriedigenden und erfolgreichen Ausstieges.

Ich habe mich verloren und will mich finden. Ich weiß nicht, wer ich wirklich bin, und möchte ich selber sein. Sich verlieren und wiederfinden, das ist mein Lebensthema. Ich möchte »ich« sagen können und wissen, was und wen ich damit meine. Ich habe immer gegen mich gearbeitet, jetzt will ich zu mir stehen und alles, was ich kann, für mich tun. Ich habe mich stets übergangen, geringschätzig behandelt und schlecht von mir gedacht und gesprochen. Das will ich ändern, auf mich schauen und mich wichtig nehmen. Ich bin es mir wert, dass es um mich geht.

Und daraus abgeleitet oder auch nur umformuliert, womit wir wieder bei den Merksätzen wären:

Jetzt geht es um mich. Ich will frei und selbstständig über mich selber entscheiden. Ich will leben und mein Leben leben. Jetzt bin ich dran, ich habe mich genug vernachlässigt. Ich will, dass es mir gut geht und ich mich gut fühle. Dafür nehme ich mir Zeit und bin ich bereit, einiges an meinem Denken und Handeln zu verändern.

Jeder depressive Mensch ist einen ganz persönlichen, von seiner Art und seinem familiären Umfeld geprägten Weg in die Depression gegangen. So ist eine depressive Persönlichkeit mit einem ganz individuellen Profil entstanden, das davon bestimmt ist, wo, wie und wann und zu welchen Teilen sie sich verloren hat, wie viel Halt und Sicherheit sie noch in sich findet, was sie sich noch zutraut, was sie noch selber entscheiden kann und wie stark und auch wie bewusst sie unter dem Diktat des Müssens steht. Auch hat nicht jeder sich in gleichem Maß überfordert. Jeder hat auch seine Inseln, wo er sich sicher und selbstbewusst fühlt, wo er sich traut, sich für sich einzusetzen, und wohin er sich sofort und automatisch zurückziehen kann. Und so hat auch jeder seinen eigenen Weg des Ausstiegs. Die Hauptrichtung ist gegeben, welchen Weg er oder sie jetzt geht und in welchem Tempo, entscheidet sie oder er selbst.

Jedes Mal, wenn ich mich in meinem Denken und Handeln berücksichtige, wenn ich etwas für mich tue, wenn ich mich schone und rücksichtsvoll und nachsichtig mit mir umgehe, ist es ein Schritt in Richtung Veränderung und ein Schritt aus der Depression. Darum geht es für mich.

Sie oder er spürt, was wann für sie oder ihn stimmig ist und wo ihre oder seine stärksten Belastungen oder Veränderungswünsche sind: Der eine beschäftigt sich vor allem mit Themen, die ihn in seiner Entfaltung im Beruf beeinträchtigen, der andere fühlt sich beziehungsmäßig völlig überfordert, jemand anders wiederum erlebt seine Einschränkung und Belastung vor allem körperlich. Dann gibt es sie, die sich vor allem schlecht fühlt, weil sie in ihren Augen nie etwas gut genug machen kann, eine andere, die jedem Konflikt aus dem Weg geht. Jeder hat sein eigenes Veränderungsprofil. Jeder spürt, was sie oder er anders machen will, welcher Weg für sie oder ihn passt und welcher nicht.

Auf der Suche nach sich selbst findet der depressive Mensch über seine je eigenen Wege zu seinen Lebensthemen und damit zu sich selbst.

Jeder depressive Mensch wählt sich seine Themen und die Reihenfolge ihrer Behandlung aus. Jeder entscheidet selber, wie lange er wo verweilt. Und das ist gut so. Jedes Dranbleiben an einem Thema verändert auch bei den andern etwas. Bleibt der depressive Mensch innerhalb des Hauptthemas *»Jetzt geht es um mich«*, dann hilft jedes Arbeiten an einem untergeordneten Thema der Bearbeitung anderer Themen, bringt die weiter, auch wenn sie oder er sich nicht direkt damit beschäftigt. Man kommt auf diese Weise ganzheitlich zu mehr Selbstsicherheit, zu mehr Selbstvertrauen und damit zu mehr Ruhe und Gelassenheit. Ein solches Vorgehen sensibilisiert auch für andere Themen, erleichtert den Zugang zu anderen Lern- und Veränderungsprozessen und macht alle Schritte einfacher. Alles, was der depressive Mensch beim Ausstieg unternimmt und verändert, sind Konkretisierungen des einen und neuen Anliegens und Lebensmottos. Und wie bei allen Schritten geht es zuerst und ausschließlich um den depressiven Menschen selber. Aus Sorge und Rücksicht auf sein Wohlbefinden ist es wichtig, dass jeder Schritt langsam, sorgfältig und behutsam gemacht wird, dass er sich immer wieder rückversichert und das Tempo und den Schwierigkeitsgrad der einzelnen Schritte der aktuellen Situation anpasst. Sich ernst nehmen, haben wir gesagt, bedeutet, dass der depressive Mensch sich nicht überfordert, indem er nur die Schritte macht, die im Moment möglich sind. Und deswegen geht es beim Ausstieg immer darum:

»Jetzt geht es um mich.« Ich will mich ernst und wichtig nehmen.

Ich muss gar nichts. Ich darf, wenn ich will. Ich will mich nicht mehr übergehen und überfordern. Wenn ich selbst entscheide und das mache, was ich will, dann bin ich bei mir und dann sind meine Entscheidungen und mein Handeln für mich stimmig, entsprechen meinem Wertesystem und meiner aktuellen Verfassung. Dann bin ich auf dem richtigen Weg. Jedes Mal, wenn ich mich in meinem Denken und Handeln berücksichtige, wenn ich etwas für mich tue, wenn ich mich schone und rücksichtsvoll und nachsichtig mit mir umgehe, mache ich einen Schritt in Richtung Veränderung und damit einen Schritt aus der Depression.

Mit einer solchen Ausrichtung geht es voll und ganz um sie oder ihn. Besser kann man es nicht machen und noch näher am Hauptthema und damit bei sich kann man auch nicht sein:

Ich will und erlaube mir, nicht mehr alles auf mich zu beziehen, die Fehler oder vermeintlichen Fehler nicht mehr nur und zuerst bei mir zu sehen. Ich will sehr wohl meine Verantwortung wahrnehmen, meinen Anteil sehen und dazu stehen, aber nicht alles liegt immer bei mir und dem will ich Rechnung tragen.

Ich will mir Gedanken machen, was ich mir zuliebe noch tun kann, wie ich mich trösten oder belohnen kann. Ich will mir überlegen, was mir Kraft, Mut und Zuversicht geben kann, damit es mir besser und alles leichter von der Hand geht. Ich will auf mich schauen und überlegen, was ich heute Gutes gemacht habe. Ich will mich nicht mehr nur bei dem aufhalten und mir das vorwerfen, was ich nicht, noch nicht oder nicht gut gemacht habe. Ich verdiene eine bessere Behandlung. Ich will mir endlich Zeit nehmen für mich und nicht mehr nur für die andern oder die Arbeit. Ich weiß, dass ich, wenn ich etwas wirklich will, es dann auch schaffe und erreiche. Darauf will ich mich vermehrt besinnen und mir zu Herzen nehmen: Ich kann ganz viel, wenn ich wirklich will. Wenn ich etwas will, dann nicht nur, damit es den andern entgegenkommt oder mir besser geht und ich dann wieder leistungsfähiger bin. Mein Ziel ist es, etwas für mich zu wollen, auch nicht nur, weil ich es verdient habe, sondern weil ich es mir wert bin.

Auf dem Weg aus der Depression wählt der depressive Mensch die Schritte, die ihm im Moment wichtig und machbar erscheinen, ihn am meisten berühren und ansprechen. Er bestimmt über seinen Weg, indem er das verändert, was ihm im Moment am nächsten, am machbarsten und vielleicht auch am dringendsten erscheint. Der Zusatz *»im Moment«* ist wichtig. Es geht nicht darum, einen einmal gewählten Weg um jeden Preis bis zum Ende durchzuziehen. Wenn der depressive Mensch das macht, dann nimmt er den Vorsatz wichtiger als sich selbst, dann übergeht er sich und zwingt sich zu etwas, was ihm innerlich vielleicht gar nicht mehr passt und von dem er auch spürt, dass es falsch ist. Deshalb ist der Moment wichtig und von dem auszugehen, was für ihn im Moment stimmt. Daraus resultiert dann auch kein Zickzackkurs, etwas Unlogisches und Zufälliges, sondern seine Koordinaten, in denen er sich bewegt, kristallisieren sich nach und nach in den verschiedensten Variationen heraus. Er bewegt sich damit immer im Rahmen seiner Lebensthemen. Er ist wirklich dort, wo es um ihn geht, und zwar auf dem Weg, bei dem er intuitiv spürt, dass er wichtig und richtig ist. Häufig wird es ihm im Kopf verzögert bewusst, aber nicht minder klar und eindeutig, dass es um ihn geht, dass er auf sich schaut und sich nicht bestrafen oder benachteiligen will. Und deutlicher werden ihm auch die verschiedenen Ausformungen und Themen des Hauptthemas, seine eigentlichen Lebenslinien. An ihnen kann er sich festhalten, sie sind konkret, fassbar und auch in den verschiedensten Situationen abrufbar. Über sie spürt er sich am klarsten. Durch sie merkt er am deutlichsten, wenn er sich außerhalb seiner Leitplanken bewegt. Das tut er, wenn er von sich weggeht, sich vernachlässigt und mehr bei den andern und dem ist, was er glaubt, machen zu müssen. Dann ist es für ihn nicht mehr stimmig, dann fühlt es sich nicht mehr gut an. Denn das Faszinierende am persönlichen Weg ist die Erfahrung, dass der depressive Mensch immer spürt, ob das, was er macht und wie er es macht, lernt oder übt, mit dem übereinstimmt, was für ihn stimmig und richtig ist. Und dieser innere Kompass ist absolut verlässlich und fraglos richtig. Er muss nicht geprüft, kontrolliert oder gerechtfertigt werden. Er ist immer genau justiert und hundertprozentig zuverlässig. Er ist der Fels in der Brandung, in welcher Phase des Ausstieges der depressive Mensch sich auch befindet, ob auf Abwegen, in Neuland oder in vertrauten Gewässern.

Was will ich?

Beim wirklich Ernstmachen mit dem »*Jetzt geht es um mich*« geht es entscheidend darum, dass der depressive Mensch sich ins Zentrum stellt, sich eine neue Bedeutung und Wichtigkeit gibt. Der Königsweg dazu und damit eine der wichtigsten Konkretisierungen, vielleicht sogar die wichtigste dieser neuen Akzentsetzung, ist die Rückbesinnung auf zwei Aspekte, die mit der Grundaussage »*Jetzt geht es um mich*« eng verbunden sind. Es geht dabei darum, was ***ich*** will, und darum, was ich ***will***. Also um das Ich und das Wollen.

*Was will **ich** und was **will** ich?*

Ergänzt werden können sie durch folgende weitere Fragen, die auch zur Standardausrüstung gehören sollten:

Ist es das, was ich wirklich will? Stimmt das für mich? Mag ich das? Entspricht mir das? Bin ich dazu bereit? Ist das möglich für mich, habe ich die Kraft dazu?

Der depressive Mensch muss auf seinem Weg des Ausstieges lernen, im Bewusstsein zu leben, dass es bei allem, was er macht, um ihn geht, dass er wichtig ist und er es verdient, ernst genommen zu werden. Es geht um ihn und um sein Leben. Dazu gehören sein Ich und sein Wollen. Dieses Grundthema soll langsam in Fleisch und Blut des depressiven Menschen übergehen und soll so verinnerlicht werden, dass er unmittelbar spürt, wenn er nicht so lebt, wenn er sich übergeht und überfordert. Es geht darum, sich immer wieder vor Augen zu halten: »*Es geht um mich*«, und daraus folgernd: »*Was will ich?*«, und: »*Was will ich?*« Sie führen den depressiven Menschen auf sich selbst zurück, dorthin, wo er Antworten findet auf seine Fragen.

Nicht mehr, was der depressive Mensch muss, was von ihm erwartet wird und was richtig ist, ist die Frage, sondern, was er will, was für ihn stimmt, wie es ihm geht und was für ihn in diesem Moment möglich ist. Wichtig ist auch immer die Einschränkung mit den Worten: jetzt, in diesem Fall, in diesem Moment. Das ist insofern von Belang, weil der depressive Mensch selten von dem ausgeht, was im Moment geschieht, sondern die Tendenz hat, sich im Grundsätzlichen und Allgemeinen zu verlieren, vom Schlimmsten ausgeht und gern die Worte »immer« und »nie« benutzt. Um ihn geht es, was für ihn wichtig und richtig ist, steht im Mittelpunkt. Das beinhaltet, dass bei seinen Fragen immer auch eingeschlossen ist, was ebenso neu und gewöhnungsbedürftig ist und sowohl beim Ausstieg aus der Depression wie auch für das spätere Leben Gültigkeit hat: Es geht ums Wollen und nicht ums Müssen, es geht um ihn und nicht um die andern, es geht um das, was im Moment stimmig ist für ihn und nicht um Leben und Tod.

Es gibt auch andere Fragen, bei denen es darum geht, ernst zu machen mit dem »*Jetzt geht es um mich*«:

Mache ich das wirklich für mich? Mache ich das für mich und nicht doch wegen der andern? Wenn ich das mache, hilft es mir und ist es auch gut für mich?

In die gleiche Richtung bewegen sich andere Fragen, zum Beispiel:

Wie stimmt es für mich? Wie könnte ich es machen, dass auch ich etwas davon habe? Was würde mir jetzt guttun? Was wäre jetzt gut für mich, was würde mich freuen und aufstellen? Was geht im Moment am ehesten oder ist überhaupt möglich?

Fragen, die direkt ins Schwarze treffen, sind solche, die für den depressiven Menschen noch fremder und ungewohnter sind, sodass sie in seinem Denken überhaupt nicht vorkommen:

Wie geht es mir eigentlich? Geht es mir eigentlich gut? Habe ich ein gutes Gefühl? Bin ich zufrieden mit mir? Was kann ich machen, dass ich zufrieden oder sogar glücklich bin?

Alle diese Leitfragen sind so entscheidend, dass der depressive Mensch nicht darum herumkommt, sie sich aufzuschreiben. Es wäre mehr als hilfreich, sich einen Zettel mit seinen Fragen anzulegen und den so aufzuhängen oder bei sich zu tragen, dass man immer wieder damit konfrontiert ist. Sich solche Fragen zu stellen ist wirklich so fremd und neu, dass alle Mittel recht sind, die dazu beitragen, sich ihrer immer wieder zu vergewissern. Sie müssen so in Fleisch und Blut übergehen, dass sie mit der Zeit automatisch und von selbst gestellt werden oder gar nicht mehr gestellt werden müssen, weil der depressive Mensch sich schon ganz selbstverständlich ins Spiel bringt. Das ist das Ziel und es ist erreichbar.

Anfänglich ist der Weg des Fragens mühsam, weil er immer über den Kopf laufen muss, bis er eine gewisse Selbstverständlichkeit erreicht hat.

Der Weg führt zuerst über das bewusste und willentliche Fragen. Je mehr der depressive Mensch sich angewöhnt, sich bei jeder Gelegenheit zu fragen, umso leichter geht es mit der Zeit. Es geht nicht so schnell, spüren und unterscheiden zu lernen, ob er das, was er macht, auch will oder nur meint, dass er es will, es aber ein Müssen ist. Mit der Zeit weiß er, wie sich ein Wollen oder ein Müssen anfühlt, weil er die Antwort nicht mit dem Kopf gibt, sondern in sich hineinhört und dem Gehörten und Erspürten traut. Wollen gibt ein gutes Gefühl, Müssen ein schlechtes, es stimmt irgendwie nicht, es fühlt sich schlecht an. Was auch hier dem depressiven Menschen abverlangt wird, sind Geduld, Nachsicht und Verständnis. Ohne das geht es auch hier nicht.

Auch das Wort »ICH« zu benutzen braucht seine Zeit, bis der depressive Mensch gewohnt ist, dieses Wort selbstverständlich in den Mund zu nehmen. Anfänglich kommt es ihm so fremd und ungewohnt vor, so falsch auch, dass er immer wieder darüber stolpert. Der Gebrauch des Wortes »ICH« ist in höchstem Maß gewöhnungsbedürftig. Der depressive Mensch kommt auch da nicht darum herum, es immer wieder laut oder halblaut vor sich her zu sagen, bis es vertraut und selbstverständlich zu ihm gehört.

Ich möchte hier noch einen anderen Fragenkomplex anführen: Der depressive Mensch hat die Gewohnheit, sich körperlich zu überfordern, und sich bezüglich seiner Kraftreserven zu überschätzen. Der Körper ist für ihn kein Thema, er hat zu funktionieren. Es gibt auch kaum so etwas wie Achtsamkeit und Sorgfalt im Umgang mit ihm. Unmittelbare Fragen, den Augenblick und den Körper betreffend, sind etwa folgende, wobei es auch hier wieder nötig sein wird, dass der depressive Mensch maßgeschneiderte Fragen und entsprechende Formulierungen für sich findet:

Habe ich noch die Kraft, liegt das noch drin? Wie geht es mir im Moment kräftemäßig? Wie viel liegt noch drin, was ist mir von der Kraft her möglich? Wie fühle ich mich im Moment? Wie spüre ich meinen Körper? Was will ich und kann ich das, was ich will, auch wirklich? Was ist im Moment möglich, machbar? Was traue ich mir zu?

Es gibt eine andere Form des Fragens, die mehr noch ins Grundsätzliche geht und dann am Platz ist, wenn der depressive Mensch sich Zeit nimmt, sich umfassender mit seiner Erschöpfung, seinem Alltag oder gar mit seinem Leben auseinanderzusetzen:

Was will ich ändern, damit ich nicht immer von neuem Energie verpulvere? Wo sind meine Energiefresser? Wie kann ich sorgfältiger und haushälterischer mit meinen Kräften umgehen? Was kann ich machen, damit ich das riesige Energiedefizit aufholen kann, das ich mir im Laufe der Zeit aufgebaut habe? Wie komme ich dazu, mit mir und nicht über mich hinweg etwas anzugehen?

Diese Fragen zielen alle darauf ab, sorgfältiger und bewusster mit sich und seinem Körper umzugehen. Ohne das geht es nicht. Es gibt keine wirkliche Veränderung ohne die körperliche Erholung. Sie steht am Anfang und ist Bedingung jeder Veränderung. Welchen Weg ein depressiver Mensch auch geht aus der Depression heraus, diese Grund- und Leitfragen sollte er mitnehmen und sie tagtäglich beherzigen, um immer klarer Antwort geben zu können. Nur mit dem Dranbleiben an diesen Fragen wird es ihm möglich, immer eindeutiger und präziser die Antworten zu erspüren. Damit wird es einfacher für ihn, Vertrauen zu sich und dem Gespürten zu finden und in seinen Entscheidungen und Handlungen sich darauf zu stützen. Der depressive Mensch muss sich angewöhnen oder auch lernen, im Bewusstsein zu leben, dass es bei allem, was er macht, um ihn und zunächst einmal auch um seinen Körper geht. Fragen nach den Energiemöglichkeiten stehen zu Beginn des Ausstieges sicher mehr im Zentrum als später, wichtig aber bleiben sie immer.

6
»Ich muss gar nichts«

Vom Wollen und Müssen

Depressive Menschen leben zeitlebens in dem Gefühl, zu müssen. Sie fühlen sich extrem unter Druck und verpflichtet, sich in einer bestimmten Art und Weise verhalten oder gar denken und empfinden zu müssen. Damit geraten sie in einen Zustand ständiger Überforderung und zunehmender Erschöpfung, den man als Depression bezeichnet.

Das geht so weit, dass der depressive Mensch von sich sagen kann: »Scheinbar gibt es mich nur, wenn ich muss, nur dann bin ich.« So extrem müssen wir uns das Leben und das Lebensgefühl des depressiven Menschen vorstellen. Wenn man sein Müssen genauer betrachtet, zeigen sich die verschiedensten Facetten dieses Sich-ständig-verpflichtet-Fühlens. Und genauso unterschiedlich und verschiedenartig wird dieses Lebensgefühl von den einzelnen Menschen auch erfahren. Ich führe das aus, damit jede und jeder selbst für sich überprüfen kann, wie es bei ihr oder ihm aussieht. Für den depressiven Menschen zeigt sich dieses Grundmuster seines Lebens in den verschiedensten Ausformungen:

Das Müssen meldet sich immer ganz stark. Es packt mich, nimmt mich gefangen. Ich fühle mich genötigt und gezwungen. Ich erfahre das Verpflichtetfühlen als Ausgesetzt- und Ausgeliefert- und ebenso als Geknechtet-, Bevormundet- und Unfreisein. Ich kann nicht entscheiden, es gibt für mich gar kein Entscheiden, es gibt kein Zögern oder Hin und Her, wenn es die andern betrifft. Es ist immer ganz klar, dass ich mich so verhalten muss. Anders, wenn es um mich geht, dann weiß ich nicht, was ich kochen, anziehen oder ob ich ausgehen soll oder nicht. Da tue ich mich unendlich schwer und kann mich überhaupt nicht entscheiden.

Mein Leben ist wie eine Einbahnstraße, alles ist selbstverständlich und normal, weder außergewöhnlich noch speziell, es ist, wie es ist, es ist mein Leben und das war nie anders. Mein Leben ist Pflicht, es ist so, einfach, klar, fraglos. Ich lebe, weil ich leben muss, ungefragt und zwangsläufig, und ich mache, was ich machen muss. Etwas anderes gibt es nicht. Sehr häufig habe ich das Gefühl, dass es gar nicht um mich geht, dass genauso jemand anders handeln könnte. Ob ich es bin oder nicht, spielt keine Rolle. Wenn es mich nicht mehr gäbe, würde nichts und niemand fehlen. Ich bin da und doch nicht da. Mich gibt es und gibt es doch wieder nicht. Was da ist, ist mein Müssen, durch das Verpflichtetsein gibt es mich.

Das bestimmende Lebensgefühl des depressiven Menschen, geprägt vom »*Ich muss*« wird in den verschiedensten Formen und Ausprägungen erfahren und auf verschiedenste Weise erlebt, von »*Ich kann nicht anders, ich habe keine Wahl*« bis »*Ich muss, sonst werde ich es teuer bezahlen müssen*«. Ich beschreibe das so konkret, weil es sehr viele depressive Menschen gibt, die ihr Leben auf diese Weise leben, ohne es überhaupt so wahrzunehmen. Sie sind so in diesen Gefühlen drin, kennen nichts anderes, dass sie gar nicht merken, in welchem Ausmaß sie solchen Mustern ausgeliefert sind, wie wenig sie entscheiden und wie sehr sie in eingeschliffenen Bahnen funktionieren. Das zu realisieren ist für viele der erste Schritt zur Veränderung. Frei werden beginnt damit, zu sehen und anzunehmen, wie unfrei man ist.

Ich muss, ich kann gar nicht entscheiden oder wählen. Ich muss, es bleibt mir gar nichts anderes übrig. Ich muss, so ist mein Leben, auch das habe ich nicht gewählt. Ich muss, ich kenne nichts anderes und habe nie etwas anderes gekannt. Ich muss, sonst belastet es mich immer weiter. Ich muss, sonst komme ich nicht los, ich muss immer denken und das macht mich kaputt und fertig.

Die Art, wie der depressive Mensch in seinen Mustern des Denkens und Fühlens gefangen ist, ist wie ein Fahren auf einer Einbahnstraße oder auf einer Schiene. Es gibt keine Wahl- und Entscheidungsmöglichkeiten. Bei diesem ausgeprägten und das Lebensgefühl bestimmenden Müssen und Sich-verpflichtet-Fühlen geht es um ein Handelnmüssen, das wie ein Sog ist. Es zieht den depressiven Menschen gefühlsmäßig in etwas hinein, bevor er überhaupt überlegen kann. Bei diesem Zwang, immer den Ansprüchen anderer zu folgen, ist der depressive Mensch wie ausgeschaltet, ist sein Wille außer Kraft gesetzt. Fragen oder Entscheiden sind zwecklos, weil er schon begonnen hat, draufloszuhandeln, bevor das Hirn überhaupt zu reagieren beginnt. Es ist wie ein Automatismus, der abläuft. Der depressive Mensch ist nicht gefragt. Er hat zu handeln, unverzüglich, und zwar so, wie er glaubt, handeln zu müssen, dass es ja dem andern passt. Dieses für alle und alles Verantwortlichsein lässt keine eigenen Entscheidungen zu. Deshalb wird das Lebensgefühl des depressiven Menschen auch davon bestimmt, gar nicht gefragt zu sein, weil er gar nicht gefragt ist und er sich selbst gar nicht fragt, er sich selbst gar nicht ins Spiel bringen kann und darf. Und wenn es nicht um ihn geht, dann ist es auch nicht verwunderlich, dass er sich ausgeliefert, manipuliert und gezwungen fühlt. Dann ist er nur Statist in seinem Leben, dann ist alles nicht sicher, nicht klar, sondern zufällig und brüchig.

Deshalb sind für ihn *»Ich muss gar nichts«* und *»Ich will nicht«* so wichtig, weil das für ihn konkret heißt: »Es geht jetzt um mein Leben, da will ich mitreden und mitgestalten.« Mitentscheiden zu dürfen, was für ihn wichtig ist, was er anders und neu haben und was er mitnehmen möchte ins neue Leben, bestimmt von nun an sein Leben. Und dieses neue Leben fängt mit dem Ausstieg an. Hier stellt er die Weichen neu, wie es für ihn stimmt, wie es ihm entspricht und wie er es sich wünscht. Er bestimmt jetzt über sein Leben, weil er sich vornimmt, sein neues Lebensgefühl zu pflegen und zu hüten wie einen kostbaren Schatz:

Wollen und nicht müssen soll fortan meine Lebensdevise sein: Ich bin frei, ich muss nicht, aber ich will. Ich muss nichts, ich kann das tun, was ich will. Ich erlaube mir das, was mir wichtig ist und für mich stimmt. Ich möchte das umsetzen, was ich immer schon als Sehnsucht in mir trage und mir vom Leben erwarte. Ich will leben und mein Leben selbst gestalten. Ich will nicht mehr gelebt werden, nicht mehr außerhalb von mir und meinem Leben leben, sondern mittendrin. Ich will mein Leben selber in die Hand nehmen, selber entscheiden, selber bestimmen, für mich sorgen und das Beste für mich machen in dieser Welt und in diesem Leben. Ich will selbst entscheiden. Ich habe es satt, immer nur zu müssen. Ich will das nicht mehr, ich möchte es aus meinem Leben verbannen.

Beim »*Ich will und muss nicht*« geht es um ganz unterschiedliche Themen. Für jeden Menschen zeigt sich das anders, weil ihm anderes wichtig und nahe ist. Jeder Mensch verbindet ganz bestimmte Vorstellungen mit diesem neuen Grundsatz. Und so sind denn die Schwerpunkte und Akzentsetzungen beim Ausstieg und bei der Richtung des Ausstiegs sehr unterschiedlich:

Ich bin frei, ich bin niemandem etwas schuldig. Ich muss mir nichts beweisen.

Ich darf so denken und sprechen, wie es für mich stimmig ist.

Ich darf mich entscheiden, ich bin frei, mich für das zu entscheiden, was mir wichtig ist.

Ich will meinen Ausstieg und mein späteres Leben unter das Motto stellen und versuchen, danach zu leben: Ich muss nichts. Ich darf das, was mir möglich ist, mir passt, stimmt und guttut. Nur darum geht es.

Ich muss auch nicht lernen, mich abzugrenzen oder Nein zu sagen. Ich kann das, wenn ich will und wenn es mir wichtig erscheint.

Je mehr der depressive Mensch zum *»Ich will und muss nicht«* steht und versucht, entsprechend zu leben, umso mehr vergeht das Gefühl vom Getriebensein und vom Zwanghaften, beruhigen sich die innerliche Unruhe und Nervosität. Und es gelingt ihm, sich zunehmend über dieses *»nicht immer mehr müssen«* zu freuen und das Freisein zu genießen. Der depressive Mensch wird ruhiger, gelassener, ohne dass er sich das als Ziel und Inhalt eines Lernprozesses vornimmt. Für ihn wie ein Wunder.

»Ich darf, ich muss nicht« öffnet dem depressiven Menschen eine völlig neue Welt und eine neues Lebensgefühl:

Ich stehe nicht mehr unter dem Druck eines »jetzt oder nie«, »jetzt gleich«, »sofort«, »selbstverständlich«, auch nicht mehr unter einem unbarmherzigen Erfolgs- und Leistungsdruck. Ich fühle mich frei und leicht. Ein Druck, den ich immer in mir spürte, ist weg, der ständige Kloß im Hals war gestern.

Ich lebe, weil ich mich spüren darf und merken kann, was ich will, was mir wichtig ist und wie ich mein Leben gestalten will. Ich merke immer deutlicher, dass es jetzt tatsächlich um mich geht. Dieses Gefühl der Selbstbestimmung und der Freiheit will ich nicht mehr hergeben und noch bewusster und noch bestimmter danach leben.

Sein Wohlbefinden, seine Zufriedenheit hängen auch nicht mehr davon ab, ob etwas gelingt oder nicht, ob er etwas überhaupt in Angriff nimmt oder nicht. Denn mit dem »Ich muss« war immer auch verbunden, dass es kein Zurück gibt, dass jedes Nichtmachen eine Kapitulation ist, die auf ihn zurückschlug: Er war immer schuld, auch daran, dass es ihm schlecht ging. Wenn der depressive Mensch entscheiden kann, ob er etwas tun will oder nicht, dann ist es auch keine Katastrophe, wenn er einmal etwas sein lässt; ruhig und bestimmt sagt er sich stattdessen: »O.k., dann versuche ich es halt ein anderes Mal.« Und alles ist in Ordnung. Es ist wirklich eine Art Leichtigkeit und Lockerheit, die Einzug in sein Leben halten kann. Die dauernde Verkrampfung, wo es um alles oder nichts geht und seine Existenz auf dem Spiel steht, kann sich langsam lösen und einer Durchlässigkeit und Weichheit Platz machen.

Mit dem neuen Lebensgrundsatz *»Ich kann, wenn ich will. Ich muss gar nichts«* wird ein neuer und damit grundlegend anderer Umgang mit sich möglich: kein Druck mehr, keine Strenge und Unerbittlichkeit. Es ist ein liebevoller Umgang, ein wohlwollender auch, um den es jetzt geht. Früher ging es immer um alles, und je größer die Angst, desto größer der Druck. Es ging ums Machenmüssen, nie um sich selbst. Das Vorhaben oder die Absicht war wichtiger als man selbst. Wenn alles so wichtig ist, alles steht oder fällt mit dem Gelingen, dann ist der depressive Mensch auch nicht versucht, etwas auszuprobieren und ein Risiko einzugehen. Dann lässt er es sein, macht nur das Notwendigste und freiwillig schon gar nichts, nur wenn es erwartet wird oder er glaubt, dass es erwartet wird. Etwas freiwillig, für sich, aus Freude oder Lust oder Interesse an einer Sache zu machen gab es nicht. Es gab nur ein Pflichtprogramm und das war schon zu viel.

»Ich darf« heißt auch, dass ich mir nichts vormachen oder beweisen muss und es an mir liegt, wie viel ich über meine Verfassung andern berichte. Ich muss mich nicht öffnen. Und wenn ich das will, dann werde ich es auch machen und beginnen, mich zu exponieren, auch wenn es mir nicht leichtfällt. Ich will gar nicht mehr so viel Energie darauf verwenden, meinen wahren Zustand zu verheimlichen. Ich entscheide, ob und wem ich etwas sagen will. Ich darf ich selbst sein, ich muss nicht mehr so tun, als ob, etwas vormachen, was ich gar nicht bin. Ich entscheide, ob, wann und wem ich etwas sage. Ich weiß selbst, ob ich Fragen und Mitgefühl ertrage, ich weiß am besten, wer akzeptiert, was ich sage, und wer anfängt zu bohren. Ich weiß auch, von wem ich Mitleid und Sorge ertrage und von wem nicht, wer mich auch so nimmt, wenn ich sage, wie es in mir aussieht und wie es mir tatsächlich geht.

Mit der neuen Einstellung kann sie oder er die Erfahrung machen, dass ihre oder seine Ängste unrealistisch sind und die andern ganz anders reagieren, als man befürchtete und sich auch einredete. Mit dem verbunden ist auch eine neue Erfahrung der Selbstbestimmung und der Freiheit. Depressive Menschen können sich das so merken und vorsagen:

Ich darf ausprobieren, es muss nicht immer alles sofort gelingen. Auch wenn es mir nicht passt, Fehler passieren und Fehler dürfen passieren. Ich darf einen neuen Weg gehen, ich bin frei, zu entscheiden. Ich darf auch Angst haben und wieder umkehren, wenn die Angst zu groß wird. Ich darf unsicher sein, ich darf auch zweifeln und Angst haben und muss nicht immer stark und furchtlos sein. Ich darf mich zurückziehen, wenn etwas zu viel wird und ich Zeit brauche für mich.

Ich darf auch Dinge denken, die ich mir bisher gar nicht erlaubte. Ich will lernen, zu träumen und zu fantasieren, ohne mir das sofort zu verbieten. Ich nehme mir die Freiheit, Neues, bisher nicht Erlaubtes zu denken. Ich will mir nicht mehr immer nur Grenzen setzen und in Einbahnstraßen denken. Ich will frei sein, zu denken, was ich will. Ich will meinen Handlungsspielraum erweitern. Und ich kann mich selber kontrollieren mit den Fragen: Tut mir das gut, stärkt mich dieses Denken, baut es mich auf?

Es geht aber auch darum, dass ein altes Müssen nicht durch ein neues ersetzt wird, auch wenn es noch so gut gemeint und inhaltlich richtig ist. Also ist auch der neue Weg grundsätzlich kein Müssen, sondern ein Wollen.

Ich will heißt auch, ich muss nicht wollen müssen. Ich will nicht, dass mein Wollen wieder zu einem Müssen wird. Und überhaupt bin ich froh, dass ich zuerst einmal wollen darf. Und das ist so schwierig, dass es in meinen Kopf reingeht, dass ich wollen darf, dass ich sagen darf: Ich darf wollen und ich will.

Früher sagte sich ein depressiver Mensch etwa: »Ich muss noch dieses erledigen, bevor ich mich ein bisschen hinlegen kann.« Und heute wäre es falsch, wenn er sagen würde: »Ich muss mich zuerst hinlegen und darf nicht zuerst die Arbeit erledigen.« Falsch wäre aber auch die folgende Formulierung, so richtig sie zunächst klingen mag: »Ich muss mir das Ausruhen nicht erst verdienen.« Besser wäre, sich zu sagen: »Ich will mich zuerst hinlegen, bevor ich entscheide, was ich weiter tun werde, ob ich die Arbeit wie vorgesehen erledigen will oder nicht.« Oder: »Ich gebe mir die Erlaubnis, mich zuerst hinzulegen, bevor ich dann die Arbeiten eventuell erledige.« Natürlich spricht kein Mensch so zu sich, aber zu Beginn wäre es gar nicht so übel, wenn sich der depressive Mensch explizit und laut die Erlaubnis gibt und diese nicht gleich gedanklich mit einer Leistung verbindet.

Nicht mehr müssen bringt dem depressiven Menschen viel, nämlich von dem Gefühl befreit zu sein, immer unter Druck zu sein und unter der entsprechenden Belastung zu stehen. Wenn sie oder er diese Freiheit aber nutzt, dann öffnet sie ihm eine neue Welt, dann weht ein neuer Wind, kommen neue Farben in ihr oder sein Leben. Nicht mehr müssen heißt:

Ich bin frei, zu machen, was ich will und wie es für mich stimmt. Ich kann etwas machen, muss aber nicht. Ich kann und ich kann auch nicht.

Ich bin frei, ich habe die Freiheit, zu entscheiden. Ich habe das Recht und damit auch die Verantwortung, zu entscheiden, zu meinem Wohl und Wohlergehen.

Ich muss nichts und das heißt für mich, ich will mich auch nicht zu etwas zwingen; nicht um jeden Preis etwas erzwingen oder durchstehen; nicht mehr mit dem Kopf durch die Wand.

Diese Freiheit ist neu und kann vom depressiven Menschen nur sehr langsam genutzt werden, bei allem Bestreben, diese neuen Lebenssätze ins Leben hineinzutragen und nicht mehr loszulassen. Geduld und sich dafür Zeit zu geben sind geboten, um dieses Lebensmotto im neuen Leben zu verwurzeln, denn zu tief sind die alten Spuren der Verpflichtung in Bewusstsein und Gefühlen eingegraben, zu schnell gleitet der depressive Mensch, wenn er neue Wege gehen will, in alte und vertraute zurück. Und Freiheit ist gewöhnungsbedürftig und macht zuerst Angst. Freiheit kann der depressive Mensch dann für sich nutzen, wenn er auch weiß, was er will, was ihm wichtig ist, wonach ihm zumute ist. Und deshalb fängt die Freiheit dort an, wo er sich eingestehen kann:

Ich weiß nicht, was ich will. Ich weiß nur, dass ich will. Und ich weiß auch, dass ich mir erlauben darf, zu wollen.

Der depressive Mensch kennt die neuen Spielregeln ebenso wenig wie die neuen Grenzen. Er weiß nicht, was er sich zutrauen kann und darf. Deshalb auch sind seine ersten Schritte vorsichtig und langsam, zögerlich und unbeholfen, um diesen neuen Raum auszuloten. Ein paar mögliche Formulierungen können dem depressiven Menschen helfen, besser zu spüren, worum es geht, was diese neue Freiheit, zu entscheiden und zu dürfen, alles beinhalten kann. Es soll eine Art Orientierungshilfe sein und auch ein Angebot mit der Aufforderung:

Nimm, was dir entspricht, was du angehen und umsetzen willst in deinem Leben. Sag es so, dass es auch für dich stimmt und du etwas damit anfangen kannst: Ich bin frei, zu machen, was mir im Moment am meisten entspricht, und etwas nicht zu machen, wenn es mir zu viel ist. Ich darf mich fragen, was ich will, wozu ich Lust habe. Ich kann etwas machen, aber ich muss nicht. Ich darf mir etwas erlauben, auch wenn ich noch gar nicht weiß, was ich wirklich will.

Ich darf wollen, ich darf entscheiden, nur schon einmal das zu wissen ist wichtig, ist neu und gibt schon mal ein gutes Gefühl. Ich darf wollen, auch wenn ich noch gar nicht weiß, was ich alles wollen will. Aber ich bin die Instanz, die über mich entscheidet. Und ich bin derjenige, der sagt, was geht und wie etwas weitergeht.

Ich bin frei, für andere die Verantwortung zu übernehmen, sie an die erste Stelle zu setzen in meinem Denken oder neben mich oder mich vor sie. Ich habe es in der Hand, es ist in meiner Verantwortung. Es gibt keine Vorgaben und keine Erwartungen, was ich zu tun und zu lassen habe. Es liegt an mir, wie viel Bedeutung ich jemandem gebe. Es liegt auch an mir, Prioritäten, Dringlichkeiten und Wertungen zu setzen. Ich bin frei, die Rollen in meinem Lebenstheater zu besetzen. Es liegt an mir, wen ich zu Statisten mache und wem ich Haupt- und wem Nebenrollen gebe. Es liegt in meiner Verantwortung, mich für oder gegen etwas oder jemanden zu entscheiden.

Ich habe das Recht, dafür zu sorgen, dass es mir gut geht. Ich kann bestimmen, eine Arbeit abzubrechen oder zu verschieben, wenn etwas zu viel wird oder im Moment nicht passt. Ich entscheide mich dafür, wie und wann ich etwas angehe, wie schnell ich etwas mache und wie viel Zeit ich mir nehmen will. Ich entscheide mich, weil ich spüre, wie viel Belastung ich noch ertrage und über wie viel Kraft ich noch verfüge.

All das kann ich mir sagen und vornehmen und immer mehr in die von mir gewählten Richtungen gehen.

Wenn der depressive Mensch sich sagt:

Ich bin frei, etwas zu machen oder zu lassen, ich bin nicht unter Druck. Ich fühle mich nicht genötigt, verpflichtet oder bemüßigt. Ich widerstehe dem Sog und dem Druck des Verpflichtetseins. Ich habe die Freiheit und die nimmt mir Druck, Angst und Panik,

dann sind es Sätze, die ihm die neben der Freiheit und Selbstbestimmung auch die Würde und die Selbstachtung zurückgeben. Sätze mit einer ähnlichen Wirkung und mit dem gleichen Inhalt beginnen mit:

Ich erlaube mir. Ich bin mir verpflichtet. Ich fühle mich verantwortlich. Ich bin bereit und in der Lage, für mich und das, was ich mache oder unterlasse, die Verantwortung zu übernehmen. Ich gebe mir das Recht. Ich lasse nicht zu.

Wenn der depressive Mensch auf seinem Weg sich erlaubt und lernt, so zu sprechen, geht er einen Weg der Veränderung: vom Müssen zum Wollen, von der Fremd- zur Selbstbestimmung, von der Ohnmacht zur Macht, von der Abhängigkeit zur Unabhängigkeit und Eigenverantwortung.

Mit dem Wollen und Handeln entsprechend der momentanen Verfassung und Situation merkt der depressive Mensch auch, dass er über sehr viel mehr Möglichkeiten verfügt, zu entscheiden, als er sich bisher vorgestellt hat. Die Freiheit, zu entscheiden, heißt nichts anderes, als zu beginnen, diesen weiten Raum zu nutzen und sich langsam das Recht zu geben, selbstbewusst und unabhängig aufzutreten.

Was will ich, was will ich nicht? Es ist meine Entscheidung und mein freier Wille.

Diese Freiheit ist das Ziel, und die Merksätze müssen vom depressiven Menschen immer wieder laut gesagt, man könnte auch sagen, in seinen Schädel gehämmert werden. Denn sie bilden die Grundlage seines neuen Selbstbewusstseins und sind die Leitplanken seines Handelns und Entscheidens. Aber es ist ein langsames und mühsames Herantasten und Sichbefragen:

Will ich, will ich wirklich? Ich bin frei, ich darf entscheiden, ich kann machen, was ich will. Ich darf mich für das entscheiden, was mir passt, ich will auswählen und wähle das, was mir gut tut.

Diese Grundhaltung ist ungewohnt und jenseits aller bisherigen Erfahrungen. Sie ist gewöhnungsbedürftig, denn so zu denken und danach zu handeln erlaubte sich der depressive Mensch nie. Alle diese Sätze waren verwerflich und falsch und gerade sie gilt es jetzt ins Leben zu integrieren und als Leitlinien seines Handelns verfügbar zu machen. Das geschieht, indem er sich die Erlaubnis gibt, so zu denken, und sich auch immer wieder sagt, dass es nicht nur sein Recht, sondern auch seine Pflicht und Verantwortung ist, so zu handeln. Diese neuen Lebenssätze sind das Fundament des späteren Lebens und die Leitplanken des Ausstieges. Sie geben den Rahmen und die Richtung. Sie sind die markantesten und gewichtigsten Prinzipien der Veränderung und des Lernens. Sie sind als Kernanliegen und Hauptthemen die Orientierungspunkte seines neuen Denkens und Handelns. Sie sind die Grundnahrung des späteren Lebens. Wenn der depressive Mensch sich immer wieder fragt, worum es beim Ausstieg geht, wenn er vor lauter Bäumen den Wald nicht mehr sieht, dann sind es diese Fragen und Kernsätze, an denen er sich immer wieder aufrichten und orientieren kann:

»Jetzt geht es um mich.« Will ich oder will ich nicht? Es ist meine Entscheidung und mein freier Wille. Ich muss nichts. Ich will und darf. Es liegt einzig und allein an mir. Ich kann und ich darf mir die Erlaubnis geben, etwas zu tun oder zu lassen.

Um diese Fragen und die entsprechenden Umsetzungen im Alltag geht es beim Ausstieg. Sie immer mehr zu verinnerlichen, dass sie spürbarer und deutlicher erfahrbar werden, dass sie automatisch im Denken auftauchen und zunehmend das Handeln bestimmen, das ist Inhalt des Lernens und Thema des neuen Lebens.

Wenn bis jetzt nur davon die Rede gewesen ist, etwas nicht mehr tun zu müssen, mag man mit Recht einwenden, dass das Leben nun leider kein Wunschkonzert oder Selbstbedienungsladen ist. Das Leben besteht auch aus Pflichten, die für alle gelten, es gibt Verpflichtungen, die einzuhalten für ein gemeinsames Zusammenleben notwendig ist, und es gibt Normen und Gesetze, die man nicht nach Lust und Laune einmal einhält und ein anderes Mal nicht. Es gibt einfach vieles, das nicht dem freien Willen des Einzelnen überlassen ist, was für den depressiven Menschen natürlich genauso wie für alle andern gilt. Nur dürfen wir nicht vergessen, dass er eine Geschichte hat, wo Pflichterfüllung pure Selbstverständlichkeit war, sodass ihm diese Haltung geradezu in Fleisch und Blut überging. Und natürlich wird er diese Haltung nicht plötzlich völlig über Bord werfen. Sich um die andern zu sorgen und sich in den Dienst der Gemeinschaft zu stellen hat er so lange geübt, dass er das gar nicht verlernen kann. Wenn er sich um einen sorgfältigeren und liebevolleren Umgang mit sich bemüht, ist er noch weit davon entfernt, asozial oder ein Egoist zu werden. Bei dem, was der depressive Mensch zu lernen beginnt, geht es nicht um ein »Entweder-oder«, sondern um ein »Sowohl-als-auch«. Mehr auf sich eingehen heißt nicht, dass er die andern vernachlässigt, diese ausblendet, sondern heißt nur, dass er auch sich sieht und auch sich wichtig nimmt.

Für den depressiven Menschen geht es auf dem Weg des Ausstieges darum, nicht mehr nur ausschließlich zu müssen, sondern zu spüren, wo es Freiräume gibt, und sich auch zu erlauben, diese zu nützen. Und vor allem geht es darum, überhaupt zu realisieren und sich zu sensibilisieren, dass es solche Räume gibt und dass er sich das Recht geben darf, diese auch zu ergründen, sie auszuloten und zu nutzen.

Wenn der depressive Mensch ernst damit macht, sich wichtig zu nehmen, dann wird er sich auch dann ernst nehmen, wenn es um Verpflichtungen geht. Die Pflichten und Verantwortungen will und muss er einhalten, das ist er sich und seinen Erwartungen an sich schuldig, sei es nun als Vater, Mutter, Arbeitnehmer oder Bürger. Denn es ist ihm wichtig, dass er seiner Verantwortung den andern gegenüber gerecht wird und verlässlich ist für die andern. Das gehört zu ihm und seinem Leben wie die zunehmende Freiheit und Unabhängigkeit. Pflichten erfüllen muss nicht Lust bereiten, er muss es nicht gern machen. Diesen Anspruch erhebt er gar nicht. Pflichten müssen erfüllt werden, und zwar auf eine sorgfältige, verantwortungsbewusste und korrekte Art. Wichtig ist ihm, dass er das, was er machen muss, auch richtig und gut macht. Das ist er sich schuldig, da erlaubt er sich keine Nachlässigkeiten und keine Halbheiten. Er ist es sich aber auch zunehmend schuldig, nicht nur Pflichten zu erfüllen, sondern auch sich dabei zu berücksichtigen und einzubeziehen, sich im Auge zu behalten und auf sich zu schauen. Ja sagen zu Pflichten, Pflichten als Aufgabe annehmen und bewusst als seine Verantwortung anerkennen ist etwas anderes, fühlt sich anders an, als wie bisher Pflichten einfach nur deswegen zu erfüllen, weil es von ihm so verlangt wurde.

Wie kann ich oder will ich die Aufgabe erledigen, dass es korrekt ist und gleichzeitig auch für mich stimmt? Ich will, dass ich nicht zu kurz komme und die Pflichterfüllung nicht auf meine Kosten geht. Darauf will ich mich immer mehr konzentrieren.

Sich selbst mit einbeziehen setzt voraus, sich zu befragen. Das wiederum beinhaltet, nicht gleich loszustürmen, sondern innezuhalten, zur Ruhe zu kommen und sich zu befragen:

Muss ich das wirklich machen? Muss ich das jetzt machen oder kann es warten? Wie kann ich es machen, dass es auch für mich stimmt und mich nicht überfordert? Kann ich es auch delegieren? Wie weit will ich die Arbeit beginnen und wie weit will ich kommen?

Sich einzubeziehen bei dem, was man macht, bedeutet im Alltag: sich erlauben, eine Arbeit vorzeitig aufzuhören, ein Vorgehen zu verändern oder sich auch einzugestehen: »Ich schaffe das nicht, ich bin überfordert, ich brauche Unterstützung, ich muss das noch einmal überdenken.« Aufpassen, um sich nicht zu überfordern, verlangt vom depressiven Menschen, sich zu erlauben, aufzuhören, Fehler einzugestehen, die Latte der Ansprüche tiefer zu legen und müde sein zu dürfen. Es bedeutet auch, sich in der Zeit täuschen zu dürfen, sich Zeit zu nehmen, zu überlegen oder sich auszuruhen, mit der Hälfte zufrieden zu sein, fünf gerade sein zu lassen und großzügiger mit sich umzugehen. Sich zu überlegen, ob die Arbeit jetzt gemacht werden muss oder ob man zuerst eine andere anpacken will, Hilfe vorzeitig anzufordern und nicht erst, wenn nichts mehr geht, gehört ebenso dazu.

Verändern bedeutet langsam und behutsam Neues lernen und einüben.

Wenn der depressive Mensch nicht mehr muss, wenn er bei allen Entscheidungen auch an sich denken darf, dann ist es auch möglich, sich immer wieder eine Pause zu erlauben, um sich zu fragen: »*Wie geht es mir dabei, ist es für mich gut?*« Es geht auch darum,

Orte und Rituale zu schaffen, wo man zur Ruhe kommt, sich abwendet von der Außenwelt und sich auf sich zurückziehen kann, in seine eigene Welt, in der man nicht gestört werden will. Erst wenn der depressive Mensch sich diesen Raum nimmt, sind Ruhe und Besinnung möglich, kann ein Sichbefragen auch Antworten hervorbringen und können die Antworten aus ihm heraus erwachsen und Kraft bekommen, auf eine Weise, dass er sie auch umsetzen kann. Nicht mehr nur müssen als neue Lebensform heißt auch:

Ich kann oder ich könnte, aber ich muss nicht. Ich lasse mich nicht innerlich zu etwas zwingen oder verpflichten.

Es bedeutet, selber entscheiden zu dürfen, den ständigen und auch körperlichen Druck wegzunehmen und durchatmen zu können. Den Anspruch an sich, dass er alles auf der Stelle und alles perfekt erledigt und es zudem noch kinderleicht erscheinen muss, darf er aufgeben. Es braucht Zeit, bis solche Ansprüche, die ihm in Fleisch und Blut übergegangen sind, aufgeweicht und verändert werden können. Bis der depressive Mensch realisiert und sich eingestanden hat, dass er die Latte immer zu hoch ansetzt, bis er merkt, dass er nach dem Motto »Jetzt oder nie«, »Alles oder nichts« funktioniert und damit immer scheitert, braucht er Zeit, das geht nicht von heute auf morgen.

»*Ich muss gar nichts*« ist neben »*Jetzt geht es um mich*« das bedeutendste Leitmotiv des Lernprozesses beim Ausstieg. Der depressive Mensch geht seinen Weg und darf das machen, was für ihn möglich und richtig ist. Er ist sich selbst Programm. Sich für sich entscheiden und sich zum Maßstab nehmen ist deshalb wichtig und notwendig, weil es um ihn selbst geht und das die Grundlage seines neuen Verhaltens bildet. Er spürt selbst am besten, was für ihn im Moment passt. Von sich ausgehen dürfen heißt, nach dem eigenen Interesse zu handeln, und nicht, jetzt ja nichts falsch und alles gut zu machen, damit kein Einwand, keine Korrektur oder Kritik von den andern kommt.

Wenn der depressive Mensch macht, was ihm guttut, ihn aufbaut und nicht überfordert, was Angst nimmt und ein gutes Gefühl gibt, dann ist er auf dem richtigen Weg, dann macht er das, was ihn weiterbringt.

Das heißt dann zum Beispiel: *Ich gehe jetzt ein bisschen spazieren, obwohl mir das Hinlegen besser täte, aber ich habe im Moment keine Lust dazu.*

Nichts müssen heißt, dass der depressive Mensch das, was er spürt oder will, auch ernst nimmt und umsetzt. In vielen Situationen, vor allem zu Beginn des Ausstieges, weiß oder spürt der depressive Mensch nicht, was er will. Er merkt aber sehr genau, was er nicht will. Es ist ein wichtiger und erfolgreicher Schritt, wenn es ihm gelingt, zunehmend das ernst zu nehmen, was er nicht will, und dafür einzustehen, ohne Wenn und Aber, ohne das zuerst rechtfertigen und legitimieren zu müssen. Das ist zwar sehr schwierig, aber es lohnt sich für den depressiven Menschen, sich auch das als Lernthema vorzunehmen.

Wenn der depressive Mensch vom »immer zu müssen« hin zu einem »immer mehr zu wollen« kommt, wenn er spürt, dass ihm etwas wichtig ist, er etwas will oder dass er etwas nicht will, dann braucht er weder vor den andern noch vor sich eine Rechtfertigung oder eine ellenlange Begründung, weshalb er sich das jetzt erlauben darf. Spüren, dass es um ihn geht, das allein genügt, deshalb braucht er auch keine Erlaubnis von jemand anderem. Wenn er etwas will, dann genügt ihm das als Legitimation, weil er in sich das Vertrauen aufgebaut hat, dass etwas, was er will, für ihn auch stimmt und richtig ist. Etwas wollen bedeutet für sich etwas wollen und nicht gegen den anderen. Für den depressiven Menschen heißt das:

Auch wenn es der Kopf nicht versteht, ich verstehe es, weil ich es in mir spüre und als etwas erfahre, was ich will. Wenn ich etwas wirklich will, dann spüre ich, dass es gut ist und richtig ist, auch ohne Begründung und Rechtfertigung. Eigentlich habe ich immer sehr ge-

nau gespürt, wenn ich etwas wollte, wenn etwas für mich stimmte. Ich habe es einfach immer nur übergangen, habe keine Notiz von diesem Gefühl genommen und es als etwas abgetan, was mir nicht viel zu sagen hat.

Etwas für sich zu wollen, in Anspruch zu nehmen und einzufordern war für den depressiven Menschen immer verbunden mit dem Gefühl, rücksichtslos oder egoistisch zu sein. Dazu kommt, dass es einfach lange braucht, bis der depressive Mensch merkt, dass er zu kurz kommt und für sich etwas wollen, an sich denken darf, dass es sogar seine Pflicht und Verantwortung ist, auf sich zu achten. Das kann er nur, wenn er spürt und zulässt, was er braucht, was ihm zusteht und was er für sich reklamieren darf. Deshalb ist es so wichtig, immer und immer wieder zu sagen:

Ich muss gar nichts. Ich darf, wenn ich will. Alles, was ich mache, ist gut und richtig, wenn ich es machen will und es mir guttut. Ich will mich einbeziehen. Ich will für mich sorgen, mir das geben und auch einfordern, was ich brauche und worauf ich das Recht habe.

Das muss ganz fest rein ins Bewusstsein, weil es Raum schafft, die Voraussetzung zu spüren, was der depressive Mensch will, was er braucht und nötig hat. Ohne diesen Raum darf er ja gar nicht spüren und darf, wenn er doch etwas spürt oder merkt, es nicht zulassen. Je bestimmter der depressive Mensch weiß und will, dass er nichts muss, sondern darf und will, je bestimmter er sich dazu bekennt, umso besser kann er dem Sog des automatischen Handelns und Müssens widerstehen und den Raum schaffen, das zu realisieren, was er will. Etwas wollen und für sich wollen heißt auch, sich für sich und für das, was man will, zu entscheiden, heißt für sich Partei ergreifen und für sich Verantwortung übernehmen.

Ich will darüber entscheiden, weil ich mir genauso wichtig bin wie die andern, nicht mehr und nicht weniger. Der andere ist mir wichtig und ich will, dass er mir wichtig bleibt, aber ich stelle mich daneben und sage mir: Ich bin genauso wichtig.

Je mehr der depressive Mensch sich solche Sätze sagt, umso mehr füllen sie sich mit Inhalt, werden lebendig und griffig, auch wenn sie ihm zu Beginn wie leere Worthülsen erscheinen.

»*Ich muss gar nichts*« ist kein Selbstzweck. Ziel dieser neuen Unabhängigkeit und wiedergewonnenen Freiheit ist:

Ich will es mit mir gut haben. Ich will mit mir zufrieden sein. Ich will, dass es mir gut geht. Ich will es friedlich haben, stimmig und gut. Ich will, dass es in meinem Leben um mich geht, dass es gut ist für mich. Ich weiß, wie sich das anfühlt, wenn es für mich stimmt, dann ist mir wohl, dann werde ich ruhig. Das will ich erreichen.

Und der depressive Mensch lernt, ganz bestimmt und ohne komische Gefühle diese Sätze auszusprechen, wenn er sie sich genügend oft vorsagt:

Ich will und ich darf. Ich muss nicht, ich kann. Ich muss nichts, wenn ich nicht will. Ich kann, wenn ich will. Ich gebe mir die Erlaubnis, ich nehme mir das Recht heraus und ich nehme mir die Freiheit, selbst zu entscheiden, wie es auch für mich gut ist.

Es sind die Sätze, die seinem Leben eine neue Richtung geben und so eine Art Geburtshelfer spielen. Es sind neue und unbekannte Welten, die in ihnen verborgen liegen und seinem Leben zusätzliche Farben geben. Am Beispiel von »*Ich will*« soll noch einmal gezeigt werden, wie viel Dynamit in zwei so kleinen Wörtchen liegt und weshalb sich so viel für den depressiven Menschen verändert, wenn er beginnt, diese Wörter bewusst für sich auszusprechen. Und darum geht es immer wieder, dass er sich vornimmt, gebetsmühlenartig sich diese Sätze vorzusagen:

Ich entscheide, ich gebe mir die Möglichkeit, zu entscheiden. Ich erlaube mir, mich zu fragen, was ich will. Ich gebe mir damit die Bedeutung und die Kompetenz, zu entscheiden. Ich traue mir das zu. Ich habe die Macht, etwas für mich zu entscheiden und das dann auch durchzuziehen.

Mit dem »Ich will« sage ich auch, ich will es so und nicht anders und ich bin es, der will, und ich will, dass ich und mein Wollen respektiert werden. Um mich geht es und ich will, dass es um mich geht. Ich will mein Leben so leben, wie ich es vor mir, vor den andern und auch vor einer höheren Macht verantworten kann.

Ich habe oft genug immer nur gemacht, was ich meinte, tun zu müssen, und war unglücklich und lebte mit dem Dauergefühl, nicht zu leben, abhängig und unfrei zu sein. Jetzt befrage ich mich, führe Gespräche, rede ich mit mir, habe eine Sprache. Ich bin nicht mehr Opfer, ausgeliefert und bloßer Befehlsempfänger, sondern bestimme über mich und mein Leben und niemand anders. Ich traue mir zu, entscheiden zu können. Wollen setzt Energien frei und macht stark und selbstbewusst.

7
Sich die Erlaubnis geben

Die neue Freiheit. Selbstwert und Selbstvertrauen

Der Weg aus der Depression ist ein Weg in die Freiheit. Die wichtigste Weichenstellung erfolgt mit der neuen Lebenseinstellung »*Jetzt geht es um mich*«. Und wie wir gesehen haben, gehören dazu die Leitplanken »*Ich muss gar nichts*« und »*Ich will und darf*«. Eine Folge davon, sich und sein Leben so leben zu wollen, besteht darin, dass sich der depressive Mensch erlaubt, sich für sich zu entscheiden. Erst mit dieser Form der Selbstbestimmung ist es für ihn möglich, zum Selberwollen und Dürfen zu kommen. Sich die Erlaubnis zu geben, erstmals über sein Leben bestimmen zu dürfen, ist für den depressiven Menschen schlichtweg fantastisches und absolutes Neuland.

Ich nehme mir vor, mir ab jetzt immer mehr die Erlaubnis zu geben, zu entscheiden und zu bestimmen. Ich will versuchen und alles dransetzen, mir immer mehr Rechte zu geben und immer mehr Freiräume zu nutzen. Das ist mein Weg und mein Ziel, freier zu werden und zunehmend mehr über mich selber zu bestimmen.

Im Sicherlauben macht er ernst damit, dass es um ihn geht, dass er selbstständig, mündig und willens ist, Verantwortung für sich und sein Leben zu übernehmen. Er setzt damit ein klares Zeichen, dass es in seinem Leben fortan nicht mehr ohne ihn geht, dass er nicht mehr zulassen will, sich immer hintanzustellen. Mit dem *»Jetzt erlaube ich mir und gebe mir das Recht«* entscheidet sich der depressive Mensch dahingehend, nicht mehr nur zu überleben. Auch wenn er zu Beginn des Ausstieges zufrieden ist, wenn die Müdigkeit langsam nachlässt, er etwas weniger Druck und etwas mehr Leben in sich spürt, ist mit dem neuen Lebensthema noch anderes verbunden. Beispielsweise die Erlaubnis, anspruchsvoller zu werden, das Leben zu gestalten und auch genießen zu dürfen. Sie oder er gibt sich auch das Recht, Freude, Zufriedenheit und Stolz zu empfinden, teilzunehmen am Leben und dafür zu sorgen, dass es auch so bleibt. Hier einige Vorschläge, wie sie oder er diese neue Lebensqualität, die Ziel und Weg des Ausstieges ist, immer mehr für sich formulieren und zu eigen machen kann:

Ich bestimme über mich. Ich entscheide für mich. Ich habe das Recht und gebe mir das Recht, zu bestimmen, zu wählen und zu entscheiden. Ich lebe, denn ich entscheide. Wenn ich entscheide, fühle ich mich lebendig, merke ich, dass es mich gibt und dass ich lebe. Wenn ich mir erlaube, auf mich zu schauen, realisiere ich, dass es um mich geht, dass ich wichtig bin und dass ich Wesentliches dazu beitragen kann. Ich lasse nicht mehr zu, dass ich mich übergehe und vergesse. Ich gestatte mir und den andern nicht mehr, mich zu übersehen und auf die Seite zu schieben.

Das neue Lebensmotto, das gleichzeitig Thema des Ausstieges ist, übertrifft alles Bisherige. Das zu wollen und sich so zu erfahren, dass sie oder er tatsächlich zunehmend freier und unabhängiger wird, gibt Kraft und Mut, den Ausstieg wirklich zu Ende zu führen.

Wenn es um mich geht, dann erlaube ich mir auch zu wollen, dass ich an mich denke und mich ernst nehme. Ich erlaube mir auch, anders als bisher die Welt und die Menschen so zu sehen, wie ich es spüre und empfinde. Ich will mein Denken nicht mehr vergewaltigen und in eine Form zwingen, die für mich nie gestimmt hat. Ich erlaube mir, nicht alles zu verstehen, nicht überall einen Sinn zu sehen und auch nicht zu versuchen, etwas, was ich nicht verstehe, zum Verstehen oder zum Stimmen zu bringen.

Man muss sich das vorstellen, was das für einen Menschen bedeutet, der nie wirklich gelebt hat, der niemals erfahren hat, dass es in seinem Leben um ihn geht. Der depressive Mensch hat nur erlebt, dass er sich über die Runden quält, und das einzige Anliegen war, den Tag zu überstehen, die Angst auszuhalten und es Abend werden zu lassen. Auch hier geht es für ihn darum, griffige und stimmige Formulierungen für das neu zu lernende Lebensthema »*Sich die Erlaubnis und das Recht geben*« zu finden. Sie sollen ihm einleuchten und seinen Weg des Ausstieges begleiten und unterstützen:

Ich will mich befreien von Zwängen und Verpflichtungen. Es geht um mich und nicht um irgendwelche Dogmen. Es geht um mich, um mein Leben, und ich will und kann mein Leben frei gestalten. Ich bin Herr und Meister in meinem Haus und in meinem Leben. Wenn ich schon so alt bin, dann will ich auch mündig, selbstständig und erwachsen sein und die Verantwortung für mich übernehmen. Ich habe das Recht und die Verantwortung, mein Leben selbst zu bestimmen. Ich weiß, was gut und richtig ist für mich, und deshalb ist es auch an mir, für mich zu entscheiden und zu handeln.

Wenn es um mich geht, dann liegt es auch an mir, zu entscheiden, mir die Erlaubnis zu geben, dass ich mich für mich entscheiden darf. Ich allein bin es, der mir nicht nur das Recht gibt, zu entscheiden und auf mich zu schauen, sondern ich bin es auch, der allein die Verantwortung trägt. Und die Verantwortung bringt mir nur etwas, wenn ich es bin, der für mich entscheiden und bestimmen kann. Wenn ich für mein Leben verantwortlich bin, dann liegt es auch an mir, mir all das zu erlauben, was zu mehr Qualität und Zufriedenheit beiträgt, und all das zu vermeiden, was diesem Ziel bislang entgegenstand.

Wenn der depressive Mensch beginnt, sich die Erlaubnis und das Recht zu geben, Entscheidungen selbstständig und für sich zu fällen, dann verändert sich allmählich auch sein Bild von sich, und zwar in die Richtung, die er will und bestimmt. Sich die Erlaubnis zu geben, das nicht nur zu wollen, sondern tagtäglich daran zu arbeiten und zu wachsen ist nicht nur großartig, sondern auch in hohem Maß gewöhnungsbedürftig und deshalb ist es so wichtig, dass er es immer wieder hört.

Es geht um mich. Ich bin mir wichtig, so wichtig wie die andern, und ich will mir das Recht zusprechen, die Kompetenz auch, die Verantwortung zu übernehmen, über mich zu entscheiden. Ich will mir das auch zutrauen. Ich will mir Maßstab sein. Ich kenne mich und weiß, was ich mir zutrauen und was ich verantworten kann. Es geht ja um mich. Ich bin mir am nächsten und deshalb erlaube ich mir auch, mir die Erlaubnis zu geben, für mich und in meinem Namen zu entscheiden und in meinem Interesse zu handeln.

Wenn der depressive Mensch sich das Recht gibt, für sich zu entscheiden, und auch die damit verbundene Verantwortung übernehmen will, dann kommt ganz viel in Bewegung in sein Leben: Es hat zur Folge, dass er sich in neuem Licht zu betrachten beginnt, sich anders einschätzt, sich mehr zutraut, sich mehr gönnt und sich zuliebe mehr tun will. Es zeigt sich auch darin, dass er anders auftritt, anders gesehen werden will, anders zu seinen Bedürfnissen steht, einen Stolz entwickelt und Respekt, Achtung und Wertschätzung auch von den andern erwartet. Mit »anders« meine ich bewusster, eindeutiger, klarer, bestimmter und selbstsicherer.

Wenn der depressive Mensch sich bestimmt für sich einsetzt, fordert er mehr von den andern und spricht vermehrt von sich. Er ist auch eher bereit, einen Konflikt einzugehen, wie er andererseits in seinen Kompromissen echter und glaubwürdiger wird. Er nimmt sich mehr Zeit für sich oder überhaupt Zeit, sich mit sich zu beschäftigen, sich zu fragen, wie es ihm geht, oder zu überlegen, was er tun will, damit es ihm besser geht. Es ist ihm ein Anliegen, mehr für sich zu tun und zwar nicht erst dann, wenn die andern ihren Teil bekommen haben. Es hat zur Folge, dass er nicht nur theoretisch ernst machen will mit sich, sondern wirklich, verbindlich und so, dass er auch selbst nicht mehr um sich herumkommt:

Ich will mich nicht mehr so leicht auf die Seite schieben lassen und mich selbst auch nicht mehr einfach übergehen, vernachlässigen und überfordern.

Ich will für mich ein Schwergewicht, eine feste Größe sein. Ich möchte mir so viel Gewicht geben, dass ich mich gar nicht mehr auf die Seite schieben kann und will. Und ich möchte so groß werden, dass ich mich auch nicht mehr so leicht übersehen kann. Ich will in meinem Leben eine Rolle spielen, und zwar die Hauptrolle, und ich will auch das Drehbuch selber schreiben.

Ich will mich nicht mehr vergessen, nicht immer erst im Nachhinein realisieren, dass ich nicht dabei gewesen bin, dass ich mich nicht einbezogen habe und es gar nicht um mich gegangen ist. Ich will in Zukunft, dass das, was ich mache, für mich stimmt. Etwas anderes will ich nicht mehr. Ich gebe mir das Recht, so zu denken und mein Handeln in diese Richtung zu verändern. Wichtig ist mir aber auch, dass ich mir erlaube, nicht alles können und nicht alles wissen zu müssen. Und besonders wichtig ist es, mir Zeit zu geben und geduldig zu werden. Etwas verändern wollen heißt nicht, es auch schon zu schaffen. Zwischen etwas wollen und erreichen liegen große Anstrengungen und Tränen.

Jeder depressive Mensch hat seine ganz persönlichen Vorlieben und Bewertungen. Darum geht es, sich diese einzugestehen und sich die Erlaubnis geben zu dürfen, diese umzusetzen und als Ziel des Ausstieges für sein neues Leben zu formulieren, ohne deswegen überheblich, egoistisch oder anmaßend zu sein.

Ich will zufrieden mit mir sein können, ich will auch glücklich sein können. Ich will einen Weg gehen, der mir einen Wert gibt und sich in meinem ganzen Leben bemerkbar macht, sodass mein Denken und Fühlen davon geprägt sind und auch mein Handeln betroffen ist, mein Auftreten und mein Erscheinen Zeugnis ablegen von dieser neuen Ein-

stellung, die ich mir gegenüber gewinnen und einnehmen will. Und wenn ich das alles will, dann kann und will ich mir die Erlaubnis geben, mich wichtig zu nehmen. Ich will dahin kommen und erreichen, dass ich ganz bestimmt und selbstverständlich sagen kann: »Ich bin es mir wert, auf mich zu schauen und mich ernst zu nehmen.« Ich will mir einen Wert geben und eine Bedeutung. Ich will mit mir so umgehen, dass zum Ausdruck kommt, dass ich mich wichtig nehme. Es ist mir wichtig, dass ich mich wohlfühle und es mir gut geht. Ich bin wichtig, ohne das vorher verdienen zu müssen.

Ja die andern nicht belasten ist das, was der depressive Mensch zeit seines Lebens gelebt und wobei er es auch zur Meisterschaft gebracht hat. Lieber alles allein machen, mit allem allein fertig werden, um den andern nicht zur Last zu fallen. Lieber selber fast zusammenbrechen, als vom andern Hilfe oder ein Entgegenkommen zu erwarten oder anzunehmen. Die Wurzeln dieses Verhaltens weisen auf sein Verhalten als Kind zurück, das er seinen Eltern gegenüber gelebt hat, sodass nicht erstaunt, wie resistent es heute noch ist. Und hier einen Schritt weiterzukommen verlangt vom depressiven Menschen ganz viel Sorgfalt und Fingerspitzengefühl, wenn er darangeht, dieses festgefahrene Muster aus seiner Kindheit zu verändern:

Ich möchte ganz vorsichtig vorgehen und mir ganz langsam erlauben, auch etwas von den andern anzunehmen, sie um etwas zu bitten. Ganz zum Schluss möchte ich so weit kommen, mir zu erlauben, auch etwas einzufordern von meinen Mitmenschen – und das ohne schlechtes Gewissen und ohne das Gefühl, bis zum Ende meiner Tage dankbar sein zu müssen. Ich bin mir bewusst, dass das ein hartes Stück Arbeit für mich bedeutet und deswegen will ich das auch nicht forcieren, sondern ganz langsam und behutsam angehen. Hier merke ich auch, wie schwierig es für mich ist, nach dem Grundsatz zu leben »Jetzt geht es um mich«.

Ich erlaube mir, alles zu tun, was mir mein Leben erleichtert, und ich will immer wieder zu mir sagen dürfen: Ich will so sein, wie ich bin oder ahne zu sein.

Ich bin so, wie ich sein will. Ich will nicht so sein, wie ich sein sollte. Ich will auch nicht alles können und alles wissen müssen. Ich will nicht so sein, wie ich von mir erwarte, zu sein. Ich will nicht so sein, wie ich glaube, sein zu müssen. Wobei ich mit »sein« denken, fühlen und verhalten meine. Ich will versuchen, Schritt für Schritt immer wieder etwas den andern abzugeben und nicht mehr alles allein zu machen.

Ich spreche immer von Wert und Bedeutung, die sich der depressive Mensch geben muss. Das deshalb, weil es ihm zeit seines Lebens an dieser Haltung sich gegenüber mangelte und er sich deshalb nicht um sich kümmern und nicht auf sich schauen konnte. Ebenso wenig war er in der Lage, Verantwortung für sich zu übernehmen. Immer waren die anderen wichtiger, trat er zurück und ließ er ihnen den Vortritt. Ihr Wohl und ihre Zufriedenheit kamen an erster Stelle. Gefühle der Enttäuschung und der Trauer nahm er nur bei ihnen wahr, seine eigenen schob er auf die Seite. Sein Zustand, seine Befindlichkeit waren ihm nicht wichtig, was ihn anging, war nicht von Bedeutung, ob er kräftemäßig am Limit war oder nicht, war nicht von Belang. Es ging ja auch nicht ums Leben, ums Genießen oder Schönhaben, sondern ums nackte Überleben, um das »Hinter-sich-Bringen«, über die Runden zu kommen und durchzukommen. Und das jetzt zu verändern geht nur, wenn er wirklich und überzeugt sagen kann:

»Jetzt geht es um mich«, jetzt will ich mich genauso ernst nehmen wie die andern und erlaube mir, auf mich zu schauen, für mich die Verantwortung zu übernehmen. Ich will davon wegkommen, mir kalt, gleichgültig, ungeduldig und hartherzig zu begegnen. Ich will mir Wege überlegen, wie ich geduldig, zufrieden und verständnisvoll mit mir sein kann. Es ist mir ein großes Anliegen, nachsichtig und wohlwollend mit mir umgehen zu können – meistens wenigstens. Ausnahmen möchte ich mir erlauben. Ich nehme mir vor, nett zu mir zu sein und mir auch einmal ein Lob zu gönnen. Ich möchte großzügiger zu mir sein, auch einmal etwas sein lassen können, obwohl ich weiß, dass ich eigentlich anders müsste.

»Jetzt erlaube ich mir und gebe mir das Recht« bedeutet, nicht sofort zu handeln, sich nicht automatisch zurückzunehmen und alles stehen und liegen zu lassen. Es bedeutet weiter, die eingeschliffenen Überforderungsmuster zu verändern, d.h. den Zwang des automatischen Handelns und Denkens zu durchbrechen. Das geht, wenn der depressive Mensch lernt, innezuhalten und sich zu befragen, um so denken, entscheiden und handeln zu können, wie er will, und nicht so, wie es die Muster verlangen. Das bedeutet auch, all die unangenehmen Gefühle, die dabei auftreten, anzunehmen und auszuhalten. Noch schwieriger wird es, sich für sich und nicht zuerst für den andern zu entscheiden, wenn er den Eindruck hat, dass es dem andern schlecht geht und er wahrscheinlich Hilfe und Unterstützung braucht. Dann gibt es für ihn in der Regel kein Halten. Aber auch in solchen Situationen nicht gleich zu springen, sondern zu warten, dem andern die Möglichkeit zu geben, sich selber zu melden und um Hilfe zu bitten, ist der neue Weg. *»Mir darf es auch dann gut gehen, wenn es nicht allen andern gut geht«* ist schwierig, weil er damit gegen die alten Normen und Gewohnheiten handelt. Und das geht anfänglich nicht ohne schlechtes Gewissen und viele Gedanken, die ständig Argumente aufzählen, weshalb es verwerflich ist, in dieser oder jener Situation glücklich zu sein. Fast glaubt er, dass er sein Glück auf dem Rücken und dem Elend der andern aufbauen würde. »Es darf und kann mir doch nicht gut gehen, wenn es den andern nicht auch gut geht« war bis jetzt seine Devise. Dies zu verändern kostet ganz viel Kraft, aber auch das ist möglich.

Ich bin wichtig, ich gebe mir einen Wert. Es geht um mich. Ich muss gar nichts. Ich gebe mir die Erlaubnis, das zu machen, was mir guttut, was mich aufbaut und was meiner Wichtigkeit und Bedeutung entspricht und diese vermehrt. Ich darf mir das Recht und die Erlaubnis geben, mich wichtig und gut zu fühlen. Ich will mir das Recht geben, gut und positiv von mir zu denken. Und mich für mich entscheiden heißt nicht, dass ich mich gegen die andern stelle und ich es mir auf ihre Kosten gut gehen lasse.

Der depressive Mensch muss auf seinem Weg diese Werte verinnerlichen, sie müssen ein Teil von ihm werden und dürfen kein Fremdkörper bleiben, wie er das zu Beginn des Ausstieges empfindet. Und deshalb komme ich immer wieder mit den gleichen Sätzen. Der depressive Mensch muss sie immer wieder hören und lesen. Es sind die Kernsätze, die die neue Grundhaltung des Ausstieges und des zukünftigen Lebens zum Ausdruck bringen. Sie in sich aufzunehmen ist die erste und wichtigste Aufgabe. Ihre Umsetzung ins Handeln kommt erst an zweiter Stelle. Je mehr er die neuen Werte und Leitplanken seines Denkens und Handelns verinnerlicht, umso leichter fallen ihm dann auch das Handeln und das Verändern der alten Verhaltensmuster.

Mit dem »*Jetzt geht es um mich*« ergibt sich ein völliger Perspektivenwechsel im Leben des depressiven Menschen. Er nimmt sich die Freiheit, nicht mehr zu müssen und sich zu befreien vom Druck des Verpflichtetseins. Er erlaubt sich und gestattet sich, das ernst zu nehmen und umzusetzen, was er will und wonach ihm zumute ist. Er bekommt die Erlaubnis dazu nicht von andern Menschen oder Autoritäten, sondern er gibt sie sich selbst, er nimmt sich das Recht, anders zu leben, und das in eigener Verantwortung. Das ist völlig neu, fremd und unglaublich aufregend und spannend. Sich selbst das Recht geben, nicht warten, bis andere ihn einladen oder für würdig und reif genug betrachten, nicht auf die Gnade und den Goodwill der andern angewiesen sein vermittelt dem depressiven Menschen völlig neue Lebensperspektiven.

Ich nehme mir die Freiheit, ich erlaube mir. Ich gebe mir selbst das Recht und will mich nicht mehr von den andern abhängig machen. Auch wenn ich mich noch sehr unsicher und schwach fühle, will ich mir das Recht geben, mein Leben selbst zu gestalten. Ich will auch nicht zuwarten, bis ich stärker und selbstständiger bin. Wie immer ich mich fühle, will ich mir selbst die Erlaubnis geben, für und über mich zu entscheiden, und zwar in meinem Sinne und zu meinem Wohl. Das bin ich mir schuldig nach all den Jahren der Vernachlässigung und Demütigung.

Um noch genauer fassen zu können, was mit dieser Erlaubnis gemeint ist, schlage ich Formulierungen vor, die der depressive Mensch für sich gebrauchen kann. Es sind »Übersetzungen« dieser Erlaubnis, es sind Konkretisierungen, die zeigen, worum es geht, wenn er seine Formulierungen für sich selbst findet, und wie er sie mit Leben füllen kann.

Ich will, dass es mir gut geht, dass ich mich wohlfühle. Ich schaue auf mich und sorge mich um mich. Es darf mir gut gehen, ich will, dass es auch mir gut geht. Ich bin es mir wert, dass es mir gut geht. Mir darf es wie den andern gut gehen.

Ich fühle mich verantwortlich dafür, dass es mir gut geht. Ich will aber auch zulassen, wenn mir etwas wehtut, mich etwas belastet. Ich will ehrlich zu mir sein und mir nichts vormachen. Ich will dazu stehen, wie es mir geht, und gegen außen nicht immer nur aufgestellt und zufrieden wirken und tun, wie wenn es mir bestens ginge. Wohl will ich, dass es mir gut geht, vor allem aber will ich ehrlich zu mir sein und das annehmen, was ich im Moment empfinde. Gefühle von Scham oder Ekel will ich genau so zulassen wie Gefühle von Stolz, Freude und Befriedigung. Und wenn ich diese Gefühle zulasse, merke ich, wie sie sich verändern.

Wenn es mir ernst ist damit, dass ich mich ernst nehmen darf, dann will und darf ich dafür sorgen, dass es mir gut geht. Ich will zu mir stehen. Ich will gut zu mir sein. Ich will mir Freund und Helfer sein. Ich will es gut mit mir haben.

Ich bin frei, ich darf. Ich lasse es nicht zu, dass ich mich weiter übergehe und überfordere. Ich dulde es nicht mehr, dass ich mich vergesse oder vernachlässige. Ich darf und erlaube mir all das, was ich mir vorher nicht erlaubt und wonach ich auch gar nicht erst gefragt habe. Ich gestehe mir zu, was ich mich nicht traute, mir nicht zugestand, mir verbot und vorenthielt.

Man könnte auch sagen, dass dieses »*sich erlauben*« für den depressiven Menschen überall dort geboten ist, wo es zu mehr Selbstwert, mehr Selbstvertrauen und zu weniger Angst, Brüchigkeit und Unsicherheit beiträgt. Es ist überall dort hilfreich, wo es ihn näher zu sich führt und vertrauter und zufriedener mit sich macht. Sich die Erlaubnis geben ist dort lebbar, wo es dem depressiven Menschen zu mehr Bedeutung und Selbstachtung verhilft. Es ist dort angesagt, wo es ihm das Leben erleichtert und bereichert und wo es ihm zu mehr Leichtigkeit, zu mehr Zufriedenheit und innerer Stärke verhilft. Sich erlauben, einen neuen Weg einzuschlagen, beinhaltet immer auch, ihn wieder abzubrechen, wenn es zu viel wird, und wieder aufzunehmen, wenn ihm danach zumute ist. Er ist frei und es geht um ihn. Er ist wichtiger als der Weg und das bleibt immer oberste Maxime seines Handelns.

Ich erlaube mir all das, was mich freier werden lässt, Druck wegnimmt, Spannungen abbaut und mich nicht überfordert. Ich betrachte alles für mich als wichtig und bedeutsam, was mich zufriedener werden lässt, mein Leben leichter und lebenswerter macht und mir ein gutes Gefühl vermittelt. Ich nehme mir die Freiheit, all das zu tun, was stimmig ist für mich, mir neue und bessere Lebensqualität vermittelt, mich aufbaut, mir guttut und mich sicherer und selbstbewusster werden lässt. Ich gebe mir das Recht, all das für mich zu beanspruchen, was mir Freude macht, lustvoll ist, das Leben leichter und positiver aussehen lässt, Zuversicht und Lebensfreude bringt und Ängste reduziert. Ich will mir Gedanken machen, wo meine Ressourcen sind, wo ich auftanken und mir mein Leben neu gestalten kann.

Um den Menschen zu sensibilisieren, wo es überhaupt solche Freiräume gibt, wo er probieren und sein Leben vertiefen und ausweiten kann, soll eine Reihe von Möglichkeiten angeboten werden, die zu benutzen und auszuwählen der depressive Mensch frei ist.

Wenn ich mir nie die Erlaubnis zu etwas gegeben habe, mir das gar nie als Möglichkeit in den Sinn gekommen ist, dann weiß ich auch nicht, wo ich hinschauen soll, wo es solche Möglichkeiten gibt. Ich bin blind und taub und man muss mir helfen und auf solche Möglichkeiten hinweisen.

Einen perfekten Ausstieg gibt es nicht

Oberster Grundsatz bleibt bei allen Lern- und Veränderungsthemen immer:

Es geht um mich und ich muss nicht und muss nichts. Ich bin der Maßstab, ich entscheide, was ich mache, wann, wie und in welchem Tempo. Ich erlaube mir, etwas auszuprobieren und es wieder fallen zu lassen, wenn es für mich nicht stimmt, zu schwierig ist, mich zu viel kostet oder wenn sich irgendetwas in mir sträubt. Ich spüre, wenn es zu viel ist, ich erlaube mir aufzuhören oder zu unterbrechen, wenn es mich überfordert oder wenn die Angst stärker ist als der Wunsch. Ich erlaube mir, meine Gefühle ernst zu nehmen, sie aber auch wieder auf die Seite zu stellen, wenn sie mich zu sehr bedrängen oder gar zu überschwemmen drohen, Ich erlaube mir, wenn es mir zu viel wird, den Deckel draufzulegen.

Das ernst zu nehmen und immer wieder zu beherzigen ist für den depressiven Menschen genauso wichtig wie das, was er sich erlaubt. Die Erlaubnis zu etwas soll zu keinem neuen Druck, keiner neuen Verpflichtung führen und ihm keinen neuen Stress bringen. »*Ich muss gar nichts*« ist die Maxime:

Es geht um mich und nicht darum, um jeden Preis etwas zu verändern, auch wenn es noch so gut wäre, auch wenn es mich weiterbringen würde. Und wenn es im Moment für mich nicht stimmt, dann stimmt es nicht, dann lasse ich es sein, Punkt.

Was könnte sich der depressive Mensch erlauben, was für den Ausstieg und sein späteres Leben von Bedeutung ist? Was also, was Druck und Belastung minimiert und zu einer größeren Zufriedenheit führt?

Ich erlaube mir, einzugestehen und anzunehmen, dass etwas zu schwierig für mich ist, ich nicht mehr mag, nicht mehr kann oder nicht mehr will. Ich erlaube mir, einzugestehen, dass ich große Angst bekomme, wenn es mir einmal nicht so gut geht. Die Angst quält mich mit der Befürchtung, dass es immer schlechter wird und es mir nie besser gehen wird.

Ich erlaube mir, einzugestehen, dass ich nicht nur gut, uneigennützig, bescheiden und hilfsbereit bin. Ich gestehe mir ein, dass ich nicht immer so bin, wie ich auch von den andern gesehen werden möchte, und ich deswegen kein schlechter Mensch bin und ich mich deswegen auch nicht zu schämen brauche.

Ich erlaube mir, einzugestehen, dass ich auch jähzornig, ungeduldig und böse sein kann. Und ich erlaube mir, mich trotzdem gut zu finden und mich gern zu haben. Ich erlaube mir, dass nicht alles perfekt sein muss, dass etwas auch Durchschnitt und Mittelmaß sein darf und es mir trotzdem gefällt und ich mich deswegen nicht abwerte. Ich erlaube mir, zufrieden zu sein, auch wenn etwas nicht ganz gelingt, nicht genau dem entspricht, was ich mir vorgenommen habe, ich mehr Zeit als angenommen gebraucht habe, es mich stärker ermüdete, als ich glaubte. Ich gebe mir die Erlaubnis, weniger streng mit mir zu sein, auch geduldiger und versöhnlicher.

Ich erlaube mir auch, Dinge vergessen zu dürfen, ohne in Panik zu geraten, scheinbar oberflächlicher und leichtfertiger zu werden, auch auf die Gefahr hin, dass Fehler passieren und ich nicht mehr der Musterschüler, Vorzeige- und Gutmensch bin. Ich gebe mir das Recht, nicht mehr alles zu spüren, nicht mehr alles aufzunehmen und sofort zu handeln. Ich erlaube mir auch, mich nicht in den andern einfühlen zu wollen, kein Mitleid zu haben, nicht an ihn zu denken.

Das alles sind Möglichkeiten, die zu mehr Lebensqualität führen und die der depressive Mensch annehmen und üben darf. Es sind Übungsmöglichkeiten und noch keine fertigen neuen Verhaltensweisen. Es gilt auch:

Ich erlaube mir, mir die Zeit zu geben für Veränderungen, die ich brauche. Ich will mich nicht stressen und nicht erwarten, alles sofort und mit Leichtigkeit lernen zu können. Ich erlaube mir, auch ent-

täuscht zu sein von mir, Durchhänger und Zweifel zu haben und trotzdem nicht alles aufzugeben.

Ich erlaube mir, ab und zu die Nase voll zu haben vom ewigen »Jetzt geht es um mich« und »Ich erlaube mir«. Ich will auch mal streiken dürfen, mich auflehnen und Widerstand leisten, ohne dass ich mich nachher vor mir entschuldigen oder Angst haben muss, damit den ganzen Ausstieg vergeigt zu haben.

Ich gebe mir die Erlaubnis, mir zuzugestehen, dass ich vielfach anders denke, als ich handle, dass ich nicht immer so selbstlos und ehrlich bin, dass ich mich häufig nicht traue, so zu handeln und zu sprechen, wie ich es innerlich und für mich denke und fühle. Ich erlaube mir, eines nach dem andern zu machen und ungeduldig zu sein, weil ich weiß, dass ich nur langsam von meiner Ungeduld wegkomme und sie mir alles schwer macht. Ich erlaube mir, meine Anforderungen an mich zu verändern, Dinge neu zu bewerten und Prioritäten anders zu setzen. Ich erlaube mir, mich nicht mehr nur an dem zu messen, was mir gelingt. Ich erlaube mir, mich auch gut zu fühlen, wenn ich nicht so in Form bin und nicht alles gelingt.

Ich erlaube mir, eine Aufgabe langsam anzugehen und durchzuführen. Ich erlaube mir, das Tempo runterzufahren, mir eine Zeit vorzugeben, die ich auch einhalten kann, Übergänge bewusst und sorgfältig anzugehen, mir Zeit zu geben für Übergänge, mir bewusst zu sein, wie aufwendig diese sind: abschließen, abwenden vom Alten, hinwenden, konzentrieren und sich einstellen auf das Neue, eines nach dem andern und nicht nonstop, wie ein Marathonläufer etwas langsam angehen, den Körper im Auge haben, mit gewissen Schwierigkeiten oder Ermüdungen rechnen und davon nicht überrascht werden.

Weitere Lern- und Übungsmöglichkeiten könnten ein:

Ich erlaube mir, bisher verpönte und ungern gesehene Gefühle zuzulassen, wie Ärger, Frust, Aggression, Wut, Hass, Abneigung, Neid und Eifersucht.

Ich gestatte mir auch neue Gefühle, die ich bis jetzt nur sehr zöger-

lich und verschämt empfinden konnte: Stolz, Selbstbewusstsein, Gefühle, etwas besser zu können oder besser zu wissen als andere oder gut und gar besser zu sein als andere.

Ich erlaube mir, Dinge nicht mehr zu machen, die ich bis dahin immer gemacht habe und denen ich große Bedeutung beimaß: Geschenke, Besuche, Verabredungen, Abmachungen, Briefe, Mails, SMS, Telefonate. Ich gestatte mir neue Verhaltensweisen, die mich befreien und weniger unter Druck setzen, wie etwa: zuwarten mit etwas, nicht gleich jemandem zusagen, sich rar machen, sich zurückhalten oder gar zurückziehen, schweigen, Beziehungen auslaufen lassen. Ich erlaube mir auch, mir zuzugestehen, dass mir gewisse Personen nicht mehr so wichtig sind, mich gar nerven oder ich gar keinen Kontakt mehr mit ihnen haben will.

Ich gestatte mir, auch einmal unvernünftig zu sein mit Kleidern, Ferien, Essen oder Hobbys. Ich gebe mir die Erlaubnis, mir zuzugestehen, dass ich gewisse Dinge eigentlich nie gern gemacht habe und sie jetzt deshalb auch nicht mehr machen werde oder nicht mehr so oft. Ich werde mir auch erlauben, Ausnahmen zu machen, weniger konsequent oder gar stur zu sein. Ich gebe mir die Erlaubnis, etwas abzuschließen, ohne stundenlang darüber nachzusinnen, einen Punkt zu machen, mich abzuwenden und Neuem zuzuwenden.

Es gibt noch sehr viele andere Gelegenheiten für den depressiven Menschen, neue Schritte zu unternehmen und sich aus dem Korsett des Müssens zu befreien. Zuerst aber geht es darum, überhaupt in diese Richtung zu denken, sich zu erlauben, sich wichtig zu nehmen und für sich zu sorgen. Dann ist wichtig, sich Zeit zu nehmen und sich nicht zu viel vorzunehmen, sonst sind Enttäuschungen vorprogrammiert. Jede Veränderung braucht Zeit und alles Schnelle ist nicht von Dauer, sondern Quelle von Frust und Resignation. Sich einzugestehen, dass man immer wieder in die Falle tappt, dass man zu viel und alles auf einmal erledigen will, dass es einem nicht schnell genug gehen kann, ist ein wichtiger Lernschritt auf dem Weg aus der Depression.

Sich die Erlaubnis geben läuft anfänglich über den Kopf. Dieses neue Lebensmotto muss der depressive Mensch sich immer wieder von Neuem sagen und es beherzigen, sonst sind die alten und eingeschliffenen Verhaltensmuster zu stark, zu resistent und zu dominant. So schafft er sich die Voraussetzungen, dass das Neue sich ganz langsam etablieren kann und mit der Zeit stärker wird als die alten Überforderungsmuster. Ohne diesen bewussten und willentlichen Akt *»Jetzt geht es um mich und deshalb will ich mir die Erlaubnis geben«* sind die festgefahrenen Spuren des automatischen Handelns übermächtig. Es braucht diese Eindeutigkeit, weil sonst die Trägheit, das Festgefahrensein, die Hartnäckigkeit des Gewohnten und Vertrauten wie Leim an den Füßen kleben bleiben. Und da sind noch all die schlechten Gefühle und all die Gedanken, die es dem depressiven Menschen nicht einfacher machen, die ihm nahelegen, dass es doch nicht geht, dass man so nicht zur Ruhe kommt und es vielleicht leichter wäre, im alten Stil weiterzumachen. Aber gerade die Erfahrung der letzten Jahre hilft, das Neue zu beginnen, und bringt gleichzeitig die notwendige Entschlossenheit mit: »Jetzt reicht es, jetzt ist es genug, denn so geht es definitiv nicht weiter.« *»Jetzt geht es um mich«*, alles andere ertrage ich nicht mehr, das ist der Ausgangspunkt des Ausstieges, das neue Aufbegehren und Sich-dem-Alten-Verweigern. Mit dieser Entschlossenheit bekommt das *»Jetzt erlaube ich mir«* die notwendige Kraft und Unterstützung. Dies gilt auch für Themen und Bereiche, die für den depressiven Menschen extrem delikat und schwierig sind, wie etwa:

Ich gebe mir das Recht, überhaupt leben zu dürfen, auf dieser Welt überhaupt existent zu sein – und zwar ohne mich dafür entschuldigen zu müssen.

Sich die Erlaubnis geben, etwas Bestimmtes zu machen, beinhaltet ebenso, es sein zu lassen.

Ich darf etwas machen, wann ich es will. Vielleicht mag ich, vielleicht gelingt es, vielleicht mache ich es, vielleicht lasse ich es sein, auch das ist möglich. Es ist nicht so wichtig, dass ich etwas durchziehe. Wichtig ist vor allem, dass es für mich stimmt, und das kann auch heißen, ich traue mich doch noch nicht, ich mute es mir noch nicht zu, ich habe noch zu viel Angst. Ich erlaube mir auch, etwas stehen und liegen zu lassen, ohne es vor mir begründen oder rechtfertigen zu müssen. Ich bin frei, ich bin niemandem etwas schuldig, ich muss auch mir nichts beweisen.

Ich bringe dieses Beispiel nicht, um zu zeigen, wie unentschlossen, zögerlich oder wenig verlässlich der depressive Mensch ist. Sein Verhalten steht auf dem Boden von »Ich bin verlässlich für die andern«, das ist das eine. Das andere ist, dass der depressive Mensch sich die Freiheit nimmt, alles abzuwägen, sich nicht sofort gezwungen zu fühlen, sofort entscheiden oder handeln zu müssen. Er ist frei und er soll sich dieser Freiheit auch bewusst sein und sie nutzen. Um diese Freiheit und Unabhängigkeit geht es auch in den nächsten Beispielen:

Ich erlaube mir, etwas für mich zu tun, was einfach nur guttut, und nicht, weil es wichtig oder notwendig wäre. Einfach so, weil mir danach ist, weil ich jetzt will, ohne weitere Absichten oder Gewinn.

Auch dieses Beispiel zeigt, wie schwierig eine solche Erlaubnis sein kann und wie groß die Widerstände sind, die sich auch sofort melden:

»Ich hätte ja noch so viel zu tun, die andern können sich das auch nicht einfach leisten, das ist geht so nicht. Du könntest wenigstens zuerst dieses oder jenes erledigen oder dir nach getaner Arbeit etwas gönnen. Sich etwas zu verdienen macht alles kostbarer und schöner.« Nur geht eine solche Argumentation nie auf, denn das Eigene kommt in diesem Fall immer zu kurz. Nach der Pflicht ist die Luft meist draußen, ist keine Zeit und Kraft mehr da, für sich noch etwas zu tun. Ich sage das, weil der depressive Mensch sich schwertut, einer solchen Argumentation nicht zu folgen. Sie ist so einleuchtend, entspricht so seinen Wertvorstellungen »Zuerst die

Arbeit und dann das Vergnügen«, dass es ihn unheimlich viel Kraft und Überwindung kostet, anders als gewohnt zu handeln.

Ich darf mir die Erlaubnis geben, geduldiger und nachsichtiger mit mir und gelassener zu werden. Ich will mich verstehen und mein Ziel ist ein anderer Umgang mit mir, mit weniger Druck, weniger Strenge und Unerbittlichkeit und mit mehr Sorgfalt, Fürsorge und Verständnis. Ich erlaube mir, großzügig zu sein mit mir, nicht mehr so streng, nicht mehr so fordernd und unbarmherzig. Ich erlaube mir und gebe mir das Recht, auch einmal die Kontrolle zu verlieren, einmal laut zu sein, unbeherrscht, auch mal ungerecht, stur und unnachgiebig.

»*Ich erlaube mir, zu weinen.*« Depressive Menschen erlauben sich selten, zu weinen, getrauen sich nicht, zu heulen, aus lauter Angst, nicht mehr aufhören zu können. Daher ist es jetzt eine enorme Erleichterung, weinen zu dürfen, wenn ihnen danach zumute ist, und dass sie auch nicht immer stark sein müssen, sondern sich gehen lassen dürfen, ohne sich zu schämen.

Es ist mir ein Anliegen, auch in Zukunft fair und gerecht zu sein, anständig und tolerant. Aber ich will nicht päpstlicher sein als der Papst und auch einmal fünf gerade sein lassen, wenn es mir einmal nicht gelingt, entsprechend diesem Maßstab zu leben. Das ist ein weiterer Punkt, an dem ich arbeiten möchte. Ich möchte nicht nachlässig oder oberflächlich werden. Aber ich möchte mir erlauben, flexibler, den Situationen angepasster handeln zu dürfen. Ich erlaube mir, Fehler machen zu dürfen, ohne gleich das Gefühl zu haben, das Gesicht und die Ehre zu verlieren. Ich will zu mir stehen, auch wenn mir nicht alles gelingt, ich nicht immer so gut bin, wie ich sein möchte oder glaube, sein zu müssen.

Dazu gehört zum Beispiel auch, dass der depressive Mensch versucht, ganz bewusst das zu sehen, was er schon gemacht hat, was er kann, und nicht immer nur das, was er noch machen muss, noch nicht gemacht hat oder was noch dringend gemacht werden muss. Zum Sicherlauben gehört auch, sich Mut zuzusprechen, sich zu helfen und zu verstehen versuchen, und nicht, sich fertig zu machen; ebenso aufzuhören, sich immer nur anzutreiben und immer noch mehr und Besseres von sich zu erwarten und nie zufrieden zu sein. Sich Coach sein, Helfer, Anwalt, Psychologe und Seelsorger, diese Funktionen sind angesagt. Die Rolle des Sklaventreibers soll endgültig begraben werden. Und nicht vergessen soll der depressive Mensch, sich Zeit zu geben vor einer neuen Aufgabe, zu überlegen und sich zurückzulehnen, durchzuatmen und zu sich zu sprechen:

Ich habe zwar Angst, dabei viel zu viel Zeit zu verlieren, aber ich möchte es doch einmal versuchen. Ich möchte zuerst überlegen, wie ich es angehe und was ich mir im Moment zutraue. Ich überlege mir auch, was mir hilft, wer mir auch noch helfen könnte, nicht, weil ich es mir nicht zutraue, sondern weil es mir alles leichter macht. Auch das will ich mir gestatten.

Was dem depressiven Menschen enorm viel Druck nimmt, ist die Erlaubnis, nachträglich etwas korrigieren zu dürfen. Es ist für ihn ganz wichtig, sich selbst die Erlaubnis für etwas zu erteilen – ohne dass sich sofort Selbstvorwürfe oder Abwertungen einstellen. Dazu gehört, eine gemachte Zusage zurückzunehmen, eine Abmachung abzusagen oder ein Versprechen nicht einzuhalten. Sich die Erlaubnis zu geben, etwas nachträglich zu korrigieren, befreit von dem Druck, macht alles leichter, weil Korrekturen nicht mehr mit Versagen und Unvermögen verbunden sind. So gibt es auch keine Enttäuschung, keine Wut oder kein Auflehnen. Es hat auch zu damit zu tun, umfassender, sachlicher und sorgfältiger mit sich umzugehen. Das heißt auch:

Nicht, weil ich A gesagt habe, muss ich um jeden Preis, in jeder Situation und aus purer Konsequenz heraus B sagen und etwas durchziehen, unabhängig von möglicher Überforderung und Selbstschädigung. Das will ich versuchen zu verändern.

Stur um jeden Preis und aus Prinzip etwas durchzuziehen kommt einer Bestrafung gleich. Nein sagen, das gesagte Ja umzustoßen aus den verschiedensten Gründen, etwa, weil man im Moment spürt, dass es nicht geht, die Kraft nicht ausreicht, das Interesse nicht mehr da ist, hat auch damit zu tun, sich ernst zu nehmen, für sich zu sorgen, Verantwortung für sich zu übernehmen. Sich befragen und die Freiheit haben, zu entscheiden, machen nur Sinn, wenn alle möglichen Antworten akzeptiert sind. Dazu kommt, dass es dem depressiven Menschen meist erst nachher klar wird, dass er zu schnell und letztlich gegen sich entschieden hat. Deshalb ist es wichtig, dass er sich zugesteht, im Nachhinein noch etwas korrigieren zu dürfen, eine schon getroffene Entscheidung zurücknehmen zu dürfen, wenn er merkt, dass er sich sonst überfordert, sich zu viel zumutet oder sich übergeht.

Ich erlaube mir, Pausen einzulegen, mir diese zu gönnen und sie auch zu nutzen. Ich erlaube mir, eine Entscheidung zu korrigieren und das nicht als Inkonsequenz und Flatterhaftigkeit zu interpretieren. Es ist meine Freiheit und liegt in meiner Verantwortung, entsprechend der aktuellen und konkreten Situation auf eine Entscheidung zurückzukommen. Im Nachhinein eine Entscheidung zu korrigieren hat auch nichts mit Entscheidungsschwäche oder einer bei mir fehlenden Verlässlichkeit zu tun.

Erst wenn er sich Pausen erlaubt, kann der depressive Mensch auf Distanz gehen und wieder Übersicht gewinnen und spüren, wo er sich im Moment befindet. Wenn er heraustritt aus der aktuell gegebenen Situation und sich zurücknimmt, kann er einen Augenblick loslassen und sich sammeln, kann er verschnaufen und dann wieder mit neuem Schwung und neuer Überzeugung Tritt fassen. Pausen sind wichtig, um immer wieder zu sich zu kommen, runterzufahren und sich neu zu orientieren und auszurichten. Hilfreich ist es auch, wenn der depressive Mensch Pausen institutionalisiert, einmal alle zwei Stunden, einmal pro Halbtag, so wie es die Arbeit, der Arbeitsplatz und der eigene Rhythmus erlauben. Nicht durchhalten, bis die Kraft aufgebraucht ist und die Batterien leer sind. Vernünftig wäre es, sich solche Zwischenstopps, Standortbestimmungen oder Rastphasen auch in den Kalender zu schreiben nach dem Motto:

Ich bin genauso wichtig wie alle andern und alles andere um mich herum. Wenn ich etwas tue, geht es nicht nur darum, dieses gut zu machen, ebenso wichtig ist, dass es auch mir dabei gut geht. Ich erlaube mir, gerade dann Pausen einzurichten, die Arbeit zu unterbrechen und mir Zeit zum Sammeln und Neuorientieren zu geben, wenn ich glaube, es mir nicht leisten zu können. Gerade dann sind solche Timeouts wichtig.

In den Pausen ruhiger zu werden, sich zu sammeln und zu sich zu kommen hilft auch, nach der Arbeit besser abschalten zu können. Ruhig zu werden gelingt besser, wenn der depressive Mensch versucht, sich auf den Körper zu konzentrieren und bewusst und sorgfältig zu atmen.

Der Dialog mit sich selbst

Was ganz wesentlich zum Sicherlauben gehört und dieses überhaupt erst ermöglicht, ist der Umstand, dass der depressive Mensch lernt, mit sich zu sprechen. Anders gesagt, erst wenn er in einen Dialog mit sich tritt, ist er auch imstande, sich die Erlaubnis für etwas zu geben. Nur so kommen auch Entscheidungen in seinem Sinne und zu seinem Wohl zustande. Im neuen Leben, das mit dem Ausstieg aus der Depression beginnt, geht es deshalb darum, eine Sprache für und mit sich zu finden, geht es darum, zu lernen, mit sich zu sprechen, einen inneren Dialog mit sich zu führen.

Der depressive Mensch spricht entweder überhaupt nicht mit sich oder in der Art, dass er sich abwertet, fertig macht und verurteilt. Sein Sprechen entspricht eher einer Urteilsverkündung, bei der der Anklagte zuzuhören, sicher aber nichts zu sagen hat. Deshalb muss er zuerst lernen und üben, mit sich zu sprechen, und das auf eine konstruktive und verständnisvolle Art. Es geht von Anfang an darum, sich ernst zu nehmen und sich mit Achtung und Respekt zu begegnen. Das sind nicht einfach nur schöne Worte. Er soll sich um einen wertschätzenden und wohlmeinenden Ton bemühen. Ständig an sich herumzumäkeln und nie zufrieden zu sein kennt er bestens, sich das abzugewöhnen soll er sich bewusst vornehmen.

Sprechen mit sich muss der depressive Mensch zuerst lernen. Wie ein Analphabet muss er ganz von vorne beginnen. Er kann erfahren, wie er sich zunehmend näherkommt und sich vertrauter wird, was er vor allem dann merkt, wenn er auf eine nicht wertende oder nicht abwertende Weise mit sich zu sprechen beginnt. Mit zunehmender Übung wird ihm bewusst, dass er diese Art der Selbstgespräche nicht mehr missen möchte. Er realisiert, wie sie Kraft geben und eine immer größere Klarheit und Eindeutigkeit im Erleben schaffen. Vor allem merkt er, wie schön und bereichernd es ist, mit sich zu sprechen, wie solche Gespräche eine Atmosphäre des Verständnisses und der Intimität schaffen, wie er sich wohlfühlt dabei und es ihm guttut. Gespräche mit sich bauen auf und nehmen das Gefühl der Verlorenheit und der Einsamkeit. Auch hier gilt, dass man lernen kann, mit sich auf eine gute Art zu sprechen; dazu braucht es nur ein wenig Erfahrung, die sich aber jeder aneignen kann, um im Gespräch mit sich zu bleiben, den Gesprächsfaden und damit den Bezug zu sich nicht abreißen zu lassen. Dranbleiben, mit Geduld und Hartnäckigkeit sich zusprechen, sich anfeuern und sich Mut zusprechen, all das ist erst möglich, wenn der depressive Mensch sich zuhört und mit sich spricht. Mit sich sprechen bedeutet auch sich selbst mitnehmen auf den Weg des Ausstieges, mit sich zusammen den Weg gehen wollen.

Ich will nicht mehr allein sein. Wenn ich mit mir spreche, spreche ich mit jemandem, der mich versteht, dem ich nicht mehr alles erklären und begründen muss. Mein Gesprächspartner hört mir zu, versucht mich zu verstehen und vor allem bewertet er nicht und ich muss mich nicht ständig entschuldigen und rechtfertigen. Gespräche mit mir sind kein Müssen, kein Krampf und keine Pflicht. Ich mache es gern, weil ich dann wirklich bei mir bin und mich niemand und nichts von mir wegbringt. Im Gespräch mit mir bin ich mir so nahe und vertraut wie sonst kaum.

Gerade beim Alleingang ist diese innere Kommunikation entscheidend. Mit sich zusammen kann der depressive Mensch es gut haben, kann er sich ausheulen, beklagen und jammern. Er wird verstanden und er kann sich darauf verlassen, dass jemand da ist, der versucht, mit Verständnis, Geduld und Sorgfalt mit ihm umzugehen. Er darf sein, wie er ist, sich so geben, wie ihm zumute ist. Er muss nichts vorspielen. Keine Angst haben, ehrlich und offen mit sich sprechen kann er, wenn er weiß, dass er sich nicht verurteilt und sich nicht schlecht macht. Wenn der depressive Mensch spontan und offen mit sich sprechen kann, wenn er jemanden an seiner Seite weiß, der ihm nicht in den Rücken fällt und ihn versteht, dann ist er nicht allein. Er ist gerade dann nicht einsam, wenn er verzweifelt und verunsichert ist. In der alten Art würde er sich sagen hören, dass er gefälligst kein Selbstmitleid mit sich haben soll, sondern vorwärts schauen, positiv denken und sich nicht gehen lassen darf. Solche Worte muss und will er nicht hören, wenn er Verständnis braucht, denn die machen noch einsamer, noch verzweifelter und hilfloser. Um das nochmals deutlich zu sagen: Erst wenn der depressive Mensch sich ein guter Zuhörer, ein guter Gesprächspartner ist, kann er sich hilfreich sein. Erst wenn er sich verständnisvoll, einfühlsam und mit Respekt und Achtung begegnet, kann er sich Verhaltensweisen erlauben, die vorher nie möglich gewesen wären. Jeder Mensch braucht einen solchen geschützten Raum, braucht eine Atmosphäre, wo er sich getragen und verstanden fühlt. Dazu kann der depressive Mensch kommen. Das zu lernen ist eine seiner vordringlichen Aufgaben beim Ausstieg.

»*Sich erlauben, sich das Recht geben*« geht für den depressiven Menschen nur, wenn er mit sich ins Gespräch kommt. Und zu dieser inneren Kommunikation gehört, dass darin zum Ausdruck kommt, dass er sich ernst und wichtig nimmt, indem er nicht wertend, sondern geduldig und aufmerksam mit sich spricht. Zu einem echten und ehrlichen Selbstgespräch gehört ebenso, dass er sich mit Interesse und Wertschätzung begegnet und es ihm ein Anliegen ist, sich zu verstehen und sich in sich einzufühlen. In dieser Art zu sprechen, machen auch das *»Jetzt geht es um mich«* und *»Ich erlaube mir«* erst möglich. Auf diesem Boden, in dieser Atmosphäre und mit diesem Umgang kann er mit sich und für sich entscheiden und Partei für sich ergreifen.

Ich spreche mit mir auf eine offene und ehrliche Art. Ich will und muss mir nichts vormachen. Ich will mir nichts schönreden, aber auch nicht nur schwarzmalen. Ich will mir in einer solchen Art und Weise begegnen, dass ich mich wohl und respektiert fühle. Ich spüre sehr gut, wenn die Art, in der ich mit mir rede, mir guttut, mich aufbaut, mir Kraft und Mut gibt. In einem solchen Gespräch kann ich mich beruhigen, gelassener und zuversichtlich werden. Ich laufe dann viel weniger Gefahr, mich aufzulehnen, zu jammern und mich und mein Leben zu beelenden. Und ich nehme mir fest vor, darauf zu achten und mir zu erlauben, gehässige, verurteilende und kleinmachende Gespräche sofort zu beenden.

Der depressive Mensch wird auf seinem Weg immer mehr spüren, wie sehr das Selbstgespräch ihm weiterhilft und das Leben verändert. Er kann aber auch erfahren, dass er vielleicht *schreibender*weise besser mit sich in Kontakt treten kann, ihm diese Form mehr zusagt und es eher seine Art des inneren Dialoges ist. Schreiben ist eine ebenso intime und zugleich meditative Art der Selbstkommunikation. Sich täglich Notizen zu machen oder ein Tagebuch zu führen heißt sich auf diese Weise durch den Tag begleiten und sich im Zentrum der Aufmerksamkeit belassen, indem man immer wieder zu sich zurückkehrt. Der depressive Mensch kann das Selbstgespräch aber auch *institutionalisieren*: zum Beispiel am Morgen zwei Minuten und bei jeder zusätzlichen Pause während des Tages ebenfalls zwei Minuten sich mit sich zu beschäftigen, indem er sich folgende Fragen stellt und Antworten zu geben versucht:

Wie geht es mir jetzt, bin ich zufrieden mit mir, stimmt es für mich oder was brauche ich noch? Gibt es etwas, was ich mir noch holen möchte oder anders machen will? Ist es so, wie es läuft, gut für mich? Mache ich mir auch nichts vor?

Sich bei diesen Gelegenheit auf sich zurückzuziehen, sich um sich zu sorgen und an sich zu denken ist Balsam für seine Seele. Sich bewusst auf sich zurückzuziehen und einen Raum zu schaffen, wo es nur um ihn geht, wo er zu sich zurückfinden kann und die Aufmerksamkeit immer wieder neu auf sich richten darf, hilft ihm ganz entscheidend, bei sich zu bleiben, sich weniger zu überfahren oder sich gar zu vergessen. Mehrmals täglich eine Auszeit zu nehmen, sich eine Sprache und Bedeutung zu geben und Thema zu werden in seinen Gedanken, ernst zu machen mit dem »*Jetzt geht es um mich*«, das ist das Besondere an diesen punktuellen Rückzügen. Den Fokus der Aufmerksamkeit bewusst auf sich zu richten, anderes und andere zurückzustellen stärkt den depressiven Menschen und wirkt sich spürbar positiv auf sein Selbstvertrauen und seine Zuversicht aus:

Jetzt komme ich, jetzt bin ich bei mir und will ich bei mir sein. Die andern können warten. Jetzt nehme ich mir Zeit für mich, höre ich mir zu und nehme mich wichtig. Es ist mir wichtig, wie es mir geht und was ich mir zu sagen habe.

So, wie der depressive Mensch lernt, mit sich zu sprechen, so wichtig ist es auch für ihn, zu lernen, sich den anderen gegenüber zu öffnen, sich zu zeigen. Sich zu erkennen zu geben braucht Zeit und Mut. Gleichzeitig kann er nur so die Erfahrung machen, dass die andern zuhören, sie das, was er sagt, interessant finden und gar nicht so negativ oder unbeteiligt und gelangweilt reagieren, wie er immer befürchtet. Nur im Sprechen öffnet sich ihm die Möglichkeit, die andern anders als bisher zu erleben, und erst, wenn er sich öffnet, kann er erkannt und gesehen werden. Wenn der depressive

Mensch lernt, nicht alles allein mit sich auszumachen, kann er auch die Erfahrung machen, dass die andern sich gern belasten lassen und helfen wollen. Wenn er sich bewegt und nicht mehr gewillt ist, alles auf sich zu nehmen, um die andern nicht zu belasten, und zu schweigen, um niemandem zu zeigen, wie schlecht es ihm geht, kann er erfahren, dass die andern gar nicht so schnell belastet sind. Und diese neuen Erfahrungen sind nur möglich, wenn er spricht, sich zeigt und auch sagt, was ihn bedrückt und was er will und braucht. Das ist wirklich neu. Bisher ging es dem depressiven Menschen nur darum, dass es den andern gut ging. Jetzt will er es besser mit sich und den andern haben und ist nicht mehr zufrieden, einigermaßen über die Runden zu kommen. Jetzt geht es darum:

»Es geht um mich«, ich will, dass es auch mir gut geht. Gut geht es mir, wenn ich mich verstehe und ich verstanden werde von den andern. Ich bin dann zufrieden und es stimmt für mich, wenn ich von mir sprechen kann, mich mitteilen und damit wirklich zusammen sein kann mit mir und den andern. Das Gespräch bringt mich zu mir und zu den andern. Ich will nicht mehr so allein und belastet sein. Ich kenne den Weg aus der Isolation und der Einsamkeit. Im Gespräch mit mir finde ich zurück zu mir. Im Gespräch mit mir werde ich stark und selbstbewusst. Im Gespräch erfahre ich mich direkt und unverzerrt. Wenn ich mit mir spreche, weiß ich, wer ich bin und was ich will.

Sich Ruhe gönnen

Eine letzte Erlaubnis möchte ich noch aufführen. Ich finde sie nicht nur besonders wichtig, sondern als Lerninhalt auch attraktiv:

»Sich Ruhe zu gönnen und sich zu erlauben, einen leichteren Weg zu wählen.«

Den leichteren Weg gehen beim Ausstieg oder bei einer Entscheidung die einfachere und weniger mühsame Möglichkeit zu wählen heißt nicht, den »billigen« Weg zu gehen, sondern sich nicht immer nur für das Schwierigste, Perfekteste und Extremste entscheiden zu müssen. Es heißt auch, sich erlauben, sich zu schonen, auf sich Rücksicht zu nehmen und die Entscheidung den momentanen Möglichkeiten anzupassen. Bis jetzt war in den Augen des depressiven Menschen das, was er leistete, nie genug. Es genügte nie, was und wie er etwas machte, obwohl er doch stets das Maximum von sich verlangte – aber auch das genügte nie, war immer noch zu wenig. Den leichteren Weg gehen heißt auch, den Gedanken und Befürchtungen widerstehen, egoistisch, bequem oder faul zu sein. Denn der sogenannte leichtere Weg kostet den depressiven Menschen, wenn er sich dazu die Erlaubnis gibt, hohen Aufwand und viel Kraft. Er muss sich gegen alle inneren Widerstände durchsetzen und alles dransetzen, um ja nicht vom neuen Weg abzukommen. »*Jetzt geht es um mich*« heißt Rücksicht nehmen auf sich, sorgfältig und verantwortungsvoll mit sich umgehen. Auf sich achten und Entscheidungen für sich und nicht gegen sich fällen geht nicht, ohne dass der depressive Mensch sich erlaubt, den Weg und seine Entscheidungen seinen Möglichkeiten anzupassen und auch einmal die einfachere und bequemere Lösung zu wählen.

Sich Ruhe gönnen und sich belohnen, sich Zeit nehmen für sich und auch mal nichts tun, nicht als Erster fertig werden wollen, nicht alle freiwilligen Zusatzarbeiten auch noch erfüllen, auch einmal Zeitlimits überschreiten, etwas auslassen und dabei trotzdem zufrieden sein – auch das sind Verhaltensweisen, die wir dem Thema »Sich die Erlaubnis geben, den einfacheren Weg zu wählen und sich das Leben einfacher zu machen«, zuordnen können.

Arbeiten, die zu viel an Aufwand erfordern, lasse ich in Zukunft sein. Ich gebe mir das Recht, mich zu fragen, ob der Aufwand für mich angemessen ist und ob das Verhältnis von Aufwand und Ertrag stimmt. Wenn mir etwas zu schwierig, zu mühsam und zu anstrengend erscheint, will ich mir erlauben, diese Arbeiten nicht zu machen und Nein zu sagen. Ich will es mir einfacher und leichter machen und das Leben nicht mehr nur als Kampf betrachten. Ich will es auch mal schön haben, das Recht dazu habe ich auch. Ich will nicht mehr nur die Arbeit und die Pflichten im Auge haben, sondern versuchen zu sehen, dass es daneben auch noch anderes gibt. Ich will beginnen, mich um Dinge zu kümmern, die ich gern habe und immer vernachlässigt habe, weil die Zeit nie reichte oder ich zu müde war. Überhaupt will ich mich mal hinsetzen und überlegen, was ich gern mache oder immer schon gern gemacht hätte, womit ich mir Freude bereiten und das Leben verschönern könnte. Ich weiß gar nicht mehr, wie man das macht, etwas genießen oder mir ohne schlechtes Gewissen Zeit für mich nehmen. Das nehme ich mir vor.

So macht das Leben auch Freude. Sonst ist alles Müssen, Opfer, Zwang und Qual. Ein Leben, in dem der depressive Mensch nur den steinigen und anspruchsvollen Weg wählen darf und doch nicht genügt, ist kein schönes, kein lebenswertes Leben.

Ich darf und erlaube mir all das, was ich mir vorher nicht erlaubt und wonach ich gar nicht gefragt habe. Ich gestehe mir zu, was ich mich nicht getraut habe, weil es mir angeblich nicht zustand, ich es mich verbot und vorenthielt. Ich will jetzt sorgfältig mit mir umgehen, achtsam, behutsam, vorsichtig und verantwortungsvoll. Etwas anderes erlaube ich mir nicht mehr. Und den einfacheren Weg erlaube und begründe ich mir mit den folgenden Merksätzen: Ich darf bei mir sein, ich darf auf mich schauen und für mich sorgen, dass es mir gut geht. Es geht um mich und jetzt bin ich wichtig und ich will dem Rechnung tragen und alles dafür tun, dass es jetzt wirklich um mich geht. Ich entscheide und für meine Entscheidungen trage ich die Verantwortung.

Ich will nicht mehr so streng umgehen müssen mit mir. Ich will mich nicht mehr immer nur kritisieren und korrigieren. Ich will anders mit mir umgehen und das kann ich nur, wenn ich nicht mehr meine, mich immer antreiben zu müssen. Ich will auch aufhören damit, mir immer zu misstrauen und mich zu ängstigen, dass ich versage, nicht genüge oder alles falsch mache. Ich darf das machen, was ich mir zutraue, was für mich stimmt, mir gefällt und mich auch bereichert. Ich will immer nur so viel machen, wie mir im Moment mög-

lich ist, und aufpassen, dass ich mich nicht übergehe und auch nicht überfordere. Ich darf dafür sorgen, dass es mir gut geht und dass es nicht nur Arbeit und Pflicht gibt in meinem Leben, dass nicht alles nur Kampf und Krampf ist. Es geht um mich und ich will mir all das erlauben, was mich bestätigt, mich weiterbringt und mir das Leben erleichtert und verschönt. Ich möchte auch so weit kommen, dass ich gerne lebe und Freude habe am Leben.

8
An sich denken. Sich um sich kümmern

Sich für sich einsetzen, sich helfen, sich unterstützen

Ein sorgfältiger Umgang mit sich ist ein zentraler Punkt des Ausstiegs aus der Depression und eine konkrete Umsetzung des »*Jetzt geht es um mich*«.

Der Weg des Ausstieges bedeutet, den Weg zu sich zurückzufinden, und das wiederum bedeutet nichts anderes, als zu einem verständnisvollen, sorgfältigen und rücksichtsvollen Umgang mit sich zu kommen.

Auf sich zu schauen und für sich zu sorgen setzt immer voraus, dass der depressive Mensch sich das auch selbst erlaubt, den neuen Umgang mit sich will, und zwar aus der neu gewonnenen Überzeugung heraus, wichtig zu sein und sich ernst zu nehmen.

Vorher war sein Leben bestimmt durch Müssen und Sich-verpflichtet-Fühlen. Und in einem solchen Leben haben Begriffe wie für sich sorgen, an sich denken und sich schonen keinen Platz.

Beim »Müssen« geht es dem depressiven Menschen um die andern und um das, was der depressive Mensch zu tun hat und zu was er sich verpflichtet fühlt, nie und nimmer aber um seine Person. Dabei zieht er erst gar nicht Betracht, dass diese Art des Umgangs mit sich selbst auf lange Sicht zu Problemen führt, dass er sich damit überfordert, ausnutzt, übergeht und missbraucht. Er geht mit sich um, als wären seine Kräfte unendlich. Aber im Grunde genommen verschwendet er kaum einen Gedanken an seinen Körper. Einzig die Müdigkeit macht ihm Angst, aber auch die führt nicht dazu, mit seinem Körper achtsamer umzugehen.

Es geht nie um ihn selbst, das hat er nie gelernt und nie gekannt. Er oder sie glaubt auch, es nicht wert zu sein, sich mit sich zu beschäftigen, und gerade dieser Umstand hat ihn oder sie dorthin geführt, wo er oder sie jetzt steht: Er kann keine Rücksicht auf sich nehmen, er spürt sich nicht, ist gar nicht bei sich oder nicht so bei sich, dass er wahrnehmen könnte, was mit ihm passiert, was er mit sich macht und was eigentlich passiert, wenn er so mit sich umgeht. Sie spürt auch nicht, wenn sie über ihre Verhältnisse lebt, wenn sie sich überfordert. Wer nur darauf bedacht ist, dass es den andern gut geht, wer nur die andern wichtig nimmt, kann sich selber nicht wichtig nehmen und damit auch nicht auf sich schauen und für sich sorgen. Und wer sich nicht um sich kümmert, überfordert sich ständig und treibt sich physisch und psychisch in den Ruin. Wer sich nicht wichtig nimmt, ist auch nicht bereit, irgendeine Anstrengung für sich zu unternehmen, sich dafür Mühe zu geben und irgendeinen Aufwand dafür zu betreiben. Das alles gilt nur für die andern. Der eigene Anspruch ist lediglich, über die Runden zu kommen, und auch da nicht so, dass er oder sie gezielt überlegen und sparsam mit seinen oder ihren Kräften umgehen würde.

Dem depressiven Menschen geht es nie um sich selbst. Er lebt nicht sich selbst, sondern er lebt die Erwartungen und Anforderungen der andern. Deshalb fühlt er sich auch dauernd verantwortlich für die andern, für alle und alles. Das ist anstrengend und verlangt eine dauernde Aufmerksamkeit und Konzentration. Das sind die depressiven Muster, in denen der depressive Mensch gefangen ist, die er als Kind gelernt und eingeübt hat und die bei ihm als erwachsenem Menschen fordernd, zwanghaft und automatisch sein Verhalten und Denken bestimmen. Sie sind starre Fesseln und werden zu einem Zwang, so und nicht anders zu handeln. Sie sind vielfach so automatisiert und als »Müssen« in das Leben depressiver Menschen integriert, dass ihnen nicht bewusst ist, wie sie auf diese Art ihre persönliche Freiheit beschneiden. Was sie aber sehr stark und als belastend und ihr Leben bestimmend erleben: Sie fühlen sich bevormundet, eingeengt und fremdbestimmt. So sind sie immer gestresst, immer unter Druck, ständig in einer inneren Unruhe und Spannung, obwohl sie nach außen einen ganz anderen Eindruck vermitteln. Nie bei sich und immer nach außen gerichtet sein vermittelt keine Sicherheit und damit auch keine Ruhe und Zufriedenheit. Das ist ihr Leben. Auf sich schauen, für sich sorgen, Rücksicht auf sich nehmen weil sie sich wichtig sind, davon ist keine Spur. Und deshalb ist das »*Ich will mich um mich sorgen und auf mich aufpassen*« so wichtig, weil es ganz stark das betont, was ihnen bisher gefehlt hat:

sich Aufmerksamkeit schenken, sorgfältig und rücksichtsvoll mit sich umgehen und für sich Verständnis aufbringen.

An verschiedenen Stellen haben wir schon ausgeführt, was damit gemeint ist, für sich zu sorgen. Hier noch einmal kurz zusammengefasst:

Ich mache nur so viel, wie im Moment möglich ist, ich mir zutraue und wozu ich die nötige Kraft habe. Im Zweifelsfall lasse ich es sein und warte, bis ich mich wieder sicherer und stärker fühle. Ich mache, was mich nicht überfordert. Ich richte mich an dem aus, was mich stärkt, mir Angst nimmt und ein gutes Gefühl vermittelt. Jetzt geht es um mich. Ich will mich nicht vergessen, mich nicht übergehen und überfordern. Ich muss nichts. Ich darf das, was mir möglich ist. Ich höre auf mich und tue das, was für mich stimmt und ich mir zutraue. Ich will mir die Erlaubnis geben, das wirklich zu wollen und ernst zu machen damit. Ich will nicht mehr so acht- und lieblos mit mir umspringen, mit mir umgehen, wie wenn es mich nicht gäbe. Ich will mich nicht mehr so behandeln, als wäre ich es nicht wert, mir mit ein bisschen mehr Achtung und Respekt zu begegnen.

Ich weiß, ich bin verletzlich und empfindlich, ich weiß, dass ich auch dünnhäutig und nachtragend bin. Ich weiß das alles und ich will mir das nicht zum Vorwurf machen, sondern aus diesem Bewusstsein heraus sorgfältiger und vorsichtiger mit mir umgehen. Ich will geduldiger, nachsichtiger und verständnisvoller mit mir umgehen. Ich will weniger streng und unversöhnlich zu mir sein. Ich will mir Zeit geben, um all das zu lernen, auch Zeit geben, dickhäutiger und psychisch robuster zu werden, und mir auch zugestehen, dass ich meine Empfindlichkeit wahrscheinlich nie ganz werde abstreifen können.

Ich will versuchen, mir für alles mehr Zeit zu geben, Dinge auch warten zu lassen und nicht immer alles gleich zu erledigen. Ich will zu mir sagen können: Jetzt komme zuerst ich, die andern können warten, das eilt nicht so, das muss nicht gleich erledigt werden. Ich will mich auch mal sagen hören: Das tue ich mir nicht an, das ist mir zu viel, das muss reichen, das ist genug für heute, den Rest mache ich morgen. Ich werde immer wieder Fehler machen, es wird immer Aufgaben geben, die ich noch nicht lösen kann. Ich werde auch häufig wieder zu streng, nachtragend und unversöhnlich sein, genauso wie ich nicht immer geduldig und verständnisvoll mit mir umgehen werde, immer wieder auch einmal abwertend und sogar entwertend. Ich weiß das und will mich deswegen nicht verurteilen, nicht böse zu mir sein und mich bestrafen. Ich will lernen, verzeihender und geduldiger mit mir umzugehen, mir immer wieder eine Chance geben, mich trösten, wenn ich enttäuscht bin, und mich aufmuntern, wenn ich aufgeben und verzweifeln will.

Weitere Beispiele, wie depressive Menschen sorgfältiger mit sich umgehen können, wie sie ernst machen können mit der neu gewählten Sorgfalt und Fürsorge:

Ich gönne mir etwas und leiste mir das jetzt. Ich nehme mir vor, mich mehr zu verwöhnen. Wenn ich mir jetzt etwas gönne, tut mir das gut, ich brauche das jetzt, dass ich etwas mir zuliebe tue. Bis jetzt habe ich nach dem Prinzip gelebt: Zuerst die Arbeit und dann das Vergnügen. Das will ich nicht mehr. Da bin ich immer zu kurz ge-

kommen. Für mich hat es nie gereicht, entweder die Zeit war zu kurz, ich war zu müde oder es blieb einfach nichts mehr übrig für mich. Das war ein beschissenes Lebensprinzip, aber es ist mir in Fleisch und Blut übergegangen.

Für sich zu sorgen erfolgt über kleine, für andere nicht sichtbare Schritte:

Ich rufe nicht gleich zurück. Die können einen Moment warten, ich bin noch nicht bereit, ich rufe dann zurück, wenn es für mich stimmt. Ich lasse mir nicht mehr sagen, warum ich sofort zurückzurufen habe. Jetzt entscheide ich über mich, ich lasse mich nicht drängen. Ich bin nicht mehr bereit, alles sofort stehen und liegen zu lassen und zu springen. Ich mache etwas zuerst fertig, ich gönne mir eine Pause und ich bestimme, wann es für mich richtig ist, zurückzurufen, vielleicht in einer halben Stunde, vielleicht auch erst morgen.

Die Abmachung von morgen sage ich ab. Ich mag nicht mehr und es kostet mich zu viel Kraft. Vielleicht schlage ich einen anderen Termin vor, vielleicht mache ich einen anderen Vorschlag, ich weiß es nicht. Ich weiß nur, dass diese Abmachung zu viel ist für mich. Den Fritz und die Eveline möchte ich in nächster Zeit nicht mehr treffen. Die sind zu schwierig für mich. Ich merke, die tun mir im Moment nicht gut. Ich will sie meiden und ihnen aus dem Weg gehen. Ich will mich für eine Weile zurückziehen. Ich vertrage die Menschen nicht mehr, ich brauche meine Ruhe, ich möchte in Ruhe gelassen werden und nicht mehr das Gefühl haben, zu müssen und unter Druck zu stehen. Ich ziehe mich innerlich und äußerlich zurück und möchte das auch nicht rechtfertigen und erklären müssen. Ich möchte, dass die andern das akzeptieren und wenn sie das nicht können, dann tut es mit leid. Ich merke einfach, dass mir alles zu viel wird, ich brauche eine Auszeit und will für eine Weile niemanden mehr sehen.

Ich merke, dass es mir nicht guttut, wie ich im Moment lebe. Ich will mir wieder mehr Struktur geben, wieder zur selben Zeit aufstehen, dass ich keinen Stress habe und in Ruhe meinen Kaffee trinken und die Zeitung lesen kann. Ich will nicht mehr so apathisch und faul den Tag gestalten, das macht mich unzufrieden. Ich will wieder mehr Sport treiben und mit meinen Freunden ausgehen. Mir gefällt es nicht, wie ich mich gehen lasse, ich will zufrieden mit mir sein und mehr auf mich schauen und dafür brauche ich und gebe ich mir den entsprechenden Rahmen, dazu brauche ich mehr Disziplin und mehr Initiative.

Ich habe mich sehr lange vernachlässigt, die Körperpflege habe ich auf ein Minimum reduziert, Sport habe ich keinen mehr betrieben. Ich habe mich richtiggehend gehen lassen und habe nur noch versucht, über die Runden zu kommen. So gefalle ich mir nicht mehr, so schäme ich mich für mich. Ich will anders leben und mir wieder mehr Aufmerksamkeit schenken, mir mehr Zeit geben für mich und mir wieder das geben, was ich brauche, mir guttut und mir gefällt: Pflege, Erholung, Aufmerksamkeit und Zuwendung.

Das ist nur eine kleine Auswahl, wie Menschen mit sich sprechen, die auf sich schauen und sich ernst nehmen, die auf sich eingehen und sich entgegenkommen wollen. Wenn der depressive Mensch sich erlaubt, auf sich zu achten, sich um sich zu kümmern und an sich zu denken, damit er sich nicht überfordert und sich zufrieden und unabhängig fühlen kann, dann ist auch wichtig, dass er sich erlaubt, neue Wörter zu gebrauchen. Für den neuen Umgang mit sich braucht er eben auch eine Sprache mit einem Wortschatz, den er vorher vernachlässigt hat. Er braucht Wörter, mit denen er genau die neuen Befindlichkeiten und Lebensthemen erfassen und bezeichnen kann und die für ihn eine neue Bedeutung und Wichtigkeit erhalten.

Im Moment, für den Moment, für diese Situation. Ich will mal probieren, ich probiere einmal. Ich will versuchen, ob das geht, mir passt, für mich stimmt, mir entspricht. Vielleicht gelingt es, vielleicht nicht. Das macht nichts, das spielt keine Rolle, das ist nicht so wichtig. Mal schauen, wer weiß, vielleicht.

Ich will versuchen, ich nehme mir vor. Was soll's.

Mit diesen Formulierungen sagt sich der depressive Mensch:

Es geht mir nicht mehr um Leben und Tod, ich muss nicht bis zum Letzten gehen, es ist ein Versuch, mehr nicht. Ich probiere, obwohl es mir sehr wichtig ist, ich versuche es, obwohl es um mich, um meine Zufriedenheit und mein Leben geht. Jeder Lernschritt ist ein Versuch, jede Veränderung beginnt mit Ausprobieren. Damit bin ich nicht weniger verlässlich und glaubwürdig. Ich will das Neue ausprobieren, erste Schritte wagen und schauen, wie es mir damit geht und was es mit mir macht.

In diesen Formulierungen ist ein mögliches Scheitern inbegriffen. Er oder sie kann ein solches Scheitern auch gar nicht verhindern. Stattdessen kann er oder sie seine oder ihre Lernschritte mit der Zeit auch mit einer gewissen Leichtigkeit angehen oder diese als sportliche Herausforderung betrachten. Mit der neuen Einstellung, *»Ich bin es wert, mich um mich zu kümmern«*, hat das Absolute, Perfekte keinen Platz mehr im Leben des depressiven Menschen. Es geht nicht mehr um alles oder nichts, es gibt so viele Möglichkeiten zu üben und zu lernen, sodass ein Scheitern auch kein Versagen, keinen Weltuntergang oder keine Demütigung bedeutet. Stattdessen sollte sie oder er zu einer neue Leichtigkeit im Umgang mit sich finden oder wenigstens etwas vom Druck und der Belastung wegnehmen, die sonst bei jedem Schritt gegenwärtig gewesen sind. Zu den wichtigsten neuen Wörtern und Begriffen gehören:

Ich – Ich will, ich möchte – Ich darf und muss gar nichts – Ich erlaube mir, ich gebe mir die Erlaubnis – Ich habe das Recht – Es liegt in meiner Verantwortung.

Ich frage mich. Ich entscheide, ich will entscheiden. Ich will mich nicht unter Druck setzen. Ich will nicht immer kämpfen und mich quälen müssen. Ich will nicht mehr müssen. Ich will das noch nicht. Ich will diesen Zwang nicht mehr.

Ich will mich nicht mehr fertigmachen. Ich darf traurig sein, mir darf es schlecht gehen. Ich habe jetzt keine Zeit für dich, ich komme später oder ein andermal. Schau, ob dir jemand andrer hilft. Ich brauche jetzt die Zeit für mich. Ich habe keine Lust.

Und ebenso gilt jetzt:

Das reicht mir, das genügt, mir genügt das. Das ist genug für den Moment oder für heute. Ich mache morgen oder ein andermal weiter. Jetzt brauche ich eine Pause, jetzt nehme ich mir eine Auszeit. Ich bin zufrieden mit dem, was ich erreicht habe. Was will ich mehr, das ist doch gut.

Ich will, dass es mir gut geht. Ich will zufrieden und glücklich sein. Ich will es einfacher und sorgloser haben in meinem Leben. Ich will leben und ich will gut leben. Ich will frei sein. Ich will mich um mich kümmern dürfen, an mich denken.

Bei vielen neuen Wörtern und Sätzen geht es darum, sich zu sagen und es immer wieder zum Ausdruck zu bringen, dass Selbstvertrauen und Zufriedenheit nicht vom Gelingen der Lernschritte abhängen; dass es sich dabei nicht um »Sein oder Nichtsein« handelt. Es geht selten im Leben um ein »Jetzt oder nie«, »Alles oder nichts«. Denn genau diese extremen Formulierungen sind es, die den Druck und die Spannung im Leben des depressiven Menschen hochhalten, die allem so eine Schwere verleihen und die machen, dass jeder Schritt, jede Veränderung so unheimlich viel Kraft und Überwindung kostet. Und es sind genau diese Formulierungen, die verhindern, dass der depressive Mensch liebevoll und fürsorglich mit sich umgehen kann. Sie sind die Totengräber, dass sie oder er endlich auch einmal für sich Sorge trägt.

Für sich zu sorgen und auf sich zu schauen sind Konkretisierungen des »*Jetzt geht es um mich*«. Es geht für den depressiven Menschen darum, sich zu erkennen und als jemanden zu betrachten, den er wirklich respektiert und dem er eine Bedeutung und Wichtigkeit zuspricht. Wenn er jemanden schätzt, dann kümmert er sich auch um ihn, passt auf ihn auf und will aus tiefstem Herzen, dass es ihm gut geht. Es geht darum, einen solchen Umgang jetzt auch mit sich zu pflegen, einen Umgang, der ihm mit andern ganz selbstverständlich ist und der wie von selbst kommt. Es geht auch darum, mit etwas zu beginnen, was er das ganze Leben nie gemacht, woran er nicht im Entferntesten gedacht hat und was er sich auch nie erlaubt hätte. Sorgfältig mit sich umgehen heißt auch, aus den gemachten Fehlern und Erfahrungen zu lernen. Weil der depressive Mensch sich übergangen hat und respekt- und lieblos mit sich umgegangen ist, hat es ihn dorthin gebracht hat, wo er jetzt steht: Ausgelaugt, ohne Sicherheit, ohne Freude und ohne Lebensmut steht er im Leben.

Für sich sorgen, achtsam und behutsam mit sich umgehen steht beim depressiven Menschen für so vieles: sich ernst nehmen, ernst machen mit dem »So nicht mehr«, in Beziehung treten mit sich, zeigen, dass er sich schätzt, respektiert, dass ihm daran gelegen ist, dass es ihm gut geht. Es geht auch darum, dass er lernt, wie wichtig es ist, sich für sich einzusetzen, sich zu helfen und zu unterstützen. Es steht auch dafür, dass er nur das Beste für sich will. Wenn der depressive Mensch beginnt, sorgfältiger mit sich umzugehen, hat das zur Folge, dass er vermeiden will, dass es ihm schlecht geht, dass er weiter leiden muss und verletzt, enttäuscht oder traurig ist. Es hat auch zur Folge, dass er sich zeigen will, dass er beginnt, sich zu schätzen, und auch etwas von dem gutmachen will, was er sich in der Vergangenheit angetan hat. Mit dem neuen Verhalten zeigt er auch, dass er eingesehen hat, dass er etwas für sich tun muss und will, dass er glaubwürdig sein will, wenn er sagt, dass er sich wichtig nehmen will.

Sorgfältig umgehen mit sich heißt auch sich nicht überfordern, weder physisch noch psychisch, nicht über sich hinweggehen, von dem ausgehen, was im Moment möglich und tragbar ist, sich auch nicht stressen mit der Ungeduld, mit eigenen Anforderungen und Erwartungen. Es heißt auch im Gespräch bleiben mit sich, Rückfragen an sich erlauben, ernst nehmen, wenn man spürt, dass man nicht bei sich ist, sich zu viel zumutet, auch wenn es um etwas geht, was für den Ausstieg von Bedeutung sein könnte. Es geht immer um die Person des depressiven Menschen und die ist wichtiger als alle Schritte, die vielleicht auch wichtig, nötig oder sinnvoll wären.

Nicht die Schritte, nicht das Programm sind entscheidend, sondern immer nur der Mensch, der steht im Zentrum und über den geht niemand und nichts.

Es geht darum, sich wirklich zu sehen, sich eindeutig, bewusst und klar für sich und sein eigenes Leben zu entscheiden und entsprechend einzusetzen. Was auch bedeutet, sich vor Überforderung, Verunsicherung, Verzweiflung, Versagen, Resignation, eigener Ausbeutung und Vernachlässigung und Verwahrlosung zu schützen, ebenso mit den Kräften sparsam und schonend umzugehen.

Ich will sorgfältig mit mir umgehen, achtsam, behutsam, vorsichtig, verantwortungsvoll, aufmerksam, gewissenhaft, versöhnlich, zuverlässig und überlegt.

Ich will mir mit Respekt, Achtung, Verständnis und mit Wohlwollen begegnen.

Einen solchen Umgang mit sich zu finden bezeichnet sowohl den Weg wie auch das Ziel. Er setzt Zeichen des zukünftigen Lebensstils. Ein solcher Umgang verändert nach und nach die depressiven Verhaltensmuster und hilft beim Umsetzen der verschiedenen Aspekte der neuen Lebensthemen. Welchen Lernschritt der depressive Mensch auch macht, was er auch einübt, es soll in diesem Geist geschehen, im Bewusstsein, dass er selbst wichtiger ist, wichtiger auch als jede kurzzeitige Veränderung. Es ist der neue Stil, wie der depressive Mensch mit sich spricht, wie er sich erlaubt, mit Enttäuschungen, Verletzungen und Gefühlen des Versagen und der Orientierungslosigkeit umzugehen, der den neuen Weg und das Ziel ausmacht.

Für sich zu sorgen geht nicht, ohne sich dabei selbst ernst zu nehmen. Das eine gibt es nicht ohne das andere. Wer sich nicht ernst nimmt, dem kommt es gar nicht in den Sinn, sich um sich zu kümmern, der vernachlässigt sich, verwahrlost psychisch, kennt und schätzt sich immer weniger. Er übergeht sich, wie wenn es ihn gar nicht gäbe, und verliert sich zusehends.

Wer sich nicht ernst nimmt, merkt auch nicht, was in ihm vorgeht, und geht nachlässig und respektlos mit sich um. Es ist Ausdruck auch von fehlender Wertschätzung, fehlendem Respekt und es ist pure Lieblosigkeit, die an Selbstverachtung grenzt. Und deshalb:

Nimm dich ernst – Du bist wichtig – Es geht um dich – Pass auf dich auf – Sei achtsam und verlässlich zu dir – Erlaube dir, was dich aufbaut.

Im Folgenden möchte ich weitere konkrete Beispiele nennen, aus denen der depressive Mensch diejenigen für sich auswählen und ausprobieren kann, die ihn oder sie unmittelbar ansprechen und die er oder sie als stimmig erfährt. Auch hier gilt, dass Ausprobieren auch beinhaltet, aufzugeben, zu verändern und zu verwerfen. Das gehört zum Ausprobieren und das gehört zum neuen Umgang mit sich:

Ich will vermehrt auf meine Gesundheit achten, die Tage besser planen und Freiräume für Sport und Erholung schaffen. Auch einmal gar nichts zu machen will ich mir in Zukunft erlauben und meinen Interessen und Freuden nachgehen und mir auch erlauben, ab und zu unvernünftig zu sein.

Pausen, Ausruhen und Ruhezeiten sind kein Luxus oder Ausdruck von Bequemlichkeit und Faulheit.

Ich will versuchen, meine Antennen mehr nach innen als nach außen zu richten, hellhöriger werden für meine Bedürfnisse und die Stimme des Körpers, das, was ich spüre, ernster nehmen und umsetzen, wenn es für mich stimmt. Ich will kleine Schritte machen, mich immer wieder befragen: »Will ich das, liegt das drin?« Ich will mich nicht mehr vergessen und verlieren, sondern mich immer auch berücksichtigen, mich einbeziehen und nicht mehr nur von den Aufgaben ausgehen und fragen, was nötig ist, was es braucht, was man muss.

Es geht auch darum, sich spüren zu wollen, auf sich hören zu wollen, sich verstehen zu wollen und sich Mühe zu geben beim Hinhören. Es geht auch darum, Stimmungen ernst zu nehmen und seine eigene Befindlichkeit aufzunehmen, auszubrechen aus dem ständigen Denken, sich zu hinterfragen und zu überprüfen.

Ich wehre mich, wenn mir jemand zu nahe tritt, übergriffig ist, unanständig, respektlos oder beleidigend. Ich lasse nicht mehr zu, dass man mich überfährt oder nicht beachtet. Ich nehme nicht mehr einfach alles nur hin und bin froh, wenn es einen Konflikt oder auch deutliche Worte gibt. Ich setze mich für mich ein, sage Halt, wenn etwas nicht mehr stimmt, mir zu schnell geht oder ungefragt in eine andere Richtung steuert. Ich lasse mich auf Konfrontationen ein, wenn es für mich richtig und wichtig genug ist. Ich will mir auch nicht mehr immer alles so zurechtlegen, dass es aufgeht, ich nichts zu reklamieren habe oder ich mich erneut melden muss. Ich habe es auch satt, immer die andern zu entschuldigen und ihr Verhalten zu rechtfertigen und zu erklären. Nein, das will ich nicht mehr. Ich erlaube mir, das jetzt anders zu sehen und anders anzugehen. Mich will ich verstehen, mich will ich in Schutz nehmen.

Wenn ich merke, dass ich verunsichert, ängstlich und dünnhäutig bin, dann will ich besonders sorgfältig und behutsam mit mir umgehen, besonders wohlwollend, sorgfältig und bedächtig. Wenn es mir schlecht geht, ich von mir enttäuscht bin, will ich nicht noch strafend, ungeduldig oder abwertend mit mir umgehen, dann brauche ich eher Zuwendung und Milde und nicht Strenge und Vorwürfe.

Jetzt komme ich, jetzt mache ich zuerst meine Arbeit fertig und dann kommen die andern. Ich lasse mich nicht drängen und bin nicht bereit, alles sofort liegen zu lassen, nur weil der andere etwas von mir will.

Für sich zu sorgen kann auch heißen:

Ich will mich vor negativen Einflüssen schützen, ich merke, dass ich im Moment negative, traurige oder tragische Nachrichten nicht vertrage. Ich schütze mich und schaue auf mich, wenn ich mich zurück-

ziehe, abschotte, mir die Ohren zuhalte und die Augen verschließe, was ich mir vorher nie erlaubt hätte. »Das ist doch Flucht, bedeutet doch verdrängen, was nicht geht«, hätte ich früher zu mir gesagt und mich erst recht gezwungen, mich auf das zu konzentrieren, was mir weh tut.

Ich schütze mich vor belastenden Einflüssen, weil ich spüre, dass ich noch zu dünnhäutig bin und noch nicht kräftig genug. Ich spüre, dass ich noch nicht genug Kraft habe, mich abzugrenzen, das, was ich nicht an mich heranlassen will, von mir fernzuhalten. Aus diesen Gründen erlaube ich mir, mich zu schützen, mich zurückzuziehen.

Auf sich zu schauen kann auch beinhalten, sich abzugrenzen, auf Distanz zu gehen, abzuschalten oder sich zu verschließen. Nur sind das Handlungen, die Kraft kosten, so sinnvoll oder nötig sie auch sein mögen. Daher bedeutet an sich zu denken auch, dass der depressive Mensch spürt, wenn er dazu noch nicht in der Lage ist, wenn seine Kraft noch nicht reicht und er sich daher erlaubt, sich weniger einzulassen, sich weniger zu engagieren, auf Distanz zu gehen und die Augen und Ohren zu verschließen. Für sich Verantwortung zu übernehmen und auf sich zu achten kann heißen sich abwenden, nicht sehen und hören wollen, nichts damit zu tun haben wollen und sich einigeln. Daher sind klare Entscheidungen und Parteinahmen hilfreich und lernenswert im Sinne von:

Jetzt ist es genug, jetzt reicht es, das muss genügen, ich mag nicht mehr, ich kann und will nicht mehr. Halt, das ist nicht mein Problem, das hat nichts mit mir zu tun, das gehört nicht zu mir. Ich will helfen, aber ich will es nicht zu meinem Problem werden lassen.

Abschalten und Abgrenzen verlangen eine Entschiedenheit, eine Eindeutigkeit, die bewusst und kraftvoll vollzogen werden müssen, wenn sie wirksam sein wollen. Das wiederum setzt eine klare Entscheidung voraus und das wiederum eine klare Antwort auf die Frage:

Will ich mich wirklich abwenden, erlaube ich mir das? Ist es das, was für mich im Moment richtig ist?

Abgrenzen heißt also auch ganz klar bei sich bleiben und die Probleme der andern nicht zu den seinigen machen, sich nicht gezwungen fühlen, die Probleme anderer zu lösen. Auch hier noch einmal: Sich abgrenzen bedeutet nicht, ein Egoist oder kalt, herz- und gefühllos zu werden.

Ich will es mir nicht einfach machen und genau überlegen, was es für den andern und für mich bedeutet, wenn ich mich abgrenze. Es ist aber so, dass ich auch mich mit berücksichtigen will, etwas, was es früher überhaupt nicht gegeben hat.

Für jeden Menschen bedeutet »für sich zu sorgen« etwas anderes. Jede und jeder muss auf dem Weg anders und mit anderem anfangen. Die Lernschritte und die Tempi sind bei allen verschieden und wechseln je nach Umständen, Stimmung und persönlicher Verfassung. Für alle allerdings gilt und ist hilfreich, wenn sie sich immer wieder sagen und einimpfen:

Langsam, eines nach dem andern, Schritt für Schritt, und du musst nichts, nicht zu viel auf einmal, morgen ist auch noch ein Tag – sei versöhnlich, verzeihend, verständnisvoll und geduldig mit dir.

Und hilfreich ist, wenn der depressive Mensch sich vornimmt, sich selber zu loben und zu belohnen, in einer Art mit sich umzugehen versucht, wie es eine liebe Mutter mit ihrem Kind tut. Sie sieht nicht in erster Linie, was nicht geht, noch nicht stimmt und was noch zu machen wäre, sondern weiß, dass Bestätigung und Aufmunterung eine viele bessere Motivation und Unterstützung sind als Tadel, Strenge und Vorwürfe. Ihr ist instinktiv klar, dass aufmunternde Worte und der Glaube an ihr Kind mehr bewirken, dass ein Orientieren am Negativen das Negative verstärkt, Kraft und Zuversicht nimmt und Freude und Begeisterung bremst. Das heißt nicht, dass der depressive Mensch sich etwas vormachen und sich einreden muss, dass es ihm gut geht, und partout an die Zukunft und ein gutes Gelingen seiner Bemühungen glaubt. Er soll sich nicht selbst täuschen und ein X für ein U vormachen. Er kann sich aber bemühen und bewusst darauf konzentrieren, neben dem, was ihm Mühe macht und ihn belastet, auch das zu sehen, was gelungen ist und was sich positiv verändert hat. Sich bewusst auf das Gelungene oder halbwegs Gelungene zu konzentrieren verhilft dem Positiven zu mehr Gewicht und hellt das Dunkel wenigstens für Momente auf. Sich Freude zu bereiten, sich ein bisschen Zuversicht zu geben und sich mal ein Lächeln zu schenken ist Balsam für die geschundene Seele. Sich auf die Schulter klopfen tut auch immer gut. »Sich um sich kümmern« meint also auch, etwas sich selbst zuliebe zu tun und sich Anerkennung und Lob nicht vorzuenthalten. Es heißt auch sich selbst unter die Arme greifen und sich damit Kraft und Zuversicht geben. Sich loben kann auch in der Form geschehen, dass der depressive Mensch sich gut zuredet, sich Mut macht, anfeuert, sich das Beste wünscht und sich Mitgefühl zeigt.

Ich will an mich glauben und mir auch die Zuwendung geben, die ich verdiene. Ich will mich an dem orientieren, was geht, und nicht an dem, was nicht geht. Ich will mich lösen von dem ewig Negativen. Und ich will mir Zeit lassen, dass das Positive, das ich für mich empfinde, auch wachsen und reifen kann, dass es sich von zuerst blutleeren Worten zu gefühlten und beseelten Zuwendungen wandeln kann und mich zufrieden und gelassen werden lässt. Ich bin es mir wert, mir all die Unterstützung zu geben, die mir guttut und mir zu mehr Selbstsicherheit und Selbstvertrauen verhilft. Ich will stolz auf mich sein und dieses Gefühl auch zulassen und genießen dürfen. Ich darf auf mich schauen, aber ich muss es nicht. Ich darf bei mir sein und alles dafür tun, dass es mir gut geht und ich es gut habe mit mir. Und das kann zu Beginn sehr wohl auch heißen: *Ich kann es noch nicht gut, aber es tut mir gut.*

Das ist der Weg aus der Depression und das ist der Weg in ein neues Leben. Und dafür lohnt es sich, zu leben.

Doch wenn der depressive Mensch beginnt, bewusst und ernsthaft an sich zu denken, ist das alles andere als einfach. Er geht einen neuen und ungewohnten Weg, der sich anfänglich auch fremd und sonderbar anfühlt. Schnell ist er gedanklich immer wieder bei den anderen Menschen und wandelt auf demselben Pfad. Denn mit dem neuen Weg kommen auch die Widerstände, die versuchen, dem depressiven Menschen die Schritte, die er unternimmt, zu erschweren, und die alles daransetzen, dass er sich weiter in den alten Verhaltensweisen, in den alten respektlosen Formen des Umganges mit sich bewegt. Es sind Stimmen, die eine andere Sprache sprechen als die, die er gerade dabei ist zu lernen. Sie wenden sich laut und kraftvoll gegen den neuen Weg und versuchen mit allen Mitteln zu verhindern, dass der depressive Mensch umsichtiger mit sich umgeht. Kein Argument fehlt, wenn es darum geht, ihn vom neuen Weg abzubringen: »Du wirst immer egoistischer. Wenn alle so denken und handeln würden, stünde es schlecht um die Menschheit. Du kannst dich ja verwöhnen und nur noch auf dich schauen, wenn du alles erledigt hast, wenn es nichts mehr zu machen gibt. Aber das, was du gerade machst, gehört sich nicht, das macht man nicht. Was denken die andern, was müssen die denken, wenn sie dich so sehen? Die werden enttäuscht sein, wenn sie sehen, wie es mit dir moralisch bergab geht, wie du dich auf eine negative Weise veränderst.« »Ich mache mir meinen Namen kaputt und zerstöre alles, was ich mir aufgebaut habe in den letzten Jahren. Ich bewege mich auf einem Irrweg, werde asozial und verantwortungslos. So werde ich immer oberflächlicher, leichtfertiger und verliere all das, was mich ausmacht. Ich werde nicht mehr verlässlich, vertrauenswürdig, sorgfältig und pflichtbewusst. Mit der Zeit mache ich gar nichts mehr, muss unterstützt werden, bin zu immer weniger zu gebrauchen, werde auch immer weniger liebenswert, bis ich niemanden mehr habe, ganz allein und einsam sein werde.« Da hilft nur der eindeutige Entschluss: *»Jetzt geht es um mich«:*

Ich will zu mir stehen, ich will nicht mehr so leben wie vorher, ich will, dass es mir gut geht, dass ich zufrieden sein kann mit mir und mich frei, unabhängig und verbunden mit den Mitmenschen fühle. Meine Entscheidung für mich ist keine Entscheidung gegen die andern. Ich will lieb zu mir und verlässlich für die andern sein.

Diese Eindeutigkeit und das Wissen, worum es geht beim Ausstieg, was das Ziel ist, sind stärker als all die Verführungsstimmen.

Viele depressive Menschen versuchen mit allen Mitteln weiterzukommen, sie orientieren sich, wie wir schon gesehen haben, an dem, was sie müssen, und nicht an dem, was sie wollen. Mit einer wilden Entschlossenheit und innerlichen Verkrampfung versuchen sie zu erzwingen, man kann sogar sagen, peitschen sie sich dazu, das zu machen, was sie glauben machen zu müssen. Das ist und bleibt immer eine mögliche Gefahr, dass sie aus einem Wollen ein Müssen machen, dass sie sich nötigen, das durchzusetzen, was sie sich in den Kopf gesetzt haben. Deshalb ist es so wichtig, sich immer wieder an sich zu orientieren und rückzufragen:

Mache ich es aus mir heraus, weil ich es will und für richtig erachte, mache ich es für die andern oder weil ich meine, es so machen zu müssen? Ich will nicht in die alten Muster zurückfallen und mich zwingen und nötigen. Ich will mich gelassen und geduldig ans Neue herantasten. Ich will mich nicht unter Druck setzen und mich bis aufs Äußerste fordern. Ich will Rücksicht nehmen auf mich und jeden Lernschritt so machen, dass ich mich dabei nicht überfordere und mir nicht schade.

Auch wenn die depressiven Menschen über eine enorme Belastbarkeit und ein riesiges Durchhaltevermögen verfügen, sind sie nicht dagegen gefeit, zwischendurch zu verzweifeln und zu schnell aufgeben zu wollen. Sie sagen etwa: »Ich schaue doch auf mich, ich gehe ins Kino, ich sage ab und zu auch Nein, gehe ins Yoga und sorge für Erholung und Fitness und doch geht es nicht weiter. Ich kann mir nicht helfen, niemand kann mir helfen und nichts von dem, was ich mache, hilft mir wirklich. Es geht halt doch nicht oder ich mache alles falsch.« Mögliche Erklärungen können sein: Sie sind sehr schnell enttäuscht, wenn etwas nicht sofort den erhofften Erfolg bringt. Sie sind ungeduldig und geben sich nicht die Zeit, die sie brauchen. Es sind punktuelle Kraftakte, die sie unternehmen, dann, wenn es ihnen wieder einmal zu viel wird, aber es sind keine Verhaltensweisen, die getragen sind von der Haltung, sich jetzt wichtig und ernst nehmen zu wollen und alles dafür zu tun, dass es ihnen gut geht. Sie spüren deshalb auch nicht, ob sie das, was sie machen, wirklich wollen oder brauchen, ob es ihrer Meinung nach wichtig und gut ist. Sie gehen sehr streng mit sich um, wenn nicht das herauskommt, was sie sich vorgestellt haben. Sie leben immer noch nach dem Motto »Jetzt oder nie«, »Alles oder nichts«. Sie fragen sich vielleicht, was sie wollen, nicht aber danach, ob sie im Moment auch in der Lage dazu sind, ob der Zeitpunkt richtig ist und ob sie stark genug sind, einen Misserfolg wegzustecken.

Ich habe es schon an anderer Stelle anklingen lassen. Bei vielen depressiven Menschen ist das Motiv, sich ernst zu nehmen, mit der schmerzlichen Erfahrung verbunden, dass sie nur dann ihre Pflicht erfüllen oder ihrer Arbeit einigermaßen nachkommen können, wenn sie sich wenigstens der Spur nach auch um sich kümmern. Nur aus der Not heraus kommen sie auf den Gedanken, dass nichts mehr geht, wenn sie nicht auch auf sich achtgeben. Denn ohne ein Minimum an Rücksichtnahme leidet die Arbeit, können sie diese nicht so erfüllen, wie sie glauben, das tun zu müssen. Für sich zu sorgen hat im ersten Moment oder in einer ersten Phase dann überhaupt nichts damit zu tun, sich endlich ernst zu nehmen und sorgfältiger mit sich umgehen zu wollen. Der Ausgangspunkt eines besseren Umgangs mit sich selbst ist lediglich die Angst, bei der Arbeit zu versagen, die Erwartungen anderer nicht mehr zu erfüllen, beim Tempo nachzulassen und irgendeinmal die Kraft nicht mehr zu haben, all das, was sie bisher geleistet haben, weiterhin zu erbringen. Aber auch, wenn der erste Schritt aus der Not geboren ist und zum Zweck der Pflichterfüllung geschieht, macht der depressive Mensch doch die Erfahrung, dass es ihm besser geht, er sich insgesamt irgendwie erleichterter fühlt. Er merkt, dass es ihm etwas bringt, auch einmal auf sich zu schauen und was ihm guttut. Anfänglich geht es ihm um die Arbeit, doch zunehmend verschiebt sich der Akzent von der Arbeit auf ihn selbst. Für sich zu sorgen ist ein langsamer Weg, so lange bis der

Depressive klar und eindeutig sein eigenes Wohlergehen an die erste Stelle setzt. Überlegungen und Gedanken, Lernthemen und Übungsmöglichkeiten als Vorschlag zum Ausprobieren:

Ich will mich nicht mehr immer fertigmachen, indem ich nur das sehe, was nicht gut ist. Ich will mich bemühen, das, was gut ist, genauso wichtig zu nehmen wie alles andere. Ich will nicht mehr nur nach außen, für die andern nett, liebenswürdig und zuvorkommend sein. Ich verdiene auch selbst so eine Behandlung und die will ich mir von nun an geben.

Ich versuche, weniger streng mit mir zu sein und den gleichen Maßstab anzulegen an meine Leistungen, wie ich es bei den andern tue. Ich gestatte mir auch, einmal einen Fehler zu machen, langsamer zu sein, mir mehr Zeit einzuräumen, wenn ich etwas vorbereiten muss, Pausen einzulegen und nicht alles an einem Stück zu machen.

Wenn ich merke, dass die Zeit knapp wird und ich bei einer Arbeit unter Druck gerate, dann will ich nicht mehr mit dem Kopf durch die Wand, etwas um jeden Preis durchboxen, sondern mir Pausen zum Überlegen gönnen. Statt Volldampf zu geben, will ich erst einmal bremsen und mir überlegen: »Wo stehe ich, was ist noch nötig, muss ich etwas ändern? Vielleicht reicht die Zeit einfach nicht, warum also das Unmögliche möglich machen wollen? Erst mal sehen, was möglich ist, und dann sehen wir weiter.«

Ich will mir mehr Zeit geben, einfach für mich, zu meiner Erholung und nicht, um etwas zu erreichen. Ich will mal nichts Sinnvolles machen, sondern einfach das, wonach mir im Moment zumute ist, worauf ich Lust habe, was mir gefällt. Ich will mal nicht auf die Uhr schauen und das schlechte Gewissen aushalten.

Ich will dem Druck nicht mehr nachgeben, wenn eine Stimme mich antreibt und sagt, was ich zu tun habe, dass etwas schneller gehen müsste, dass ich schon lange fertig sein müsste, schon lange mit etwas anderem hätte beginnen müssen. Ich sage mir all das und weiß gleichzeitig, dass es noch seine Zeit braucht, bis ich es umsetzen kann.

Ich will mir meine Angst vor der Zukunft eingestehen, Katastro-

phenängste zulassen, genauso wie die Angst zu versagen und ich will versuchen, mehr im Augenblick zu leben, mich auf das zu konzentrieren, was ich im Moment tue. Das ist viel wichtiger, als alles schönreden zu wollen oder mich immer wieder in irgendwelche Horrorszenarien hineinzusteigern. Wenn mir eine Arbeit keine Freude macht, dann will ich mich nicht dazu zwingen, will mir das eingestehen und mir nicht noch Vorwürfe machen. Ich will annehmen, was ich empfinde und mich nicht unter Druck setzen, etwas zu fühlen, was ich gar nicht so fühle, jemanden gern haben, den ich nicht ausstehen kann, etwas nicht machen wollen, nur, weil ich es mir nicht zutraue. Ob die andern das gut finden, ist mir egal. Ich fühle, wie ich fühle und dazu will ich stehen. Punkt.

Ich höre auf mich, nehme mich ernst. Und wenn ich Angst habe, habe ich Angst. Ich will mir auch eingestehen, müde zu sein, energie- und lustlos, ich will mich so sehen, wie ich bin, mich so annehmen, wie ich mich fühle und mir nichts mehr vormachen, nicht mehr tun als ob. Wenn ich mir etwas nicht zutraue, dann traue ich mir das nicht zu. Und ich weiß, dass ich die Tendenz habe, mich zu überfordern. Deshalb nehme ich mir vor, alles langsam anzugehen, dort zu beginnen, wo die Angst am kleinsten ist. Ich übe bei den kleinen Dingen, im Verborgenen, wenn ich nicht will, dass die andern davon erfahren. Ich beginne bei Dingen, die mir nicht so nahegehen, wo ich spüre, dass ich unbelastet an sie herangehen kann und wo es nicht gleich um Leben oder Tod geht, ich nicht mein Gesicht verliere, wenn etwas nicht geht oder ich es schnell wieder aufgebe. Ich will mir die Schritte zurechtlegen, und zwar nach meinem eigenen Maßstab und in der Reihenfolge, die für mich stimmt. Ich will probieren und Lust am Ausprobieren bekommen wollen und ich will das dort versuchen, wo ich auch genügen kann, wo etwas auch gelingen kann, ohne dass ich mich total verausgaben muss.

Ich will in Ruhe und ohne Kontrolle und Kommentare der andern meinen Weg gehen, wenigstens zu Beginn, wenn ich mir noch nicht so viel zutraue und die andern einen Druck erzeugen würden, dem ich nichts entgegenzusetzen hätte. Ich will mich vor den andern auch nicht rechtfertigen und erklären müssen, weshalb ich das und nicht jenes gemacht habe. Ich will meinen Weg gehen und mich nicht immer gleichzeitig noch mit den andern auseinandersetzen müssen. Nein, das will ich nicht und dazu habe ich die Kraft nicht. Ich kenne mich und weiß, dass ich dann doch mehr auf die andern achte, auf das, was sie meinen, und nicht auf mich selbst. Ich will diese Außenorientierung nicht mehr. Die kostet mich zu viel Kraft und lenkt mich zu sehr von mir selbst ab.

Ich will so mit mir umgehen, dass ich mich nicht überfordere und den Situationen, in die ich mich begebe, gewachsen bin. Ich will nicht einen Druck durch einen andern ersetzen. Das heißt, ich will den Weg freiwillig gehen und mich nicht selbst unter Druck setzen, mich hetzen und mir weder Rast noch Ruhe erlauben. Ich will selber bestimmen und merke, dass es mir guttut. Ich will mich in Einklang mit mir fühlen, spüren, dass ich bei mir bin, mich wohl und heimisch fühlen bei mir und spüren, wenn etwas nicht stimmt. Und vor allem will ich mich nicht mehr überfordern. Für alles, was ich lernen will, ist der Weg zum Erreichen meist lang und beschwerlich. Aber ich will mir viel Zeit geben und mir viele Versuche und Anläufe erlauben. Wenn ich sage, dass ich etwas will, heißt das nicht, dass ich es gleich umsetzen kann, sondern nur, dass mir dieser Wunsch wichtig ist und ich mich auf den Weg begeben will, ihn in meinem Leben zu verwirklichen.

Zum Abschluss und zur Erinnerung: Der Mensch ist wichtig, entscheidend ist, was er will und kann. Ob er sich etwas zutraut und ob das für ihn stimmt, ist wichtiger als das Programm und alle die Übungen, mögen sie noch so sinnvoll und richtig sein. Sich ernst nehmen mit dem, was im Moment möglich ist, das leben, was im Augenblick drinliegt, darum geht es und nicht, einfach etwas Neues anzugehen oder zum x-ten Mal das Gleiche zu probieren. Es muss für den depressiven Menschen stimmen, »stimmig« sein, das ist wichtig. Und ob etwas stimmt, das merkt er sehr genau, wenn er auf sich und nicht auf die Argumente des Kopfes achtet. Stimmig ist etwas, was ein gutes und ruhiges Gefühl vermittelt, wo nichts Störendes oder Stoßendes da ist, nichts kratzt oder sich sperrig und ungut anfühlt. Deshalb gilt:

Den Weg des Ausstieges gehen bedeutet nichts anderes, als sich um einen sorgfältigen und rücksichtsvollen Umgang mit sich zu bemühen. Mit ihm gewinne ich eine neue Einstellung zu mir selbst, schenke mir Aufmerksamkeit und bringe für mich Verständnis auf. Ich gestehe mir dabei auch Schwächen ein, ohne mich deshalb abzuwerten. Für den depressiven Menschen klingt das so: *Ich will sorgfältig mit mir umgehen, achtsam, behutsam, vorsichtig, verantwortungsvoll, aufmerksam, gewissenhaft, zuverlässig und überlegt. Ich will mir mit Respekt, Achtung, Verständnis und mit Wohlwollen begegnen.*

Umgang mit dem Körper und mit der Erschöpfung

Beim sorgfältigen Umgang mit sich geht es ganz entscheidend um den Umgang mit seinem Körper. Für sich zu sorgen heißt zuallererst und immer wieder:

Auf die Signale des Körpers zu hören, die eigenen Grenzen zu respektieren und mit den eigenen Kräften respektvoll umzugehen.

Wer ausgeruht ist, für den geht alles leichter. Sich abgrenzen geht leichter, etwas anderes machen als das bisherige, Nein sagen, sich zurücknehmen und nicht gleich springen. Aber auch unangenehme Gefühle aushalten, etwas abschließen, Kritik einstecken und dazu stehen, dass man nicht mehr alles hat machen können, kostet weniger Kraft. Wer sich kräftiger fühlt, kann sich besser für etwas entscheiden, sich Neues erlauben und auch auf sich aufzupassen erscheint einfacher.

Der Körper ist bei allem dabei, was der Mensch tut. Ohne ihn geht nichts. Schwierig ist es für den depressiven Menschen, wenn seine Batterien leer sind, mühsamer und anstrengender ist dann auch das Einfachste, geschweige denn all das, was neu, ungewohnt und noch nicht selbstverständlich ist. Von lustvoll oder freudig angenehm keine Spur. Und was körperlich ein Krampf ist, kann auch nicht psychisch und stimmungsmäßig als leichtfüßig oder befriedigend erlebt werden.

Wenn der depressive Mensch müde ist, ist es für ihn im Moment einfacher, auf den alten Geleisen weiterzufahren, als etwas zu verändern. Verändern kostet Kraft und funktioniert nicht, wenn der depressive Mensch müde, dünnhäutig, nicht belastbar und verletzlich ist. Er kann sich auch weniger freistrampeln und neue Wege überlegen, hat nicht die Kraft, innezuhalten und zu überlegen, hat nicht die Energie, sich überhaupt gedanklich mit etwas Neuem zu befassen. Depressive haben nicht sehr viel Kraft und wenn sie sich nicht um sich kümmern und vorsichtig und überlegt mit den letzten Reserven umgehen, kommt es zum großen Zusammenbruch, wo nichts mehr geht und auch das »Nichts-mehr-Können« zu viel wird.

Gerade jetzt, wo es doch um mich geht, habe ich keine Kraft, habe ich Mühe mit mir und ertrage mich schlecht so, wie ich bin. Dabei weiß ich doch, dass ich gerade jetzt Verständnis und Zuwendung brauche. Und das ist so schwierig, weil ich mich und dieses Leben fast nicht aushalte.

Ich weiß, ich müsste probieren, ruhig und bescheiden zu werden, zufrieden zu sein mit jedem Schrittchen, das im Moment möglich ist. Ich weiß aber auch, dass ich mir die Erlaubnis geben darf, zwischendurch ungeduldig mit mir zu sein, mit mir Mühe zu haben, wenn ich mich so kraftlos erfahre. Daran zu denken, dass auch in einem solchen Zustand etwas passiert an Fortschritt, kriege ich kaum in meinen Kopf.

Und doch ist es so. Wenn keine Kraft da ist, verändert sich dennoch etwas, wenn der depressive Mensch dazu steht und akzeptiert, dass er nicht mag, keine Kraft hat, wenn er sich erlaubt, nichts zu machen und auszuruhen, und sich nicht wie vorher zusammennimmt, sich aufrafft und sich zwingt, so zu tun, als ob alles in Ordnung wäre.

Dass nur ganz wenig Kraft vorhanden ist, wenn der depressive Mensch seinen Ausstieg aus der Depression beginnt, muss ihm bewusst sein, und zwar nicht als Vorwurf und Kritik an sich, sondern als einfache Feststellung, dass es so ist.

Ich will versuchen, das so zu sehen und mir einzugestehen: Ich bin schwach, ich bin erschöpft, ich mag nicht, ich kann nicht und traue mir überhaupt nichts zu. Ich will aufpassen, dass ich mir das nicht immer vorwerfe und mich schuldig fühle. Ich will mir auch nicht ständig vorhalten und mich quälen, was ich eigentlich machen müsste und wozu ich jetzt nicht in der Lage bin, dass ich nur faul herumliege und nichts anpacke und nichts auf die Reihe kriege.

Ich will versuchen mir zu sagen, dass es darum geht, mich ernst zu nehmen, und ernst nehmen bedeutet annehmen, dass im Moment nicht mehr möglich und das auszuhalten und zu akzeptieren schon schwer genug ist. Ich komme immer wieder an meine Grenzen, wenn ich mich freudlos, ohne Initiative oder Begeisterung erlebe. Aber so bin ich, ich will versuchen, mir das nicht zum Vorwurf zu machen, und vor allem will ich mir Mühe geben, mich nicht immer gegen diesen Zustand aufzulehnen. Es ist jetzt so und Ungeduld und Vorwürfe machen mich nicht kräftiger und auch nicht stärker.

Es ist für den depressiven Menschen schwierig, sich einzugestehen und damit zu leben, dass anfangs nur ganz kleine Schritte, nur wenige Veränderungen möglich sind. Nach einem Rückschlag oder einer Enttäuschung sich aufzurappeln fällt aber besonders schwer, wenn man nicht die dafür nötige Kraft aufbringen kann. Veränderung und Erholung sind nur ganz langsam und im Gleichklang möglich. Es geht für sie und für ihn darum, zu lernen, langsam und bescheiden zu sein und sich das auch erlauben zu dürfen.

Je kraftloser er sich erlebt, desto größer die Angst, Fehler zu machen, und desto weniger traut er sich zu. Mit zunehmender Müdigkeit ist er weniger leistungsfähig, schneller ermüdet, fehleranfälliger, weniger konzentriert, weniger belastbar, schneller bereit, aufzugeben und schneller resigniert. Das ist bei allen so, bei den depressiven Menschen kommt noch dazu, dass sie eine Müdigkeit mitschleppen, die oft Jahrzehnte alt ist. Und das ist etwas, was die meisten von ihnen nicht beachten, dass es bei ihrer Müdigkeit um eine geht, die sehr, sehr alt ist, und dass die letzten Monate und Jahre die schwierigsten waren, der Energieverbrauch ins Unermessliche stieg, weil eigentlich schon fast nichts mehr ging. Erholungsphasen reichten nicht mehr aus, und auch der Schlaf brachte nicht mehr die notwendige Erholung. Es braucht lange, bis diese aufgestaute Müdigkeit abgebaut ist, auf jeden Fall länger, als die Geduld normalerweise reicht. Die Ungeduld und das Auflehnen gegen die endlose und scheinbar nie endende Müdigkeit nehmen zu, aber auch das Unverständnis: »Jetzt gebe ich mir doch so Mühe und die Erschöpfung wird nicht weniger. Ich weiß nicht mehr, was ich machen kann, mehr auf mich schauen geht nun wirklich nicht mehr, sonst liege ich nur noch im Bett.« Mit der Ungeduld ob dieser Müdigkeit nimmt auch die Angst zu, dass alles nie besser wird, und er im Gegenteil nur noch müder und verzweifelter wird. Trotz dieser Verzweiflung der Müdigkeit nachzugeben, sich auf sie einzulassen, ist ein schwieriges Stück Arbeit, das der depressive Menschen zu leisten hat.

Ich will mich ganz fest an die Merksätze halten, auch wenn ich nicht so richtig dran glauben kann, dass ich das darf, und ich ein schlechtes Gewissen habe, wenn ich so wenig mache, so wenig leistungsfähig und nur müde bin: Jetzt bin ich wichtig und ich will dem Rechnung tragen und alles dafür tun, dass es jetzt wirklich um mich geht. Ich muss nämlich gar nichts. Ich kann und darf, wenn ich will. Ich mache so viel, wie ich mir zutraue, und das, was mir im Moment möglich ist.

Der depressive Mensch braucht die Zeit der Erholung und diese dauert in jedem Fall länger, als er sich das vorstellt, und das ist es auch, was es für ihn so schwierig macht. Bescheidenheit, Geduld und Ausdauer sind gefordert. Je müder der depressive Mensch, umso größer, um ein Mehrfaches größer ist der Aufwand, um die gleiche Arbeit mit der gleichen Qualität zu erledigen. Er muss sich mehr zusammenreißen, um die letzten Energiereserven zu mobilisieren und um konzentriert bleiben zu können. Es unterlaufen ihm tatsächlich mehr Fehler, was wiederum die Angst und den Druck verstärkt und den Energieaufwand erneut erhöht. Je größer die Müdigkeit und Erschöpfung, umso häufiger taucht die Angst auf, dass ja gar nichts passiert, dass er ja gar nichts unternimmt, die Situation zu verändern und zu verbessern. Auch wächst die Verzweiflung, dass sich nichts bewegt und nichts sich verändert und die Depression ihn weiter gefangen hält. So nachvollziehbar diese Ängste sind, so fehl am Platz sind sie.

Denn auch, wenn sie kaum die Kraft haben, etwas zu tun, geschieht unendlich viel. Und zwar passiert kein bisschen weniger als in den Zeiten, wo sie Neues lernen und das Bewusstsein haben, am Ausstieg aktiv zu arbeiten. Wenn sie innerhalb der Leitplanken sich bewegen, bewegt sich viel:

Was immer der depressive Mensch macht, entscheidend ist, dass er das so macht, dass es ihm guttut, ihn aufbaut und nicht überfordert, dass es Angst nimmt und ein gutes Gefühl gibt. Dann macht er das, was ihn weiterbringt.

Und das heißt für ihn, wenn er sich schwach fühlt, zu nichts Lust hat und nichts mag:

Ich darf bei mir sein, ich darf auf mich schauen und für mich sorgen, dass es mir gut geht. Es geht um mich. Jetzt bin ich wichtig und ich will dem Rechnung tragen. Ich darf mir das Recht geben, nur das zu machen, was mir möglich ist, für mich stimmt und mir guttut. Nur darum geht es. Und wenn nichts zu machen das Einzige ist, was möglich ist, dann ist es auch das einzig Richtige.

Das ist das eigentliche Geheimnis jedes erfolgreichen Ausstieges: Sich ernst nehmen, auf sich hören und das tun, was für einen stimmt. Auf sich hören und nicht einem Programm folgen wollen: Auf diese Weise passiert nachhaltige Veränderung. Das ist der Weg und hier ist der depressive Mensch gefordert. Auf sich hören und sich zum Maßstab machen ist etwas vom Schwierigsten für ihn, vor allem auch dann, wenn er sich schwach und klein fühlt und sich nichts zutraut.

Immer nur so viel machen, wie im Moment möglich ist, bedeutet eben manchmal auch, fast nichts zu machen, ruhig zu werden, sich in diesem Zustand annehmen, geduldig werden und sich der Müdigkeit zu ergeben. Wozu gehört, nur noch so viel zu wollen und von sich zu erwarten, wie es geht, alles andere zurückzustellen und das schlechte Gewissen auszuhalten. Das alles aber verlangt viel von ihm, ohne dass es nach außen sichtbar und für ihn selbst fassbar wird. Aber all das ist Ausdruck des Sich-ernst-Nehmens entsprechend den neuen Lebensgrundsätzen:

»Jetzt geht es um mich.« Ich muss gar nichts. Ich will lernen, mich nicht zu vergessen, mich nicht zu übergehen und nicht zu überfordern. Ich will mir erlauben, nur so viel zu machen, wie im Moment möglich ist.

Sich der Müdigkeit hinzugeben, auch wenn das nur sehr beschränkt möglich ist, heißt, dass der depressive Mensch sich immer noch innerhalb dieser Leitplanken bewegt und dass er damit das tut, was ihn weiterbringt.

Ich versuche zu akzeptieren, dass nicht mehr drin ist, dass nicht mehr geht. Ich will versuchen, das so zu sehen und zu respektieren. Alles andere hieße, mich zu übergehen. Ich will an mich denken und daran, die Erschöpfung loszuwerden, in der ich mich befinde. Ich will meinem Kopf und meinem Körper so viel Ruhe gönnen, wie es von den äußeren Umständen und von der Unruhe in mir her möglich ist. Ich will zufrieden sein mit dem, was möglich ist, auch wenn im Moment alles nur schleichend und mühsam geht. Und auch das braucht Kraft, zum Teil mehr, als ich davon habe.

Ich will versuchen und mir merken, meine Kräfte vor allem für mich einzusetzen und nicht für die andern. Ich will aber auch daran denken, dass es lange dauert, bis ich Energiereserven anlegen kann. Veränderungen brauchen Kräfte, auch der Ausstieg verlangt viel an Aufwand, sodass ich lange Zeit zufrieden sein muss, wenn ich mit meiner Energie wenigstens über die Runden komme.

Ich will mich nicht überfordern und erlaube mir deshalb immer wieder, ungeduldig, zweifelnd und verzweifelt zu sein. Ich weiß, es geht nicht ohne diese Phasen, in denen ich mich völlig down fühle und an nichts mehr glaube, nur noch verzweifelt und enttäuscht bin. Auch in solchen Momenten will ich zu mir stehen und behutsam mit mir umgehen. Ich bin kein Übermensch und werde auch nie einer ein.

Es gibt keine wirkliche Veränderung ohne diese körperliche Erholung. Sie steht am Anfang, ist Bedingung jeder Veränderung und auch das sichtbare Zeichen, ob mit dem Sich-ernst-Nehmen wirklich ernst gemacht wird.

Wenn die Kraft wieder langsam kommt – und sie kommt, wenn man sich die Zeit gibt, der depressive Mensch sich wieder besser fühlt und alles leichter geht –, dann braucht es einen vorsichtigen Umgang mit sich, ein sorgfältiges Überprüfen und Sichbefragen. Die Gefahr, sich zu überfordern nach der langen Zeit, in der man nur auf Sparflamme gelebt hat und alles zu viel war, ist riesig. Wenn der depressive Mensch wieder beginnt, mehr Energie zu spüren, sich wieder kräftiger zu fühlen, dann muss er sehr aufpassen und sich bremsen, dass er nicht überbordet, sich nicht zu viel zumutet und nicht zu leichtsinnig und fahrlässig mit sich umgeht, so verständlich und nachvollziehbar das auch ist. Das heißt für den depressiven Menschen:

Auch wenn es mir schwerfällt, will ich weiter auf mich aufpassen, weiter vorsichtig und bewusst mit mir umgehen. Ich will nicht mehr die gleichen Fehler machen und zu viel auf einmal wollen und nicht auf mich hören. Ich will hellhörig sein und mir nicht zu viel zumuten,

Nein sagen, wenn etwas zu viel wird, Stopp rufen, wenn ich nicht mehr kann. Ich bin mir das schuldig, auch wenn ich das zuerst lernen muss, mich so direkt und unmittelbar für mich einzusetzen. Ich nehme mir vor, aufmerksam zu bleiben und zu merken, wenn ich wieder in die gleiche Falle tappe, wieder zu viel mache und mir zu viel zumute. Ich will das, was ich jetzt erleiden muss, kein zweites Mal durchmachen. Ich weiß jetzt, die Rechnung muss immer ich bezahlen, auch wenn sie viel später kommt.

Wenn der depressive Mensch versucht, sorgfältig und achtsam mit seinem Körper umzugehen und ihn ernst zu nehmen als etwas, das zu ihm gehört und der er selbst ist, kann das auf dem Hintergrund folgender Gedanken geschehen:

Ich bin mein Körper. Ohne ihn geht nichts und bin ich niemand. Ich will meinen Körper nicht mehr als selbstverständlich betrachten, als etwas, das einfach nur zu funktionieren hat. Ich will ihm Achtung und Sorgfalt entgegenbringen, schonend mit ihm umgehen, ganz wie mit einem kostbaren und einmaligen Gut.

Sich um seinen Körper zu kümmern heißt ihm das geben, was ihm gehört und was er braucht. Sich um sich zu kümmern heißt auch Nein sagen können, sich abgrenzen und das ohne große Begründung. Wenn der depressive Mensch auf seinen Körper hört, lernt er immer besser erkennen, wenn etwas zu viel wird. Er lernt auch, dass er sich auf den Körper verlassen kann und dass die Zeichen des Körpers ausreichen, etwas nicht oder nicht ganz zu machen oder etwas abzusagen.

Ich schaue auf mich, ich mache das nicht mehr, weil der Körper mir sagt, dass es zu viel ist und nicht mehr geht. Ich spüre, dass ich nicht mehr will, und es jetzt wirklich um mich geht.

Ich will aufmerksam auf meinen Köper hören und spüren, wenn etwas zu viel ist. Und ich will, was ich bis jetzt nie gemacht habe, das, was ich spüre, auch ernst nehmen. Ich will immer wieder innehalten und neu entscheiden:

»Wo und wie kann ich Kräfte sparen? Muss ich langsamer vorgehen, kann ich die Arbeit anders oder besser einteilen und auch verteilen, muss ich noch einmal den ganzen Plan neu überdenken und vielleicht mehr Leute beiziehen?«

Ich möchte mich noch besser kennenlernen und erkennen, wo meine Energiefresser sind. Deshalb will ich mich ab und zu zurückziehen und versuchen, auf folgende Fragen Antworten zu finden: »Mache ich die Dinge so, dass sie mir zu viel Kraft kosten? Setze ich mich Situationen aus, die ich nur mit der Aufbietung der letzten Reserven bewältigen kann, setze ich mich zu sehr unter Leistungs-, Erfolgs- und Erwartungsdruck? Gibt es zu viele Spannungsfelder oder unerledigte Konflikte, sind Leute da und auch eigene Erwartungen, die zu viel von mir fordern, mich nie entspannen oder loslassen? Könnte ich mich emotional besser abgrenzen und zurücknehmen, müsste ich dem Ereignis oder der Arbeit weniger Bedeutung zumessen? Mache ich einfach zu viel oder zu viel auf einmal? Mache ich Dinge, die ich gar nicht machen müsste, die gar nichts mit mir zu tun haben?«

Ich will sehen, dass die Übermüdung nicht zu sehr überhandnimmt. Denn ich weiß, bin ich einmal zu müde, bin ich auch aufgedreht und dann geht nichts mehr mit schlafen, weder ein- noch durchschlafen gehen dann noch. Je müder ich bin, desto schwieriger wird es, Ruhe und Erholung zu finden, desto länger braucht es, bis die Batterien wieder halbwegs voll sind, und umso schneller geht es, bis sie dann wieder leer sind.

Ich will besser darauf achten, mich zu erholen. Dafür will ich mir Zeit geben, um einige weitere Fragen beantworten zu können, die ich mir bisher nie gestellt habe: Erhole ich mich richtig? Mache ich das, was mir auch die nötige Erholung bringt? Will ich zu viel in zu kurzer Zeit und verhindere damit, dass ich mich erholen kann? Will ich Erholung erzwingen? Gebe ich mir auch die Zeit, die ich brauche, um zur Ruhe zu kommen?

Setze ich mich unter Druck mit der Erwartung, dass ich mich erholen muss, dass die Erholung auf jeden Fall erholsam sein muss? Zwinge ich mich zur Ruhe, obwohl ich lieber ein Buch lesen oder spazieren gehen möchte? Vielleicht möchte ich lieber mit jemandem sprechen als allein sein? Vielleicht brauche ich einen Moment, um noch der Arbeit nachhängen zu können, bevor ich mich davon abwende und mich der Regeneration hingebe?

Veränderungen gehen nicht ohne körperlichen oder energiemäßigen Aufwand. Und wenn die Energie nicht da ist, fehlt auch die Kraft, sich um sich zu kümmern, sich aufzubauen, und dann tritt auch keine Veränderung ein.

Wenn die Müdigkeit groß ist, dann ist jeder Versuch, das Verhalten zu ändern, und sei es in noch so kleinen Schritten, äußerst schwierig. Dann wird ersichtlich, wie viel Kraft es braucht, aus den alten Gleisen und Mustern herauszukommen und sich neu zu positionieren, dann wird deutlich, mit wie viel Angst eine solche neue Ausrichtung verbunden ist und mit wie vielen Gefühlen der Spannung und Unsicherheit auch die kleinsten Schritte verknüpft sind.

Deshalb ist ein anderer, schonender und aufmerksamer Umgang mit dem Körper und seinen Kräften und mit der Müdigkeit so wichtig und entscheidend.

Die Müdigkeit ist das Thema, das zuerst an der Reihe ist und am meisten Beachtung verdient:

Ich will mich um meinen Körper kümmern, indem ich lerne, mich zu erholen, lerne, ruhig bleiben zu können, ohne etwas zu machen, mich hinlegen, ohne zu denken. Mir zu erlauben, mich dann hinzulegen, wenn ich es brauche, ist nicht einfach. Es ist ungewohnt und macht ein schlechtes Gewissen. Ich will das genauso aushalten wie die Gefühle der Bedrohung und der Angst, die aufkommen, wenn ich mir Ruhe gönnen will.

Für viele depressive Menschen ist das über lange Zeit ihre wichtigste Arbeit auf dem Weg des Ausstieges. Sie haben Mühe, sich Erholung zu erlauben und lehnen sich dagegen auf, was sie von Neuem schwächt. Sich fast ausschließlich auf die Erholung zu konzentrieren und dort schrittchenweise vorwärtszukommen beinhaltet gleichzeitig viele weitere Lernschritte, wie: sich annehmen in dem Zustand, in dem man ist, zur Ruhe kommen, geduldig werden, nichts tun, mit den verschiedensten Gefühlen wie Angst, Unzufriedenheit, Ungeduld umgehen, gelassener werden und loslassen, sich wichtiger nehmen als »Ich sollte und ich müsste«.

Ich will lernen, zufrieden zu sein mit dem, was möglich ist, und nicht bedauern, was im Moment nicht geht und meinen Zustand auch nicht immer mit früher vergleichen. Ich will aufhören, mich ständig zu kontrollieren und mich unter Druck zu setzen, und auch ruhig bleiben, wenn die innere Unruhe scheinbar zunimmt. Ich will mir vornehmen, mit mir geduldig und nachsichtig zu sein, auch wenn ich merke, dass es für mich immer schwieriger wird, mich zu entscheiden, wenn die Antriebslosigkeit zunimmt und ich realisiere, dass ich meine Umgebung immer mehr belaste. Ich will davon überzeugt sein, dass der Körper Erholung braucht, wenn er müde ist, und dass auch einmal die Zeit kommt, wo er über mehr Reserven verfügt und ich nicht mehr ständig auf ihn Rücksicht nehmen muss.

Je besser es dem depressiven Menschen gelingt, die Müdigkeit anzunehmen, und sich in die Müdigkeit fallen zu lassen, umso schneller erholt er sich.

Auch dann, wenn der depressive Mensch erschöpft ist, wenn er nur das Allernotwendigste erledigen kann und nichts Zusätzliches möglich ist, auch dann treten Veränderungen ein und tatsächlich geht es oft schon innerhalb kurzer Zeit mit Riesenschritten vorwärts. Wichtig aber ist beim Ausstieg, und ich wiederhole das gern, weil es so entscheidend ist:

Der Erschöpfung Rechnung tragen und sich die nötige Erholung erlauben. Auf die Signale des Körpers hören und ihnen vertrauen. Die Müdigkeit ernst nehmen und nicht darüber hinweggehen. Dem Kör-

per die notwendige Erholung geben und mit ihm und nicht gegen ihn arbeiten.

Was das für den depressiven Menschen heißen kann, hier ein paar Beispiele:

Ich will mir Zeit nehmen und immer wieder überprüfen, bei was ich so viel Energie verbrauche, wo meine Energiefresser sind: Sind es bestimmte Personen oder bestimmte Einstellungen wie zum Beispiel: alles oder nichts, alles immer perfekt machen müssen, sich nicht schonen dürfen, immer alles geben müssen, nie aufgeben dürfen, nie an sich denken dürfen, keine Rücksicht auf sich nehmen dürfen; hat es damit zu tun, dass ich etwas erst recht mache, wenn es mir Mühe bereitet, wenn es schwierig ist, mir sogar Angst macht, und ich dann umso mehr auf die Zähne beißen muss, nicht schwach zu sein, keine Schwäche zu zeigen. Geht es also darum, dass ich immer souverän wirken muss, immer mehr machen muss als notwendig, immer schneller und besser sein muss als die andern?

Ich will mich besser kennenlernen und erfahren, wo ich Kräfte tanken kann, was mir guttut, was mich aufbaut, was mir Freude bereitet oder einfach gut ist für meine Seele. Und ich will genau diese Dinge, die mir guttun, besonders ernst nehmen und nicht zuerst darauf verzichten, weil sie überflüssig, weil sie Luxus und Zeitverschwendung sind: ein Buch lesen, Leute einladen, einen Spaziergang machen, einen Film anschauen. Gerade, wenn es mir nicht gut geht, wenn ich müde und verzweifelt bin, möchte ich mir etwas gönnen; auch wenn es vielleicht zu viel ist, tut es gut, weil ich es will und weil ich es mir erlaube, nur für mich und für niemand anders. Ich will mir auch immer wieder Zeit nehmen, mir Gedanken machen zu können darüber, ob Aufwand und Ertrag für mich stimmen, ob weniger nicht mehr wäre oder einmal nichts machen besser ist als einmal zu viel.

Ich will mir mein Leben leichter machen, ich will nicht alle meine Energien aufbrauchen für die Arbeit und meine ganze Zeit damit verbringen, im Bett zu sein. Ich will leben, Freude haben und genießen und das kann ich nur, wenn auch der Körper dazu bereit und in der Lage ist.

Zu alledem gehört auch ein sorgfältiger Umgang mit der Zeit als Ausdruck, sich wirklich ernst zu nehmen. Was bedeutet, dass der depressive Mensch sich Zeit gibt zum Traurigsein, dass er sich Raum gibt und erlaubt, sein Leiden und seine Verzweiflung, seine Hoffnungslosigkeit und Einsamkeit zu betrauern, sie an sich herankommen lässt, ohne sich gleich den Vorwurf zu machen, Selbstmitleid sei schlecht und falsch und obendrein reine Zeitverschwendung. Es gibt eine Zeit zum Trauern, wie es auch eine Zeit zum Freuen gibt. Beides gehört zum Menschen, und wenn der depressive Mensch sich nicht erlauben darf, seine Traurigkeit und sein Elend ganzheitlich zu erfahren, was ist dann mit der viel beschworenen Freiheit?

Sich Zeit zur Erholung geben, Dinge und Aufgaben zurück- und die Erholung voranstellen, Arbeiten verschieben, damit es Zeit für Sport, Hobbys oder Nichtstun geben kann, das alles soll Bestandteil des neuen Lebens werden.

Je mehr es dem depressiven Menschen gelingt, die Zeit als ein kostbares Gut zu betrachten, die es wert ist, dass er vorsichtig und behutsam mit ihr umgeht, umso bewusster wird er auch mit sich, mit seinen Kräften und überhaupt mit seinem Leben umgehen. Er wird spüren, wenn ihm etwas nicht entspricht. Es wird ihm zunehmend bewusster, dass es an ihm liegt, wie er mit seiner Zeit umgeht, fahrlässig und nachlässig oder behutsam und ihrer überragenden Bedeutung angemessen.

Mit kleinen Schritten zum Erfolg

Wenn der depressive Mensch bereit ist, den Weg des Ausstieges in kleinen Schritten anzugehen, dann führt jeder Lernschritt und jede Veränderung zum Erfolg. Kleine Schritte machen und langsam vorwärtsgehen sind Voraussetzungen und gleichzeitig die wichtigsten Merkmale jeder Veränderung. In Anlehnung an die berühmten Worte des Astronauten Armstrong kann man auch sagen: Die einzelnen kleinen Schritte sind im Moment wirklich kleine, für den ganzen Prozess und das spätere Leben aber große Schritte. Denn sie sind es, die garantieren, dass der depressive Mensch sich nicht überfordert. Sie gehören damit zu den wichtigsten Elementen, um aus der depressiven Überforderung herauszukommen, und bewirken einen Quantensprung im Erleben dieser Menschen. Sich ernst zu nehmen und für sich zu sorgen konkretisiert sich nicht zuletzt im Jasagen zu den kleinen Schritten:

Es bedeutet, den Weg wirklich mit sich und nicht über sich hinweg zu gehen, was dann geschieht, wenn man sein Tempo nicht den eigenen Möglichkeiten und den äußeren Begebenheiten anpasst. Es bedeutet auch, die eigene Ungeduld zu zügeln und die innere Unruhe zu bremsen, die einen vorwärtstreibt und keine Pause zulassen will. Der Weg des Ausstieges verlangt viel vom depressiven Menschen und Abkürzungen gibt es nicht. Jede Veränderung braucht Zeit.

Ich will an mich denken und mich nicht überfordern, indem ich kleine Schritte mache und neue Lernschritte langsam und häppchenweise angehen will. Ich möchte mir Mühe geben und versuchen, nicht alles auf einmal zu erledigen, sondern in homöopathischen Dosierungen. Ich will mir vornehmen, Tempo, Schwierigkeiten und Anforderungen langsam zu steigern. Ich will mich nicht mehr mit allen möglichen Terminen unter Druck setzen. Ich will mich bemühen, meine neuen Verhaltensweisen langsam aufzubauen und mir für alles mehr Zeit zu geben. Ich will mich nicht unter Druck setzen und ein Tempo verlangen, dem ich nicht gewachsen bin. Ich will daran denken, dass ich immer nur so viel mache, wie im Moment möglich ist, um so zu erfahren, dass Veränderungen auch für mich möglich sind und dass es sich gut anfühlt.

Wenn der depressive Mensch sorgfältig mit sich umgeht und jeden neuen Lernprozess langsam und behutsam angeht, kann er erfahren, dass er nicht verlernt hat, Freude zu empfinden, dass er sich leichter fühlt, unbeschwerter und auch tatkräftiger. Darauf kann er bauen. Erfolgserlebnisse motivieren und geben Mumm. Er erlebt Gefühle, die er nicht mehr gewohnt ist und die sich fremd und gleichzeitig faszinierend anfühlen: Freude, Zufriedenheit, Befriedigung und Lust. Diese neuen oder wieder entdeckten Empfindungen geben dem Leben und dem Alltag eine neue Dimension, alles fängt an, sich zu verändern, und der depressive Mensch kann sich erfahren als jemanden, der noch etwas will, der noch nicht tot ist, der lebt und noch weiterleben möchte. Schon mit den ersten Erfolgserlebnissen, und mögen sie noch so klein sein, wird es für den depressiven Menschen leichter, mit seiner Ungeduld umzugehen und diese zu zügeln. Und auch dieses »Eines nach dem andern, nur nicht hetzen« zeigt immer deutlicher seine Wirkung. Mit jedem Schritt, den der depressive Mensch macht, mit jeder kleinen Veränderung wird es auch einfacher, auszuhalten, dass es unmöglich ist, große Schritte zu machen. Und so wachsen auch die Einsicht und das Vertrauen, dass auch die kleinen Schritte einen vorwärtsbringen und zum Ziel führen.

Wenn es einem also gelingt, Ja zu sagen zu den kleinen Schritten, Ja zu einem vorsichtigen und behutsamen Vorgehen, konzentriert man sich auch weniger auf das, was – noch – nicht geht. Und so stellt sich nach und nach eine positivere Grundstimmung ein. Gefühle wie Hoffnungslosigkeit, Freudlosigkeit, Angst und Verunsicherung verblassen, und die Zuversicht, dass auch sie sich noch verändern werden, wächst. Der depressive Mensch kann solche Veränderungen mit der Zeit immer klarer wahrnehmen und erfährt immer deutlicher, dass er selbst und aus eigener Hand etwas verändern kann. Dieses Verändernkönnen wird bedeutsamer, weil die Freude an den kleinen Schritten gegenüber der Sehnsucht nach großen Veränderungen überwiegt. Kleine Schritte beim Ausstieg bedeuten:

Ich mache so viel, wie ich mir zutraue. Ich will spüren und erfassen, was im Moment möglich, was für mich drinliegt. Ich frage mich, denn ich bin es doch, der die Antwort am besten wissen kann. Ich versuche, dem Zwang und der Versuchung nach größeren und sichtbareren Veränderungen zu widerstehen, versuche, mich mit den kleinen Fortschritten zu begnügen und anzufreunden, ohne mich zu bedauern oder diese Leistung zu missachten. »Small is beautiful«, warum nicht auch hier?

Ich kenne mich und weiß, dass ich immer zu viel will. In diese Falle werde ich wieder tappen und werde alles auf einmal verändern wollen. Ich werde versuchen, mir zu sagen, dass das nicht geht, nicht machbar ist und alle überfordern würde, nicht nur mich. Vielleicht kann ich sogar einmal lächeln und denken: Typisch ich.

Sich das zu sagen und auch zu verstehen ist schon ein großes Stück Arbeit und schafft die Bedingungen, die es braucht, um wirklich langsam voranzukommen. Das Bemühen um kleine Schritte beim Ausstieg soll erwachsen aus der Einsicht heraus, dass man sich nur auf diese Weise nicht überfordert, nicht schwächt und nicht schadet. Es geht um einen selbst, und es geht darum, vorsichtig zu sein bei jedem Lernschritt, sich selbst zuliebe und weil man sich das schuldig ist. Nur kleine Schritte zu machen bedeutet zudem, dass der depressive Mensch darauf achtet, nicht zu viele offene Probleme, unerledigte Arbeiten oder Verpflichtungen zu haben, also nicht zu viele Baustellen auf einmal. Es bedeutet auch, nicht zu viel auf einmal zu wollen, Aufgaben in kleine und überschaubare Einheiten aufzuteilen, sich bewusst mit sich und seinem Arbeitsstil auseinanderzusetzen und eine Arbeitsform zu finden, die maßgeschneidert ist.

Ich will etwas verändern, mir einen Schritt vornehmen und erst, wenn ich mich darin sicher fühle, mit dem nächsten beginnen. Ich will meine Schritte ruhig und gelassen angehen. Ich nehme mir Zeit, zu überlegen, wie ich vorankommen will, was im Moment möglich ist und was nicht.

Nicht zu viel auf einmal, ein Schritt nach dem andern, erst weitergehen, wenn der eine Schritt gemacht ist. Es ist wichtig, dass der depressive Mensch sich ein solches Vorgehen bewusst vornimmt und erlaubt. Zu sehr ist er es gewohnt, alles auf einmal zu erledigen, zu schnell vorwärtszuwollen und gedanklich immer schon beim nächsten Schritt zu sein, bevor er den, der gerade anliegt, überhaupt getan hat. Neu ist auch, sich auf den Augenblick hin zu konzentrieren. Kleine Schritte zu machen kann auch heißen, sich Zeit zu geben für die Übergänge, ob bei der Arbeit oder von der Arbeit ins Privatleben, vom Gespräch mit einer Person zu einer andern. Übergänge brauchen Zeit und kosten mehr Kraft, als es scheint. Übergänge bedeuten, etwas abzuschließen, einen Punkt zu machen, mit der Aufmerksamkeit und Konzentration in eine andere Welt zu wechseln und mit dem Wechsel schon wieder mittendrin in dieser neuen Welt zu sein. Bewusst kleine Schritte, bewusst mit Kleinem beginnen, sich für Unkompliziertes zu entscheiden beinhaltet auch, sich die Erlaubnis zu geben, das eigene Tempo runterzufahren, sich Zeit zu lassen, einen Gang tiefer zu schalten, Übergänge bewusst zu erleben.

Die kleinen Schritte befördern gleichermaßen das Grundmotiv von Beginn bis zum Ende des Ausstiegs. Kleine Schritte machen wäre nicht allzu schwierig, wenn es nicht zugleich bedeuten würde, dass alles langsamer geht und mehr Zeit braucht. Das macht es dem depressiven Menschen nicht eben leicht. Kleine Schritte bedeuten auch, und das ist neu und fremd:

Ich bestimme, was mir im Moment möglich ist, was ich mir zutraue. Ich entscheide, wann ich wo und wie etwas beginne, ob ich es jetzt oder später beginnen werde. Ich entscheide, wo etwas am leichtesten, einfachsten, mit dem kleinsten Widerstand machbar ist, die kleinsten Risiken und die größten Erfolgsaussichten bestehen. Das heißt, wenn ich etwas mache, mache ich es, weil ich will, und nicht, weil ich es muss. Wenn ich den Weg wähle, der mir am leichtesten fällt, dann muss ich mich nicht zwingen, dann geht es leichter und einfacher, dann habe ich viel schneller Erfolgserlebnisse, erlebe mich nicht mehr so erstarrt, unfähig, ohne Initiative und ohne Kraft und Saft. Wenn ich mir Zeit nehme für die Schritte aus der Depression, dann erfahre ich mich als jemanden, der etwas erreicht, der etwas verändern kann, dann darf ich mich freuen und erlaube mir, auch stolz auf mich zu sein.

In meinem Leben, bei der Arbeit oder zu Hause will ich schauen und mir auch eingestehen, dass ich viel mehr Entscheidungs- und Gestaltungsmöglichkeiten habe, als ich mir bisher zugestanden habe. Bis jetzt meinte ich, dass ich null Spielraum habe, gar nichts entscheiden kann und alles vorgegeben ist. Je besser und offener ich mein Leben betrachte, umso mehr Nischen und Räume sehe ich und umso größer ist meine Freiheit.

Es geht darum, dass sich der depressive Mensch immer wieder klar wird, worum es beim Ausstieg geht, weshalb er sich die Erlaubnis gibt, mehr auf sich zu schauen, weshalb es richtig und notwendig ist, sorgfältig mit sich umzugehen. Er will frei werden von seiner Schwere und Eingeschränktheit in seinen Lebensmöglichkeiten und deshalb geht es jetzt darum, dass er für sich die Verantwortung zu übernehmen beginnt: »*Jetzt geht es um mich.*«

Beim Ausstieg aus der Depression, auf meinem Weg zu mir bin ich absolut frei: Ich muss gar nichts. Ich erlaube mir, etwas zu tun oder zu lassen. Ich wähle meine Form, mein Tempo. Ich bestimme den Weg und wähle die Etappen. Ich bin frei, einen Weg zu wählen, der zu mir passt und der mich nicht überfordert.

Wenn der depressive Mensch immer wieder kleine Schritte versucht, merkt er, dass er stets von Neuem probieren kann, dass es an ihm liegt, immer wieder zu üben. Das ist anders als vorher. Da hat er einmal einen Versuch gemacht, etwas zu verändern, mit dem Resultat, dass es nicht klappte und er resigniert aufgab und für längere Zeit nicht mehr bereit war, einen neuen Versuch zu starten. Anders bei den kleinen, zum Teil für andere gar nicht sichtbaren Schritten. Da gibt es so viele, dass der einzelne viel weniger Bedeutung hat und es nicht mehr um das Prinzip »Jetzt oder nie« gehen kann. Der einzelne Schritt muss nicht um jeden Preis gelingen. Das ist entlastend, nimmt Druck und macht frei und unbeschwert. Das ist neu. In der Vergangenheit hat der depressive Mensch immer versucht, einen großen Schritt zu machen, den er sich nicht wirklich getraute, aber den er machen musste, weil scheinbar klar war, dass nur ein solcher etwas an der Situation und im Leben verändern würde.

Ich will auf mich schauen, ich will mich nicht überfordern und schwächen, deshalb will ich versuchen, kleine Schritte zu machen. Wenn ich Neues ausprobiere, will ich nichts überstürzen und einen Schritt nach dem andern machen. Ich will alles dafür tun, dass es mir gut geht. Ich will mir die Erlaubnis geben, nur so viel auf einmal zu verändern, wie ich mir zutraue, und das warten lassen, was mir Angst macht oder mich verunsichert. Ich muss nichts, ich kann etwas versuchen, wenn ich will, wenn ich bereit dazu bin und mir danach zumute ist, ein paar Schritte in die neue Richtung zu gehen.

Kleine Schritte, die nur der depressive Mensch registriert, wie etwa nicht gleich zurückrufen, sich entscheiden zu schweigen, eine halbe Stunde länger im Bett zu bleiben, gehen leichter und erfordern weniger Aufwand und Überwindung. Man muss keine Erklärung geben, nichts rechtfertigen oder begründen und sich auch nicht mit den Reaktionen der andern beschäftigen. Auch das ist erleichternd. Es gibt Hunderte von möglichen kleinen Schritten oder Entscheidungen. Zudem lernt man sich intensiv mit sich zu beschäftigen, indem man sich immer wieder befragt:

Was will ich, was liegt mir, was möchte ich? Will ich das oder nicht, passt mir das, stimmt es für mich, reicht meine Kraft? Was würde mich jetzt freuen? Mache ich die Arbeit fertig oder unterbreche ich sie? Will ich den Telefonanruf jetzt erledigen oder noch warten?

Wenn man sich wirklich einbezieht in sein Handeln, ist die Gefahr bei kleinen Schritten gering, dass man scheitert, und wenn, macht es nicht so viel aus. Man muss sich dann auch weniger mit seinem Versagen beschäftigen. Damit ist auch die Gefahr der Abwertung und Verurteilung geringer. Bei den vielen kleinen Schritten bleibt der depressive Mensch in dauerndem Gespräch mit sich, ist immer in engem Kontakt mit sich und merkt darum auch, wenn es für ihn anstrengend wird, wenn er Angst bekommt oder Selbstzweifel sich melden. Dann kann er sich Mut zusprechen, sich aufmuntern und sich unterstützen. Er kann sich entschuldigen, sich in Schutz nehmen, sich motivieren und trösten. So kommt ein inneres Gespräch in Gang und die Muster der Abwertung werden deaktiviert. Bei diesen kleinen, von ihm selbst begleiteten Schritten macht er die Erfahrung, dass es um ihn geht, dass er sich wohlfühlt und die Schritte der Veränderung stimmen. Er kann experimentieren und wird sich selbst ein immer besserer Trainingspartner und Coach. Damit steigen automatisch die Risikobereitschaft, der Mut und das Selbstbewusstsein. Es kommt alles viel mehr in Fluss und in Bewegung, er erlebt sich als Handelnder, der etwas bewegen kann, der sich zunehmend traut, die neuen Wege zu gehen. Deshalb gilt:

Ich mache so viel, wie ich mir zutraue. Ich will spüren und erfassen, was im Moment möglich, was für mich drinliegt. Und aufgrund dieser persönlichen Einschätzung entscheide ich mich für einen nächsten Schritt.

Auf sich schauen, für sich sorgen hilft nicht nur, sich nicht zu überfordern, verhindert nicht nur, dass man sich zu viel zumutet, enttäuscht ist und resigniert. Nein, es öffnet Welten, erlaubt Erfahrungen und Wachstum, die vorher nie möglich gewesen wären. Man fängt an zu leben, sich und die Welt neu zu entdecken, mit all der stillen Wehmut, dass es so lange dauern musste, dass man so lange am Leben vorbeigelebt hat:

Jetzt geht es um mich. Jetzt will ich mein Leben leben, ich will nicht mehr erschlagen werden von seiner Schwere und Last, sondern seine schönen und unbeschwerten Seiten auskosten, überhaupt erfahren, dass das möglich ist, auch für mich. Ich will dafür sorgen, dass ich nicht mehr alles mit Angst mache, dass ich mich nicht mehr nur quälen und plagen muss. Ich will Schritte machen, die ich mir zutraue, ich will sie meinen Möglichkeiten anpassen und ich will sie dort ma-

chen, wo ich es auch schaffe und wo es mir Mut macht für neue Schritte. Ich will Erfolg, aber nicht mehr um jeden Preis.

Kleine Schritte als Ausdruck, sich um sich zu kümmern und an sich selbst zu denken, beinhalten ebenso, dass der depressive Mensch lernt, sich zurückzunehmen und immer wieder Pausen einlegt. Wenn man sich vornimmt, kleine Schritte zu machen, dann heißt das, zu versuchen, dass man seine Ungeduld zügelt, nicht immer sofort reagiert, und das wiederum bedeutet, innezuhalten, sich ab und an zu bremsen, sich Zeit zu nehmen, sich zu besinnen und zu überlegen, damit etwas innerlich reifen und wachsen kann, bevor man es umsetzt. All das sind Möglichkeiten, die der depressive Mensch beherzigen und umsetzen kann. Mit diesen Mitteln nimmt er bei allem, was er macht, den Druck und das Tempo raus, alles kommt in einen ruhigeren Rhythmus und ist weniger gehetzt und ruhelos.

Ich will ruhig und gelassen werden und meine innere Unruhe in den Griff bekommen. Ich will verweilen und ruhig bleiben können, ohne dass ich mich gleich wieder unter Druck fühle. Ich will auf mich schauen, an mich denken.

Kleine Schritte können auch sein: nicht gleichzeitig alles auf einmal versuchen, nicht noch dieses oder jenes im Vorbeigehen erledigen wollen. Sätze wie: »Nur noch das, ist kein Problem, geht schon, mach ich noch schnell«, sollten aus dem Wortschatz gestrichen werden. Sich um sich zu sorgen bedeutet auch, sich immer wieder zuzureden: langsam, eines nach dem anderen, Schritt für Schritt, du musst nichts, mach mal Pause. Und sich immer wieder fragen: Was bringt es mir, was kostet es mich?

Beim Ausstieg kleine Schritte zu machen könnte man auch als eine Form von Selbstdisziplinierung verstehen. Es verlangt viel vom depressiven Menschen: Er muss sehr bewusst mit sich umgehen, sich bewusst bremsen und sich Zeit nehmen für einen neuen Schritt, damit er nicht einfach nach den alten Mustern losstürmt und sich überfordert. Es geht darum, bewusst bei einem Schritt zu verweilen und nicht gedanklich schon weiter sein zu wollen oder sich mit seinem eigenen Unvermögen zu befassen. Das heißt, es geht darum, dass er seine ganze Aufmerksamkeit auf den Moment lenkt und sich nicht gedanklich mit etwas anderem befasst. Es braucht viel Kraft und Disziplin, beim momentanen Schritt zu bleiben und den auch als wichtigen und notwendigen Schritt zu betrachten. Es hilft dem depressiven Menschen bei den einzelnen Schritten zu bleiben, wenn er lernt, auf die inneren Warnlampen zu achten, innezuhalten, wenn etwas zu viel ist oder er spürt, dass es für ihn nicht stimmt. Diese Stimmen des Körpers ernst zu nehmen ist auch dann hilfreich, wenn er ins alte Fahrwasser abzugleiten droht.

Die einzelnen Schritte sind anfänglich so klein, dass sie von andern gar nicht gesehen werden können, was vielfach notwendig und gewollt ist, manchmal aber auch sehr frustrierend sein kann. Weil es für die andern aussieht, als würde er gar nichts machen und sich stattdessen einfach gehen lassen. Deshalb bekommt er auch wenig Bestätigung, was ihn noch einsamer macht. Auch damit muss der depressive Mensch fertig werden.

Um es noch einmal klar zu sagen. Es ist nicht so, dass die depressiven Menschen nicht immer wieder versuchen, Schritte aus der Depression zu machen. Aber sie machen sie konzeptlos und mit viel zu hohen Erwartungen an sich. Dann aber geben sie beim ersten Scheitern wieder auf und sagen sich, dass sie es ja doch nicht schaffen würden. Und all diese oft immer wieder aufeinanderfolgenden Versuche verstärken mit ihrem Scheitern das Gefühl der Ohnmacht und des Gefangen- und Ausgeliefertseins in der Depression. Sie machen sie oder ihn noch unglücklicher, ihr oder sein Leben noch trostloser und rauben ihr oder ihm alle Zuversicht und Hoffnung auf ein besseres Leben.

Auf dem Weg über die verschiedenen kleinen und kleinsten Schritte verändert sich auch die depressive Grundstimmung. Und das

Verändern der depressiven Grundstimmung und des depressiven Lebensgefühls ist der entscheidendste und wichtigste Teil des Ausstieges aus der Depression. Das Besondere daran ist, dass es scheinbar nur um das Verändern von Verhaltensweisen und Mustern geht und die wesentlichsten und fundamentalen Veränderungen dabei unbemerkt und schleichend geschehen, das Schaffen eines Bodens, das neue Finden eines Grundgefühls, jemand Wichtiges und Liebenswertes zu sein. So tief greift der Veränderungsprozess und so tief muss er greifen, weil sonst keine wirkliche Veränderung und kein wirklicher Ausstieg möglich sind. Mit den kleinen Schritten geht man also die großen Schritte: weg von der Ohnmacht dahin, aktiv etwas in die Hände zu nehmen, selber zu entscheiden und Verantwortung für sich und sein Wohlergehen zu übernehmen. Mit langsamen und kleinen Schritten ebnet sich der depressive Mensch den Weg zu mehr Lebensfreude, Selbstbewusstsein und Freiheit.

Der Ausstieg aus der Depression ist ein Weg und ein Prozess, bei dem der Faktor Zeit, im Sinne von Sich-Zeit-Nehmen und Sich-Zeit-Geben, eine entscheidende Rolle spielt. Es geht darum, sich Zeit zu geben zum Lernen, zum Verändern, zum Verlassen der alten Wege und zum Einüben neuer Verhaltensweisen. Die Überforderung, in der der depressive Mensch steckt, hat immer auch damit zu tun, dass er in zu kurzer Zeit zu viel von sich verlangt, sich damit schwächt und in einen Zustand der Erschöpfung versetzt. Was sich im Laufe der Jahre und Jahrzehnte an Müdigkeit aufgebaut hat, kann nicht in ein paar Wochen abgebaut werden. Es gibt kein schnelles Erholen. Das langsame Auftauchen, d.h. langsam sich aus der Depression befreien, ist gleichzeitig der Stil des neuen und weiteren Lebens. Und der langsame Weg ist der schnellste und nachhaltigste. Mit dem Mut zur Langsamkeit muss er nicht Angst haben, in all seinen Handlungen langsam zu werden, den Anforderungen des Lebens nicht mehr gewachsen zu sein. Es heißt nur, dass der depressive Mensch nicht mehr bereit ist, sich unter Druck zu setzen, sich ständig anzutreiben und über seine Möglichkeiten zu leben und sich zu überfordern.

Wenn ich langsam bin, bin ich schnell. Ich will die Weichen für mein weiteres Leben langsam stellen und mir dafür Zeit geben. Ich will versuchen zu verstehen, dass ein langsames Verändern meiner Verhaltensweisen nicht Ausdruck von Schwäche ist, sondern der einzig richtige Weg, mich nicht mehr weiter zu überfordern. Erst wenn ich mir Zeit gebe für meinen Weg, kann ich wirklich sagen, dass ich mich ernst nehme, erst dann gilt: »Jetzt geht es um mich.«

Erst wenn der depressive Mensch sich Zeit nimmt für sich und seinen Weg, sind neue Erfahrungen möglich, kann er erfahren lernen, wie es sich anfühlt, wenn er etwas will oder wenn er etwas muss: »Ich will« vermittelt ihm ein gutes Gefühl, fühlt sich gut an, zu »müssen« ist nicht mehr stimmig, fühlt sich schlecht an. Er oder sie spürt, dass etwas nicht stimmt, dass er oder sie sich übergeht oder sich ganz einfach vergisst. Das auseinanderzuhalten und sofort zu merken, wenn man vom Wollen weg ins Müssen abdriftet und sich nur verpflichtet fühlt, gibt Sicherheit und Vertrauen. Darauf kann er oder sie bauen. Erst wenn man sich Zeit nimmt für sich, wenn man sich erlaubt, sich zu fragen, was man will, was für einen stimmt, kann sie oder er Nein sagen und sich abgrenzen. Ein Nein sagen kostet Kraft, aber etwas durchziehen, das man eigentlich nicht möchte oder bei dem man spürt, dass es für einen nicht stimmt, noch viel mehr. Um sich immer wieder zu spüren, zu sich zurückzukommen und zu merken, wie es einem geht, hilft es, wenn man sich in bestimmten Abständen Zeit nimmt für einen punktuellen Rückzug. Und das braucht man, um sich immer wieder neu zu finden und zu orientieren, denn der Vorteil eines solchen Rückzugs ist auch, dass man weniger Kraft braucht, um sich abzugrenzen.

Ich will mir immer wieder Zeit nehmen für mich, indem ich mich auf mich zurückziehe, um mich auf mich konzentrieren zu können, um mich wieder neu zu sammeln und meine Gedanken zu ordnen und die Kräfte neu zu bündeln. Wenn ich mich zurückziehe, habe ich die Muße, mich zu fragen, was ich ab jetzt anders oder noch besser machen kann, wo und wie ich mich um mich kümmern kann. Hier habe ich die Möglichkeit, wieder neu Tritt zu fassen und mit gestärkter Überzeugung und neuem Vertrauen weiterzugehen. Im Rückzug auf mich kann ich mich immer wieder auf das besinnen, was mir wichtig ist und worum es mir geht.

Erst wenn der depressive Mensch sich Zeit gibt, kommt er dazu, »Ich« zu sagen und »Ich will«. Er braucht die Rückbesinnung auf sich, um sich klar sagen zu können: »Ich bin es, der will.« Diese wenigen und so harmlos klingenden Wörter, die so viel verändern, muss er immer und immer wieder sagen, auch laut, damit sie vertraut und Bestandteil seines persönlichen Wortschatzes werden. Anfänglich klingen diese Worte so fremd, so sperrig, so falsch, dass er erschrickt, wenn er sich sie sagen hört. Auch diese Angewöhnung braucht also Zeit.

Je mehr sich der depressive Mensch erlaubt und lernt, wohlwollender und sorgfältiger mit sich umzugehen, umso mehr Zeit gibt er sich, umso weniger setzt er sich unter Zeitdruck. Der Mensch hat an sich nie Zeit, er muss sie sich nehmen und dann wird sie zu seiner Zeit, zu der er sich entschieden hat und die er sich gibt und gönnt. Je freier ein Mensch ist, umso freier und unabhängiger geht er mit der Zeit um. Je flexibler und freier ein Mensch mit seinen Ansprüchen ist, umso freier und auch großzügiger ist er gegenüber sich und der Zeit. Immer mehr in diese Richtung zu kommen bedeutet sich ernst nehmen, bedeutet: »*Jetzt geht es um mich.*« Wie jemand mit der Zeit umgeht, zeigt, welchen Umgang er mit sich pflegt und wie ernst er es meint mit dem Anspruch, sich ernst zu nehmen.

Der depressive Mensch ist auf dem richtigen Weg, wenn er macht, was ihn aufbaut und nicht überfordert, was Angst nimmt und ein gutes Gefühl vermittelt. Oder auf eine Kurzformel gebracht: »*Mache, was du willst und kannst.*« Sich das zu erlauben, daran zu glauben und es im Alltag umzusetzen ist die schwierige Aufgabe, die er für den Ausstieg zu leisten hast. Nur darum geht es und dafür gibt es tausend Möglichkeiten am Tag.

- Ich will mich immer wieder fragen, was ich will, wozu ich Lust habe, was mir passt.
- Ich probiere ganz bewusst, eines nach dem andern zu machen, immer nur eine Sache auf einmal.
- Ich versuche, neben dem Negativen, das mir automatisch in den Sinn kommt, immer auch etwas Positives an mir oder meiner Leistung zu sehen.
- Ich versuche heute immer wieder, mit mir zu sprechen, und zwar auf eine aufmunternde, positive Art.
- Ich versuche heute vor allem auf meinen Körper zu achten, ihn zu verstehen und ernst zu nehmen.
- Ich nehme mir heute ganz bewusst immer wieder Zeit für mich. Ich will mich immer wieder fragen, wo ich stehe und wie es mir geht.
- Bevor ich entscheide, will ich mich befragen: »Stimmt das, geht das für mich?« Erst dann will ich weitergehen, aber dann auch entschieden und bestimmt.
- Ich will mich heute bewusst immer wieder fragen, wie es mir geht. Ich will mich wie bei einem guten Freund oder einer guten Freundin nach meinem Befinden erkundigen.
- Heute will ich probieren, einen Punkt zu setzen, sei es ein Gespräch zu beenden oder eine Arbeit ad acta zu legen. Und ich will mir anschließend bewusst keine Gedanken darüber machen.
- Ich will mir das Recht geben, im Augenblick, in diesem Moment zu leben und zu handeln, und mir keine Gedanken darüber machen, was war und was sein wird.
- Ich will bei meinen Handlungen genau spüren, aus welchen Motiven heraus ich das oder jenes mache: weil ich etwas will und nicht, weil ich etwas muss.
- Ich nehme mir vor, mich heute für alles, was ich gut gemacht habe, zu loben und zu belohnen.

- Ich möchte heute besonders verständnisvoll sein. Ich will mich als gute Freundin oder guten Freund begleiten, aufmuntern, verstärken, loben und Mut zusprechen. Ich lasse mich heute nicht allein, vergesse und übergehe mich nicht.
- Ich möchte versuchen, meine Gefühle und Gedanken zu verstehen. »Verstehen und Annehmen« ist das Thema für heute oder diese Woche oder solange ich Lust habe und es mir Spaß macht.
- Ich nehme mir immer wieder Zeit, um zu überlegen, was es konkret für mich heißt, wenn ich sage: »Jetzt geht es um mich.«
- Was immer ich mache, ich will es heute bewusst und entschieden machen. Ich will mich immer auf das konzentrieren, was ich gerade mache.
- Ich probiere heute immer wieder, nur das zu machen, was mir guttut, was für mich ist und nicht primär der Arbeit oder den andern dient.
- Ich probiere heute oder diese Woche vor allem, verständnisvoll und nachsichtig zu mir zu sein, auch wenn mir etwas nicht gelingt.
- Ich versuche in nächster Zeit immer wieder Sätze so zu formulieren, dass sie mich daran gewöhnen, »ICH« zu sagen und auch »ICH will« oder »ICH erlaube mir«.
- Vielleicht fallen mir andere Themen ein, Themen, die mich interessieren, die ich ausprobieren möchte, Leitlinien und Vorhaben, die ganz neu sind oder in denen ich schon gut bin oder die ich für mich noch vertiefen möchte.

Der depressive Mensch hat sich verloren. Ziel des Ausstieges ist es, wieder bei sich zu Hause zu sein und sich als wertvoll, wichtig und liebenswert zu sehen. Eine unabhängige Person zu werden, die verlässlich für ihre Mitmenschen ist und sich die Freiheit nimmt, Entscheidungen für sich zu treffen. Dorthin soll und kann der Ausstieg aus der Depression führen. Das ist weit mehr als das, was sich der depressive Mensch am Anfang gewünscht hat, nämlich endlich seine Müdigkeit loszuwerden, einmal wieder frei atmen zu können.

Das große Ziel bedeutet nicht mehr und nicht weniger als eine Aussöhnung mit sich selbst, um wieder ins eigene Haus, ins eigene Leben zurückzufinden. Es ist für jede und für jeden erreichbar, erfolgreich aus der Depression auszusteigen.

Weiterführende Literatur

Beck, A. T.; Rush, A. J.; Shaw, B. F. und Emery, G.: *Kognitive Therapie der Depression.* München, Urban und Schwarzenberg, 1981.

Bischkopf, J.: *So nah und doch so fern.* Bonn, Balance Buch + Medien, 2009.

Dinner, P.: *Depression – 100 Fragen 100 Antworten.* Bern, Hans Huber, 2005.

Ehrenberg, A.: *Das erschöpfte Selbst.* Frankfurt a. M., Campus, 2004.

Flach, F. F.: *Depression als Lebenschance.* Reinbek bei Hamburg, Rowohlt, 2000.

Giger-Bütler, J.: *»Sie haben es doch gut gemeint«.* Weinheim und Basel, Beltz, 2003.

Giger-Bütler, J.: *»Endlich frei«.* Weinheim und Basel, Beltz, 2007.

Gmür, P.; Kessler, H.: *Wege aus der Depression.* Zürich, Beobachter Buch, 2005.

Hautzinger, M.: *Depression.* Fortschritte der Psychotherapie, Göttingen, Hogrefe, 1998.

Hautzinger, M.: *Kognitive Verhaltenstherapie bei Depressionen.* Weinheim und Basel, Beltz PVU, 2003.

Hell, D.: *Welchen Sinn macht Depression.* Reinbek bei Hamburg, Rowohlt, 1992.

Hell, D.: *Depression.* Freiburg, Herder, 2008.

Josuran, R; Hoehne, V.: *Mittendrin und nicht dabei; Mit Depressionen leben lernen.* Berlin, Ullstein, 2006.

Kuiper, P. C.: *Seelenfinsternis.* Die Depression eines Psychiaters. Frankfurt a. M., Fischer, 2007.

Nuber, U.: *Depression – die verkannte Krankheit.* München, dtv, 2006.

Riemann, F.: *Grundformen der Angst.* München, Ernst Reinhardt, 1989.

Seligman, M. E.: *Erlernte Hilflosigkeit.* Weinheim und Basel, Beltz, 2004.

Servan-Schreiber, D.: *Die neue Medizin der Emotionen.* München, Goldmann, 2006.

Wie Depression entsteht

Die Wurzeln der Depression liegen in der Kindheit. Hier werden die Verhaltensmuster vorbereitet, die sich später bei Erwachsenen hinter depressiven Zuständen verbergen.

Verständlich, einfühlsam und weitgehend unter Verzicht auf fachpsychologische Begriffe beschreibt der Psychotherapeut Josef Giger-Bütler die Familienkonstellationen und Erziehungsstile, die zur Entwicklung depressiver Verhaltensmuster in der Kindheit führen und die später maßgeblich die Depression im Erwachsenenalter bestimmen. Seine langjährig zusammen mit den Patienten erworbenen Erkenntnisse, in deren Vordergrund die permanente Selbstüberforderung der Erkrankten steht, bestimmen die Wege, die der Autor zum Erkennen, Verstehen und Überwinden der Depression aufzeigt.

»Ein Buch, das klar strukturiert, sehr gut verständlich und einfühlsam das Krankheitsbild erklärt und Wege aus der Dunkelheit aufzeigt.«
Neue Zürcher Zeitung

Josef Giger-Bütler
»Sie haben es doch gut gemeint«
Depression und Familie
broschiert, 244 Seiten
ISBN 978-3-407-22189-6

BELTZ

Zusammen die Depression besiegen - Das Angehörigen-Buch

Depressive leiden – und mit ihnen ihre Angehörigen. In seinem neuen Buch beschreibt der bekannte Schweizer Psychotherapeut Josef Giger-Bütler Schritt für Schritt, wie auch Angehörige dem depressiven Teufelskreis aus Überforderung und Selbstaufgabe entkommen können.

Mit ansehen zu müssen, wie schlecht es dem depressiven Partner geht, wie er sich zurückzieht und eine Mauer um sich baut, wird immer belastender für die nahestehenden Menschen. Dieses Buch hilft Partnern, Freunden und Angehörigen, die Zeit der Depression unbeschadet und mit Würde und Fairness zu überstehen, ohne sich selbst dabei zu vergessen.

»Die Partner depressiver Menschen leisten eine Arbeit, die man nicht hoch genug einschätzen kann.«
Josef Giger-Bütler

Josef Giger-Bütler
»Wir schaffen es«
Leben mit dem depressiven Menschen
gebunden, 239 Seiten
ISBN 978-3-407-85992-1

BELTZ

Heilung von der Depression

In seinem Beststeller »Sie haben es doch gut gemeint – Depression und Familie« hat Josef Giger-Bütler erklärt, wie Depression entsteht. Sein neues Buch zeigt, wie die Depression geheilt werden kann.

Mit einfühlsamen Worten beschreibt Josef Giger-Bütler, wie die Heilung der Depression gelingen kann. Er gibt die Schritte an, mit denen der depressive Mensch wieder zu sich selbst findet und die Krankheit endlich hinter sich lässt.

»Wer depressiv ist, ist es immer und überall. Genau das ist das Erschütternde und Grausame an der Depression – und das Erfreuliche ist, dass es nicht so bleiben muss.« Josef Giger-Bütler

»Josef Giger-Bütler baut ein Geländer, an dem die Betroffenen versuchen können, neue Wege zu gehen.Dieses Buch macht Mut: Es ist nie zu spät, selbst nach jahrzehntelanger seelischer Überforderung, sich den Weg aus dem psychischen Dunkel zu bahnen.« NZZ

Josef Giger-Bütler
»Endlich frei«
Schritte aus der Depression
Gebunden mit Schutzumschlag, 330 Seiten
ISBN 978-3-407-85769-9

BELTZ

Entdecke deine Gefühle

Die Reihe »Bibliothek der Gefühle« der Therapeuten Udo Baer und Gabriele Frick-Baer widmet sich – Band für Band – jeweils ein oder zwei Gefühlen. Lesbar und für ein großes Publikum geschrieben gehen die Autoren den Besonderheiten der einzelnen Gefühle nach und geben den Lesern einfühlsam wichtige therapeutische Hilfe, wie sie im Alltag mit ihren Gefühlen umgehen. Die »Bibliothek« der Gefühle wendet sich damit an alle Menschen, die ihren Gefühlen mehr Aufmerksamkeit und Achtung schenken wollen.

Udo Baer, Gabriele Frick-Baer
Das ABC der Gefühle
Englisch broschiert, 190 Seiten
ISBN 978-3-407-85866-5

In diesem »Einführungs«-Band stellen die Autoren 60 Gefühle von Angst bis Zuversicht vor. Sie erklären ihre Bedeutung für unser Leben und unsere Gesundheit und zeigen, wann sie uns Glück und Ausgewogenheit vermitteln und wie ihren negativen »Geschwistern« beizukommen ist.

In der Bibliothek der Gefühle liegen ebenfalls vor:

Gefühlslandschaft Angst, ISBN 978-3-407-85871-9
Vom Schämen und Beschämtwerden, ISBN 978-3-407-85867-2
Vom Sich-fremd-Sein zum In-sich-Wohnen, ISBN 978-3-407-85868-9
Vom Trauern und Loslassen, ISBN 978-3-407-85869-6
Wie Kinder fühlen, ISBN 978-3-407-85870-2
Der kleine Ärger und die große Wut, ISBN 978-3-407-85882-5
Würde und Eigensinn, ISBN 978-3-407-85883-2
Vom Sehnen und Wünschen, ISBN 978-3-407-85884-9
Wege finden aus der Einsamkeit, ISBN 978-3-407-85903-7
Schuldgefühle und innerer Frieden, ISBN 978-3-407-85927-3

BELTZ

Die Angst vor der Angst

Angst ist ein normaler, wichtiger Bestandteil jeder Persönlichkeit, mit der man ausgeglichen leben kann, wenn man sie unter Kontrolle hat. Wenn aber Panik und Angst einen Menschen beherrschen, dann kann schon die Angst vor der Angst eine alltägliche Situation in einen Alptraum verwandeln.

Lucinda Basset, die selber jahrelang unter schweren Angststörungen litt, hat es aus eigener Kraft geschafft, ihre Angst zu besiegen. In diesem Buch stellt sie ihr Programm vor, das sie mit Hilfe eines Arztes weiterentwickelt hat und seit Jahren erfolgreich in Selbsthilfegruppen anwendet. Sie zeigt vielfältige Möglichkeiten auf, durch veränderte Denkweisen, aber auch durch veränderte Gewohnheiten zu neuer Kraft und innerer Ruhe zu finden.

»Allen Menschen, die unter Stress, Überforderung, innerer Nervosität, diffusen Angstgefühlen oder Panikattacken leiden, kann dieses Buch eine wertvolle Hilfe sein.«
Prof. Dr. Wolfgang Fiegenbaum, Christoph-Dornier-Stiftung für Klinische Psychologie

Lucinda Bassett
Angstfrei leben
Das erfolgreiche Selbsthilfeprogramm
gegen Streß und Panik
broschiert, 280 Seiten
ISBN 978-3-407-22924-3

BELTZ

E. Rieger gek. 19.11.15 16,95€

Angst und Panik Schritt für Schritt selbst überwinden

Wenn die Angst das Leben bestimmt, dann hilft dieses Buch. Es zeigt auf, wie das Gehirn unsere Ängste auslöst und wie wir mithilfe von 10 Strategien Ängste, Phobien, Panikattacken und Stress überwinden können.

Die Autorin, eine der bekanntesten Angsttherapeutinnen in den USA und selbst von einer schweren Angststörung geheilt, zeigt, wie Ängste im Kopf entstehen, das Gehirn uns aber auch helfen kann, die Angst wieder zu überwinden. Dank neuer, bahnbrechender Erkenntnisse der Hirnforschung und durch ein gezieltes Training können Stress und Panikattacken besiegt werden und Betroffene wieder Kontrolle über ihr Leben erlangen.

»Margaret Wehrenberg schreibt sehr sachlich, folgt einer klaren Gliederung und erklärt immer auch die neurobiologischen Vorgänge bzw. Veränderungen (…) Der Leser bekommt mit diesem Buch einen wertvollen Wegweiser durch die Unsicherheiten und Sorgen, die die Angst in der Regel mit sich bringt.« deprilibri – ein Online-Selbsthilfeportal zu den Themen Depression und Angst

Margaret Wehrenberg
Die 10 besten Strategien gegen Angst und Panik
Wie das Gehirn uns Stress macht und
was wir dagegen tun können
broschiert, 291 Seiten
ISBN 978-3-407-85941-9

BELTZ